中国培训发展研究中心
人社部企业大学课题组专家 组织编写

毕结礼 宋 晖/主编

变革中的
中国企业大学
理论与实践

BIANGE ZHONG DE ZHONGGUO QIYE DAXUE
LILUN YU SHIJIAN

中国人民大学出版社
·北京·

图书在版编目（CIP）数据

变革中的中国企业大学：理论与实践/毕结礼，宋晔主编. —北京：中国人民大学出版社，2016.4

ISBN 978-7-300-22760-3

Ⅰ.①变… Ⅱ.①毕… ②宋… Ⅲ.①企业-职工大学-研究 Ⅳ.①G726.84

中国版本图书馆 CIP 数据核字（2016）第 070560 号

变革中的中国企业大学：理论与实践

中国培训发展研究中心
人社部企业大学课题组专家　组织编写

毕结礼　宋　晔　主编

Biange Zhong De Zhongguo Qiye Daxue：Lilun Yu Shijian

出版发行	中国人民大学出版社	
社　　址	北京中关村大街 31 号	**邮政编码**　100080
电　　话	010 - 62511242（总编室）	010 - 62511770（质管部）
	010 - 82501766（邮购部）	010 - 62514148（门市部）
	010 - 62515195（发行公司）	010 - 62515275（盗版举报）
网　　址	http://www.crup.com.cn	
	http://www.ttrnet.com（人大教研网）	
经　　销	新华书店	
印　　刷	北京昌联印刷有限公司	
规　　格	185 mm×260 mm　16 开本	**版　次**　2016 年 4 月第 1 版
印　　张	20	**印　次**　2016 年 4 月第 1 次印刷
字　　数	415 000	**定　价**　49.00 元

编写委员会

主　　　编：毕结礼　宋　晔

副　主　编：罗开位　谷云盛

编委会成员：陈　黛　姜　涛　李吉兴　梁金喜　梅　洁

　　　　　　马　雯　施　琦　史传珉　王再文　许桂丽

　　　　　　于光涛　尤志欣　庄进城　朱晓波

编审委员会

姜　宏　青岛啤酒集团
金才兵　铭师坊 TTT 研究院
孔庆斌　大联想学院
寇长华　北京财贸职业学院
李　安　清华大学高级职业经理人训练中心
李　娟　广州市时代地产集团有限公司
李广才　中国烟草总公司职工进修学院
李海峰　知名培训师与职业经理人
李吉兴　长虹商学院
李佳林　人才科学研究院
李景霞　波司登商学院
李晓欣　招银大学
李新中　深圳航空公司
刘　成　东航股份培训中心
刘　毅　乐华恒业集团乐华恒业大学
刘　莹　恒安集团
刘海波　招银大学平台开发管理室
刘天尧　国药控股股份有限公司
刘旭东　北京凯文同方咨询有限公司
刘子熙　上海启能企业管理咨询有限公司
罗嗣辉　合益集团
马成功　乐视大学
马　雯　中央财经大学商学院
马艳芳　北京正略博学管理咨询公司
梅　洁　复地学院
莫金枝　广西扬翔股份有限公司扬翔大学
潘　平　北汽福田汽车股份有限公司
秦国红　绝味管理学院
施　琦　携程旅行网
史传珉　青岛啤酒管理学院
宋月朋　新希望六和商学院
睢　昆　汇通金融大学
孙国雄　兴业证券财富管理学院
孙中元　海尔大学
邰　慧　惠普大学
汤　彪　金螳螂商学院
王　琳　北京华商基业管理咨询有限公司
王亚骏　东航培训中心

王再文　国家发改委培训中心

文　熠　威林干那商务咨询服务（深圳）有限公司

吴　洁　招银大学培训督导管理室

吴忠纲　泰康人寿培训中心

夏经亮　辽宁中华职业教育社

谢　坚　红星美凯龙集团

徐　俊　上海浦软汇智人力资源服务有限公司

徐圣云　中国青少年成长教育发展基金、CNIT 大学

徐小玲　赫基国际集团

许桂丽　携程旅行网携程大学

闫吉伦　北汽福田汽车股份有限公司

严　山　徐矿大学

颜　麟　创客学院

杨平治　《中国培训》杂志社

杨志新　天津五洲国际集装箱码头公司

伊红军　丹姿集团丹姿学院

易　虹　北京华商基业管理咨询有限公司

印　锋　商源商学院

尤志欣　波司登商学院、领导力学院

于洪泽　华图教育、德仁微课研究院

于光涛　中央财经大学商学院

昝　鹏　蓝帆医疗股份有限公司蓝帆学院

詹云哲　招银大学平台开发室

张晓梅　北京京城控股培训中心

张　元　天津职业技术师范大学

张　瑄　杭州老板集团老板大学

张　毅　远发国际精益咨询集团、英国在华培训师协会
　　　　（BITAC）

张健华　兴业银行培训中心

张乐乐　招银大学教学研发室

张治国　蒙牛商学院

赵　军　中国电信学院

赵少宾　东方园林大学

赵新星　金风大学

周文岳　上海复星医药（集团）股份有限公司

朱晓波　易才宝投资管理有限公司

庄进城　柒牌大学

企业大学在企业创新发展
和经济转型中的价值
（代序）

　　《变革中的中国企业大学：理论与实践》一书，是在人社部中国就业指导中心、职业技能鉴定中心立项课题"企业大学发展模式及运营策略研究"的成果基础上完成的。

　　1955年，美国在经济转型发展中，创建了全球第一所企业大学，即通用电气（GE）克劳顿学院。自美国第一所企业大学创办后，企业大学在美国及其他发达国家异军突起。据不完全统计，截止到目前，在全球财富500强的企业中，有超过80％的企业创办了自己的大学。1998年，我国青岛首创中国第一所企业大学——海信学院。据不完全统计，从海信学院创建至今，我国已建立了8 000多所企业大学。企业大学的迅猛发展，以及其对经济技术和企业转型发展的促进作用，引起了国内外企业的高度关注。随着我国经济技术转型发展及新常态战略的实施，企业大学"热"进一步升温，这也引起了人力资源和社会保障部负责就业和人才工作领导的高度重视，督促并批准成立企业大学发展模式研究课题组，拟通过对企业大学发展模式的研究，探讨企业大学在企业创新及经济转型发展中、在人才强企和企业人才队伍建设中的社会价值、地位和作用。

　　在企业大学发展模式的研究中，我们注重体现企业大学发展的三大价值：

　　一是企业大学创建和发展的时代价值。随着发达国家经济转型和企业创新发展步伐的推进，在发达国家，企业大学成为企业创新和转型发展的重要支柱，不仅美国，德国、法国、英国、日本和韩国也都高度重视企业大学的发展，并采取了有效措施和推动策略，如成立企业大学发展研究技术开发机构和提供财政经费支持等。实践充分证明，在世界财富500强企业中，企业大学对企业的发展发挥着非常重要的价值，这也正是企业大学在发达国家持续发展的重要因素。我国的企业大学也是在企业不断变革过程中创建并发展壮大的，不仅成为企业创新和转型发展的重要支柱，也成为企业由传统模式向现代发展模式转化的引擎。

二是企业大学创建和发展的理论价值。企业大学自成立至今，在国外只有 60 年左右，在我国还不足 20 年，但发展非常快。这说明企业大学顺应了时代发展的潮流，是企业创新发展、高端发展的必然。虽然大家对企业大学发展的热度越来越高，但在实践和理论上仍存在一定分歧。一方面说明企业大学是发展的必然，另一方面说明大家对企业大学发展的基本规律还没有从理论上探讨清晰。从现象看，存在盲目建设和盲目发展的问题，这对企业大学的科学发展极为不利。因此，亟需从国家角度对企业大学的发展进行系统研究，发现企业大学发展的基本规律，建立企业大学建设和发展理论体系，指导企业大学的健康发展，强化人才强企战略落地。

三是企业大学的实践价值。企业大学的时代价值和理论探究，拟在找准企业大学实践价值的有效节点，即企业大学在国家人才队伍建设、人才强企战略中的功能和作用。在研究过程中我们发现，企业大学在企业人才队伍建设中具有不可替代的功能和作用，是现代企业发展为知识型和创新企业的重要标志。企业现代化发展、个性化发展、技术高端和知识型发展为企业大学发展提供了机会和平台。研究发现，从 18 世纪中期第一次工业革命开始，到 21 世纪工业 4.0 的诞生，四次工业革命的诞生和变革都伴随着技术、管理、教育培训与人才的跟进与创新，这是企业大学发展的土壤，具有重要的实践价值。

上述企业大学创造与发展的时代价值、理论价值和实践价值等三大价值，充分证明了企业大学已经成为企业人才队伍建设和企业员工成长的重要平台，具有不可替代性，是国家职业教育和人才队伍建设的创新模式。为了充分证明企业大学的社会价值，我们对企业大学产生和发展的价值链进行了充分的分析。

企业大学是在社会经济技术转型发展对企业发展的影响下，因企业内在发展需求、主要是人才需求拉动而诞生的，主要发展因素有两个：一是社会性公共大学不能为企业提供个性化的人才需求服务，技术发展与人才培养严重脱节；二是企业培训中心已经不适应企业新时期发展的需要，必须转型发展，使企业更加适应知识型、创新型和技术不断变革的时代发展需求，凸现企业发展的变革红利与人才红利。

企业大学的不可替代性，取决于企业大学的本质属性，即企业大学是企业战略发展的组成部分，体现了企业人才发展对企业发展的决定性作用。它最重要的价值是，企业可以根据自身发展，培养有企业特点的个性化人才，为企业战略发展和战略落地提供人才保障。这一点，是社会公共性大学所不能及的。从国家应用技术研发、技术技能型人才培养来看，企业大学有着更为重要的价值。企业大学同社会性公共大学结合，更加有利于产教融合、校企合作，实现科技创新等。近几年，国家实施以企业为基础的职业教育发展战略，把企业作为创新的平台，让企业积极参与科技创新战略等。特别是在人才强企战略中，企业大学发挥了非常重要的作用，企业大学发展的实践充分证明了这一点。

实践已经证明企业大学是现代企业发展和企业转型发展的重要因素，并发挥着非常重要的作用，也是现代职业教育、企业人才成长的重要模式。但是在企业大学的发展过程中，还没有得到政府的高度重视。我们认为，企业大学是企业创新发展的重要组成部分，但不仅仅是企业行为，政府应该成为企业大学发展的指导者，使企业大学在为企业培养人才的同时，更应该成为行业、区域、国家人才成长的重要平台，应把企业大学作为现代职业教育体系建设、终身学习体系和员工终身职业培训体系建设的重要组成部分。建立企业大学建设与发展的国家制度体系、政策体系和发展评价体系，促进我国企业大学的科学发展，这也是本书的宗旨所在，希望企业大学的发展，引起社会各方面的关注。

　　本书只是个初步成果，旨在抛砖引玉，企业大学建设与企业发展的若干深层次的问题，亟需进一步深入研究，盼企业大学有更多的宝贵经验和系统理论问世。

编者

目　录

下篇：实践篇

上篇：理论篇

第1章
企业大学的概念与内涵

1.1 企业大学的概念、定义

1.1.1 企业大学的起源与发展

自 1955 年，全球第一所企业大学——通用电气公司克顿维尔学院正式成立，企业大学在全球迅速崛起。在美国，从 1988 年到 1998 年之间，企业大学数量由 400 家猛增到 1 600 家。到 2010 年达到 3 700 家，其中财富500 强中近 80％的企业拥有或正在创建企业大学。《2013—2017 年中国企业大学建设运营与典型案例分析报告》数据显示，在美国的上市公司中，拥有企业大学的上市公司平均市盈利比没有企业大学的市盈利明显要高。

在中国，1993 年，摩托罗拉中国区大学成立；1997 年，西门子管理学院和爱立信中国学院先后成立；1998 年，春兰集团投资 6 000 万元建成国内第一所企业大学——春兰学院；1999 年海尔集团建立了培养中高级管理人才的地方——海尔大学；2001 年，惠普商学院成立。随着时代的发展，越来越多的企业特别是大型名企，认识到企业大学的重要性，开始着手构建自己的企业大学，企业大学建设呈现出空前高涨的趋势。截至 2011 年底，中国已建成的企业大学超过 400 所（其中外企在华创建的企业大学超过 80 所，中国本土企业大学超过 320 所），如果加上民间低调成立的企业大学或超过 1 000 所。

前瞻产业研究院认为，未来企业大学数量将继续保持增长，同时企业大学的价值将更加凸显。

1.1.2　企业大学的概念

说起企业大学，许多人都把它视同为企业的培训中心。回看企业大学的发展史：1955 年通用电气公司成立克顿维尔学院之初仅为了满足培训有潜力的公司管理者的需求，采取的主要做法是为这些有潜力的管理者提供为期 13 周的"经理人员开发项目"，而随着实践的发展，它开始进一步拓展其培训对象和方式，将更多的员工以及价值链相关成员容纳进来；惠普商学院成立的初始目的是用自己成熟的管理理念、文化和经验帮助其供应链上的合作伙伴们以及客户"活"得更长一些，进而统一运营规范，降低交易成本，有效提升企业基于供应链的竞争优势。由此可见，企业大学不是传统培训部门的升级，而是企业组织发展中一种全新的组织形态。企业大学是组织人才管理的重要抓手，是通过管理组织学习，提升组织能力，支撑组织达成战略绩效目标的战略性工具。

1.2　企业大学的内涵

1.2.1　企业大学的核心本质

通过企业大学几十年的发展运行实践证明，硬件设施、学院设置乃至大学名号都不是企业大学的核心本质，它区别于传统的培训中心，最核心的本质在于它拥有以下三个特点。

（1）战略性。与传统培训中心"辅助性"定位不同，企业大学成立的使命在于紧密关联企业的学习与公司战略。企业战略变革实施出现问题的第一步往往是员工对战略或者改革的措施不理解、不认同，而企业大学则一改过去行政强制命令的推行方式，通过设计多样化的学习方式，让员工充分讨论、参与其中，从起初的仅仅了解到理解、参与、体验，并最终达成共识、改变行为。如此一来，企业战略举措推行的阻力和实施难度将大为改观。GE 全球首席学习官（CLO，Chief Learning Officer）鲍伯·科卡伦的首要职责即协助首席执行官伊梅尔特制定公司有关教育的战略和目标，并转化为具体的教育和培训。2007 年起，科卡伦与伊梅尔特一起设计并在全球推广实施了 GE 的 LIG（领导力、创新与增长）学习项目，有力地推动了 GE 公司新的"内生式增长"及"创新畅想"的新战略实施。

（2）绩效导向性。企业大学并非关注于员工个体能力的提升，在这里，学习活动不再是以学员的满意度为主要评估导向，而更多的是从业务绩效问题出发，例如企业质量问题、成本居高不下以及客户满意度问题等，从而设计相应的学习项目，其根本目的在于提升组织能力，解决业务绩效问题。GE 的克劳顿学院推行六西格玛质量工程，华润的培训学院推动行动学习，以及 Nike 公司推行的绩效咨询计划无不是以明确的绩效改善目标为评估标准。

（3）前瞻性。企业大学的工作重心不仅在于沉淀、提炼和传播公司已有的历史知识，更在于面对未知的市场竞争环境变化，能够通过组织研讨、情景规划、情景模拟等方式，帮助企业事先准备好应对的措施与能力。

1.2.2　企业大学的重要标志

虽然企业大学定位不同，它的组织形式、组织构成不尽相同，但企业大学作为企业人才培养体系中的重要一环，不仅承担着传统的培训事务管理工作，更应在所提供的学习培训方案与企业战略之间建立起密切的联系。因此，是否成为企业的员工发展顾问、业务伙伴和变革推动者是判断企业大学有别于培训机构的三个重要标志。

（1）作为员工发展顾问。指企业大学以人力资源开发和员工绩效改进扩展为主要目标，有机整合培训开发、组织发展和职业生涯规划，以增进个人发展、个人绩效和组织绩效及提升其效率。能够针对员工职业发展的不同阶段分析岗位所需的能力素质要求，并设计系统化的学习提升方案，帮助加速员工成长。

（2）作为企业的业务伙伴。要求企业大学不再生活在一个成本中心的世界里，需要思考如何为业务增长作出明确的贡献。越来越多的企业大学校长或公司 CLO（首席学习官）开始进入高级管理层，直接向 CEO 汇报工作。这些精通业务的企业大学校长会参与战略决策的制定，阐述组织学习对业务发展的作用，并利用自己的知识技能和影响力来推动创新及盈利增长。

（3）作为企业变革的推动者。要求企业大学能够帮助组织在新的竞争条件下实现转型和变革的"软着陆"，跟随着变革的鼓点，设计出一系列的学习项目，推动员工成为变革的认可者、变革的参与者、变革的推动者和变革的受益者。

第2章
企业大学构建之核心要素

2.1 我国企业大学发展的进程与现状

"企业大学"对于中国来说并不是一个纯粹的舶来品，早在清末民初，中国经济经历了一个高度活跃期，这一时期涌现出了一大批优秀的企业和实业家。在激烈的竞争中，以山西平遥的日升昌票号、山东谦祥益为代表的民营企业，相继建立起了严谨和科学的人才培养体系，但真正具有现代意义的企业大学还是在改革开放以后才正式在国内出现。

1993年，摩托罗拉中国区大学成立，让越来越多的企业特别是大型名企，认识到企业大学的重要性，并开始着手构建自己的企业大学。

1998年5月，海信集团投资成立中国第一家本土的企业大学海信学院。自此，中国本土企业大学如雨后春笋，发展迅猛。海尔大学、春兰学院、康佳大学相继成立，标志着中国真正进入了企业大学时代。人们似乎找到了能够帮助企业持续发展的工具。尽管有的企业大学已经被后来者所超越，但这些企业大学大部分已经成了中国企业大学的标杆和典范，它们的探索真正为企业的长远发展找到了一条途径。

2008年以后，随着互联网经济的快速发展，以携程大学为代表的一大批互联网企业也纷纷建立自己的企业大学。它们更关注企业大学如何支撑企业的快速发展，采用网络学习、移动学习、混合学习等方式。校舍、场地等硬件设施已经不是他们关注的重点，"轻资产"的办学理念为企业大学的概念注入了新的内涵。

2011年7月，以企业大学管理者联盟的成立为标志，国内相继成立了多个企业大学的联盟性民间自发组织。国内优秀的企业大学管理者们在不同的平台上相互交流、沟通、分享、学习。企业大学不仅仅关注本企业的人才培养，它们开始关注跨界的经验和信息。更多的企业大学开始关注企业发展战略和解决企业经营中的问题。企业大学从各自为战的形式向平台型组织靠拢。

尽管我国企业大学发展迅速，但质量参差不齐。与先进国家相比，企业大学只重硬件建设而忽视软件建设的现状仍然突出。很多企业大学只注重硬件环境的投入，而在课程体系、师资体系、信息化体系等方面的投入却不多，这种情况严重制约了企业大学的实质性发展。甚至有些企业把企业大学当成了企业的形象工程，外表光鲜，内功修炼不足。企业大学不能真正对企业战略转型起到支撑作用，这是大多数企业大学普遍存在的问题。具体体现在：

1. 企业的高层不支持企业大学

企业根据发展战略筹建了企业大学，可是却因为高层领导的更换或企业的其他变革，新的领导不支持企业大学的发展，但又不能立即取消企业大学，于是乎，一些公司的企业大学就半生半死地存在着，其发挥的作用也就可想而知了。

2. 企业大学的经费来源不稳定

这个问题可能存在的范围更广泛一些，尤其在民营企业里，由于受市场影响，当利润下降的时候，很多企业就会减少企业大学的投入，从而中断了企业大学的持续运作与发展，也带来了非常不好的影响。

3. 培训管理者的素质跟不上

企业大学管理者的素质要求很高，但现实中很多企业大学的管理者都是别的部门转过去的或者兼任的，这严重制约了企业大学的发展。

4. 培训生源不稳定

经过一到两年的培训，所有的员工都培训了一遍，不知道下一步该培训谁或培训什么，使企业大学陷入困境。

5. 培训效果不理想

培训效果达不到预期，业务部门对培训丧失信心。

可见，我们的企业在建立企业大学时考虑得太少，在不合适的条件或时机下建立了自己的企业大学，使得企业大学难以运行，更难以发挥对企业发展的推动作用，有的甚至成了企业的负担。

2.2 什么是企业大学

很多专家学者都在试图给企业大学下一个定义，有的从文化的角度定义企业大学是传承企业文化的工具或场所，有的是从战略的角度定义企业大学是推动战略的工具，有的从绩效改进提升的角度定义，也有的从人才发展角度定义企业大学是企业人才的摇篮。

随着我国经济的快速发展，企业管理者遇到的挑战也越来越多，因此，人们赋予企业大学的内涵也越来越多，对企业大学给予的期望也越来越高。由于企业大学仍处在发展阶段，人们还在不断地给它注入新的内涵和功能，如有些企业已经把"创新"作为企业大学的一项重要功能。因此，想用一两句话就把企业大学定义清楚是非常困难的。

另外，中国的企业发展阶段不同，所处的行业不同，希望通过企业大学解决的问题不同，因而每一家企业大学也不可能相同。但企业大学仍然有很多共同之处，有很多共同的属性。首先，企业大学的投资主体一定是企业或多个企业组成的联合体、行业协会等。其次，企业大学的服务对象一定是企业，或者是与企业紧密相关的上下游产业链，而且必须是为企业的发展服务的。这是区分企业大学与社会力量办学或传统大学的商学院的关键所在。

目前有一个群体是否是企业大学，存在争议。它们是由企业投资，但服务的对象不是本企业的员工，而是把本企业的经验和方法作为培训内容，服务于完全和本企业无关的组织或人群，以传播企业管理经验实现盈利为目的。如果这样的机构服务对象是本企业产业链上成员单位，提高产业链的竞争力，应该算作企业大学。如果和本企业的产业链完全没有关系，虽然也自称为企业大学，从严格意义上讲，算作社会力量办学应该更合适。

2.3　企业大学的定位

企业大学的定位涉及以下几个方面。

2.3.1　企业大学与企业人力资源部的关系定位

对人力资源的职能进行系统的梳理，我们根据职能与战略的相关性和操作的流程性两个维度，可以把人力资源工作分成日常的行政人事和战略的人力资源，从组织上可以把人力资源分成两个相互关联又相互独立的组织，一个是人力资源部，负责日常行政人事工作；一个是企业大学，关注企业未来的人才发展、组织变革、创新理念等工作。同样也有很多企业将企业大学作为人力资源部的一个下属部门来管理。

两者各有利弊，前者可以更多地发挥企业大学的作用，而后者可以避免企业大学与人力资源工作的脱节，便于协调。目前更多的企业是选择前者。相对独立的企业大学能够更好地发挥它的前瞻性作用，能够更加专注企业未来，毕竟人才培养是一项长期的战略。而行政人事工作更关注当前的事务，如工资、招聘、考评等工作。如果企业大学与行政人事工作没有明确清晰的界限，往往会被眼前的工作所影响。企业大学是个需要相当长时间才能见到效果的工作，这也是教育的内在规律，急功近利不可能办好企业大学。但企业又是个追求利益的组织，因此，准确地给企业大学定位，就是找到长期利益和短期利益的平衡点。

2.3.2　企业大学利益点的定位

企业大学的运营成本很高，是一般小企业难以承担的。除了支付教师的课酬外，还有场地费、管理人员工资、管理费等一系列的开支。很多企业都期望企业大学能由成本中心变为利润中心。但要成为利润中心必须满足两个必要的条件：一是企业的管理模式具有行业标杆作用，是大家纷纷效仿的典范。二是企业大学管理规范，运行有效，能够提炼出企业管理的最佳实践，并加以固化、推广。二者缺一不可。因此，企业大学是否盈利往往只是一种愿望。当以上两个条件都具备时，盈利也就水到渠成。但当不具备这些条件时，盈利只能是梦想。企业的利润来源于外部，企业内部都是成本。靠给内部成员企业培训实现的盈利，或者是靠本企业在产业链中的强势地位，强迫上下游合作伙伴培训而获得的盈利是一种虚假的盈利，并不代表企业大学真正的盈利能力。

海信学院在制定新学院方案时也曾将"五年内实现盈利，成为集团的利润中心"作为一个目标。此提法最终被周厚健董事长否决了。他指出："我们筹建企业大学是为了帮助海信集团各企业的成长，而不是为了赚钱。如果说赚钱，我们任何一个产业板块都有几十亿、几百亿的收入，不缺学院这点钱。学院如果能请到好的老师，真正解决企业问题，帮助企业进步，所创造的价值，远远超过学院的一点点收入。企业大学帮助企业盈利才是最大的盈利，而不是简单地通过组织课程而获得盈利。"最终海信学院确定为非营利性组织。

盈利与否是对企业大学的重要定位，必须要加以明确，因为企业大学所面对的客户不同，出发点不同，办学模式自然也就不同。

2.3.3　企业大学的服务对象定位

企业大学根据目标对象的来源不同可以分为对内服务型企业大学和对外服务型企业大学。对内服务型企业大学主要是服务本企业内部的员工培训，如 GE 克劳顿培训中心，不对外开放，只培养本企业的员工。对外服务型企业大学又可以分为两种：一种是仅仅面向其供应链体系开放，将供应商、分销商或客户纳入学员体系当中，主要目的是支持其业务发展，如爱立信学院、绝味管理学院；另一种是面向整个社会，主要目的是提升企业形象或实现经济效益，如惠普商学院。

2.3.4　企业大学的实体化与虚拟化定位

企业根据自身的产业特点、发展阶段和培训目标可选择实体运营和虚拟运营等不同的运营模式。如招银大学、神华管理学院、海信学院等采用实体化运营的方式，都有独立的校舍，并配备相对完整的组织架构，教学和生活设施一应俱全，都有相对完善课程体系、师资体系、培训运营管理体系等。

同样，很多企业大学根据自身的产业特点也选择了虚拟化运营方式，如青啤管理学院，总部坐落在青啤大厦，一间50平方米的办公室，5名专职人员，却支撑起青岛啤酒5万余人的学习平台。他们是如何做到的？

青啤管理学院成立之初，第一任院长、现任青啤董事长孙明波曾经说过："学院的大小，不是看你有多大的校园、多少教室，而是看你能为青啤创造多大价值"。

青啤管理学院下设酿造学校、财务学校等7大专业学校和微观运营培训基地、快速市场突破培训基地等10余个培训基地，专业学校由各专业职能部门负责，培训基地则设在工厂和销售公司，管理学院负责统筹培训计划和费用、教师、课程等资源配置，专业学校和培训基地负责各自的日常运营管理。这种贴近业务的架构设计，保证了青啤管理学院的专业培训能够紧密贴近业务需求，与运营目标保持高度一致，同时能够将企业内训师培养、课程开发与知识积淀、管理工具推进、运营目标落地有机地结合起来，达到通过培训推进战略目标实现的效果。

青啤管理学院还充分利用高校资源，与国内外高等院校合作举办了各个层级的定制化培训班，将校园拓展为自己的培训基地，如基于中层人员储备的金星资格班、基于高级专业人员培养的酿造和机械研究生课程班、TT-EMBA班等，将高校师资、企业师资有效结合，定制化培养企业需要的人才。青啤管理学院虽然没有实体的校舍，但它们通过虚拟化的运营方式，充分利用内外部资源，达到了和实体企业大学同样的效果。

2.4　企业大学的基本职能职责定位

2.4.1　基本职能职责定位

企业大学是企业发展到一定阶段的产物，不同的企业创办企业大学的目的和出发点不尽相同，但无论基于何种出发点，企业大学首先要具备以下四大基本职能：

（1）满足企业人才发展的需要；

（2）不断解决企业问题，提升技术和管理水平；

（3）沉淀企业文化，提炼企业核心价值观；

（4）创新和推动组织变革。

2.4.2　企业大学的附加功能定位

作为企业未来发展的关键战略，企业大学还会因企业的不同发展阶段，企业不同的市场定位，以及企业在产业链中的关键地位被赋予不同的职能定位。

1. 搭建企业自有的知识体系

传统大学的课程越来越不能满足市场的需求，传统教育更多的偏重理论教育，传授的主要是通用的知识和技术，随着新时代对人才要求的变化，我们发现传统的大学管理课程越来越不能满足市场的需求。市场对人才的需要从单一的技术、学历型向综合能力、个性化、培养复合型人才转化，而传统的大学教育对综合能力、个性化的培养明显不足，这一点在中国的大学教育体系中尤为突出。由于特殊的国情，中国的大学教育不可能单纯作为精英教育，也不可能对每个学生进行有针对性的培养。而且，在大学学习的知识和实际工作中运用的知识往往有错位，这也就是为什么很多大学生觉得自己所学的知识没有用！

企业大学可以弥补传统大学的不足，通过企业内部讲师和内部化的课程，针对企业的实际情况和特点，对员工或外部人员进行更有针对性的教育。

2. 吸引和留住优秀人才的工具

能否招聘和留住优秀的人才无疑是企业成功的关键。除了高薪之外，人才越来越注重企业所提供的培训机会和成长空间。有人说"培训是员工最好的福利"，优秀的人才十分注重自己的不断学习和成长，企业不仅仅是他们发挥个人才智的平台，也是不断锻炼其成长的平台。

而企业大学所提供的系统、持续的高品质教育无疑对这些人才是极具吸引力的。

3. 满足对新技术新产品提升的需求

信息时代，新技术新产品的更替速度是前所未有的。一个企业能否快速的开发或掌握新的技术，推出新的产品，往往决定了企业的成败。如何保持员工不断跟上技术发展的步伐？如何保持员工知识结构的与时俱进？如何激发员工的技术创新？答案都在企业大学身上。

在企业大学中，不但会为员工提供最新技术的培训，而且更重要的是在这个教学过程中，员工之间思想的激荡和碰撞可能成为创新的源泉。企业大学的另一个重要职能——创新，则可以保持企业的不断学习进而增强创新的能力，使企业在信息时代屹立于不败之地。

4. 提高团队的综合素质

企业大学是一个全企业平等沟通交流的平台，通过内部充分地互相学习和交流，企业的信息、知识和经验得到共享。古语说"三个臭皮匠顶个诸葛亮"，这些实操性非常强，非常贴近企业实际的信息、知识或者经验，对于团队的综合素质的提高更是异常迅速。同时，在企业大学的交流互动中，团队成员之间会形成良性的竞争，促使整个团队成员提升学习能力和学习热情，最终实现整个团队的综合素质的提升。

5. 培养并开发领导潜能

企业大学最初建立通常都是把中高层管理层作为培训对象的，一系列课程的设计也都是针对不同层级的管理者而开发的，所以从课程学习上，企业大学无疑有助于企业培养和开发员工的领导潜能。另外，企业大学为员工提供了除工作之外的另外一个舞台，在这个舞台上员工通过小组任务、团队协作等学习活动，有机会充分发挥和锻炼自己的领导力。

6. 企业转型及组织变革

社会经济的飞速发展决定了只有不断创新和变革才能适应这样的环境，才能取得竞争优势。被动的改变，照样会落后、会被淘汰，更不要说根本不去改变了。所以变革成为了当今每个企业必须面对的重大问题。企业的变革要求员工有极强的全局化的视野和适应能力，而这种能力除了员工自身的素质外，更主要的需要系统化、持续性的培训。正是在这样高速发展背景下，变革呼唤企业大学的建立。

同时，企业大学往往是转型和变革的推动者和领导者，例如企业大学通过高层培训课程，让高层的思想交流碰撞，最终形成转型和变革的源泉。另外，企业大学的培训和交流可以推动员工对变革的深刻理解，大大减少企业变革中的阻力。

7. 企业形象和品牌宣传的工具

企业大学往往和优秀、先进、创新等名词联系在一起，企业大学也是伴随着一个个卓越的企业出现在人们的视线中的，如 GE、摩托罗拉、HP等。企业大学是根植于企业的，企业有着较高的管理水平，企业大学才能真正有效顺畅地运转。企业大学的建立本身就是对企业实力的一种证明，这既包括企业盈利能力，也包括企业的管理能力和技术能力。因此，建立企业大学本身就是树立一种追求卓越的企业形象，同时也给人一种不断进取，不断创新的形象。

8. 输出企业价值观，传播企业文化

企业文化的宣传本身就是企业大学培训体系中的重要一环。尤其对于新员工，企业大学的培训更是他们最初认识企业的窗口，是他们感受企业文化的窗口。另外，企业大学也是培养企业文化的最佳土壤。企业大学是思想交流的场所，学员虽然来自不同部门，但凡经过企业大学培训的人，

潜移默化中会形成一种共同的价值观和理念，这正是企业文化的体现。企业大学为员工营造学校的氛围，这本身就是在向员工传递一种进取创新的组织文化。

9. 助推企业战略落地

企业大学与传统培训的重要区别之一就是站在战略的高度为企业服务，而不是头痛医头脚痛医脚式的应急式培训。所以企业大学从一开始的成立到各大系统的建立和完善无不体现出企业的战略需求。很多高层领导者既是战略的制定者又是企业大学的教师，这样战略制定者直接面对战略执行者，执行者有信息又可以直接和制定者进行反馈并提出建议，使得战略信息的传递更加直接有效。同时，通过长期的培训使员工深刻领悟企业的战略，并且让员工感受到自己参与了战略制定的过程，自然使得战略的贯彻力得到了强化。

10. 强化与供应链的伙伴关系

一个企业的管理能力已经不仅仅体现在内部控制力上，对上游和下游供应链的整合能力对于企业的成功越来越重要。基于此战略要求，企业大学的培训对象不仅仅是企业内部的员工，一般都会向企业价值链上的伙伴扩展，以支撑企业战略。通过企业大学对供应链伙伴的培训，可以提高对方的工作效率或者技术水平，使企业和其伙伴获得双赢，双方的绩效都能得以改善。同时，在培训过程中可以增进双方的了解和沟通，利于形成稳定的战略同盟，改变零和博弈的对立思想。另外，通过企业大学的培训还有利于双方文化的理解，促进业务的配合默契，提高双方的合作效率。

11. 企业重要的沟通平台

首先，企业大学能够为企业高层带来定期的信息交流沟通和思想碰撞平台。其次，企业大学的教师有很多是企业的管理者，尤其是高层管理者必须全部参与。他们与下级员工在以师生关系为基础的交流中，能够打破传统的纵向层级界限，能够拉近双方的距离，更利于换位思考。再者，来自不同部门的人员在一起交流学习，打破了职能部门的阻隔，有利于打破横向界限。同时，不同地位、不同部门的员工在这里也能正确理解和尊重对方的文化背景，员工还能提出合理化建议，从而在企业内部建立一种融洽的氛围，协作得以增强，管理效率得到提高，大大降低了内部的交易成本。

12. 盈利的中心

企业在做每一项投资时必然会考虑投入和产出的关系，这是企业的属性所决定的。很多企业大学都希望把企业大学办成企业的一个盈利中心，至少是自负盈亏，最大限度地减少企业的投入。

其实企业大学的职能定位远不止这些，根据每个企业不同发展阶段和不同的经营环境都会有各自特殊的职能。随着经济的发展，一定还会对企业大学提出更高的要求，企业大学的职能也会越来越丰富。

每个企业在建立企业大学的时候都要结合自身的战略、发展阶段、环境、规模等分析自身的实际需求，给出自己建立企业大学的目的并且尽可能具体化，围绕具体化的目标赋予企业大学切实可行的职能。

2.5 企业大学的基本属性

企业大学的职能定位主要是由企业大学的组织定位和企业创建企业大学的核心目的决定的。不同的企业大学职能定位都不尽相同，这主要决定于企业想通过企业大学解决什么样的问题。具体来讲，企业大学有以下属性：

2.5.1 企业属性

企业大学是企业投资，并为企业发展服务的组织，因此企业大学注定要具备很强的企业属性，在管理、课程、讲师、学员等方面都带有明显的企业色彩，尤其在成本控制和培训费用管理上必须严格按企业的特点进行管理。

2.5.2 战略属性

企业大学在解决企业的当下问题时必须考虑企业的长远发展，必须和企业的战略相匹配。企业大学是企业战略发展的助手，要根据企业的发展战略运作，并推动企业发展战略的实施。

2.5.3 集成属性

集成主要是指资源的集成，即企业大学应该是企业培训资源的整合平台，内外的各类学习培训资源都集中于企业大学，保证企业大学的资源充足并良好运行。

2.5.4 自主属性

企业大学相对于其他职能部门来说，自主性很强，各培训项目往往独立运行，并自主地开发课程、挖掘培训讲师、开发新的培训项目。企业大学往往都具有自己的运营系统，不受其他管理部门的影响。

2.5.5 实践属性

由于是为某一企业服务，针对性也就十分明显，而且课程必须具有非常强的实践性。企业大学的课程更注重实效性和落地性。所学的知识能不能在企业里学以致用，培养的人才能不能快速成长并不断满足企业人才发展的需要，是检验企业大学培训效果最直接的标准。

2.5.6　社区属性

随着市场经济的发展和电脑网络技术的不断进步，企业大学已成为员工交流互动的场所。无论是现实的社区还是虚拟的网络社区，都成为学员学习交流的平台，供学员之间交流、分享、学习。

2.6　企业大学发展的四个阶段

企业大学的发展一般可分为以下四个阶段：

第一个阶段是人力资源职能体系下的培训职能。在企业成立初期，管理尚不规范，企业大学往往以如何快速提升业绩，提高市场占有率为出发点。这一阶段的培训相当于"小药铺"。员工提出培训需求，汇总一下，请个老师讲讲课就行了。这一阶段对培训需求缺少分析和整理，只是简单的组织协调工作。

第二阶段是企业培训中心，相当于"大药店"。企业快速发展，逐步进入规范管理阶段，培训作为一项重要职能被独立出来，有专人负责培训工作，但仍是整合资源的平台，企业难以自主研发课程，更不能对企业问题进行诊断。教师主要来源于外部。

第三阶段是企业大学，相当于"大型综合医院"。这时，可以对企业存在的问题进行诊断，并能提出系统的解决方案，还可以通过培训预防诸多问题的发生。企业大学有一批既能讲课又能解决企业问题的相对稳定的教师和专家队伍。

第四个阶段是真正形成学习型组织的阶段，相当于"保健医生"。这时有没有实体的企业大学已经不重要，企业的员工具有积极的、自发的学习意识和学习能力，学习与创新融入大企业的各个领域。这一阶段的目的已经不是简单的解决问题，而是以预防问题为主。真正意义上的学习型组织是每一位企业大学管理者努力的目标和方向，当企业大学在组织中消失的时候，整个企业也就成为了一所没有边界的企业大学。

第3章
企业大学建设与管理的节点

3.1 企业大学的功能定位

企业大学是企业发展到一定阶段时企业培训的最高形式。企业大学通过整合公司内的资源来培养核心的关键人才。不论是实体企业大学还是虚拟企业大学，都是作为企业的一个战略工具，通过不同的活动来启发及培养个人和组织的学习、知识及智慧，以协助整个公司完成任务，达成目标。因此，企业大学的战略定位就是围绕公司的战略、使命和愿景，来确定自己培训工作的目标和重点、培训服务的范围和培训对象。

企业大学最重要的战略定位是确定自身的业务战略。首先要看对达成公司战略影响最大的关键岗位/关键岗位序列在哪里，要达成战略目标这些关键岗位/关键岗位序列需要具备什么样的业务能力，这样的业务能力应如何培养，等等。

其次是确定其服务对象和开放程度，进而确定其培训工作的内容和培训方式。

而且，在进行企业大学定位时，需明确以下几个关键性问题：

● 服务于企业内部员工还是服务于企业外部人士。

● 如果立足于内部人才培养，主要培养中高层还是中基层。

● 是否需要通过培训业务来整合价值链，企业所提供的培训业务对产业链上的其他企业是否有吸引力。

● 企业是否在培训业务方面具有竞争优势，如企业知名度、课程开发能力和培训师资等。

企业大学始终是为企业整体战略发展服务的，当企业发生变革，转变战略目标和发展方向时，企业大学的定位也应随之改变和调整。

企业大学定位决策矩阵	描述
 高层 服务对象 基层 内部　　开放程度　　外部 麦当劳　海尔　　　　惠普 GE　　西门子 平安　　　　海尔 丰田　　摩托大学 ● 以中高层为主的内向型企业大学 ○ 以中基层为主的内向型企业大学 ○ 面向社会的外向型企业大学 ● 面向供应链的外向型企业大学 ● 同时承担内部员工培训的外向型企业大学	● 内向型企业大学专注于内部员工的培训，定位于在员工中传播企业文化，创造学习氛围，培养企业专有人才，并成为企业发展战略的一部分。 ● 外向型企业大学因其主要目标不同分为两种：面向供应链体系的主要是为了支持企业业务的发展（如摩托罗拉大学），而面向整个社会的则注重提升企业形象或实现经济效益（如惠普商学院）。 ● 外向型企业大学根据企业的实际情况可选择同时进行对内部员工的培训（如海尔大学、联想管理学院、爱立信商学院），或将内部培训分离给企业人力资源部（如惠普商学院）。

3.2　企业大学的组织架构与选择

　　企业大学是独立的企业培训组织模式，其自身组织结构的确立可明晰培训管理工作的责权划分，以保证培训工作的顺利开展。企业大学的组织结构通常有三种：项目式、职能式和矩阵式。这些形式在其实际运用中都有各自的优势和劣势，企业可以根据自身具体情况来加以选择。

3.2.1　项目式

　　这种形式是按培训内容划分为若干培训项目，如管理类、技术类、营销类等，每个项目又是由教学人员、课程开发人员、培训管理人员组成的一组队伍来负责完成；当项目规模较大时也可由若干小组组成联合团队来负责。另外，还需设置综合办公室、财务部等职能部门来管理学习的日常性事务。项目式组织的代表性企业大学如万达学院。

3.2.2　职能式

　　职能式组织的特点是将特定活动相关的所有人的知识和技能得到巩固，能促进各职能的规模效益，促进各职能所需深层次知识和技能的提高，有助于组织实现职能目标。但同时，容易导致高层决策堆积，执行层超负荷，各职能部门间缺少横向沟通协调，对组织整体目标的认识有限，对环境变化反应较慢，缺乏创新。职能式组织的代表性企业大学如 JAC 大学、宇通大学。

3.2.3 矩阵式

当需要同时专注于每个专业领域的培训项目和培训工作的各职能时，我们可以采用矩阵式的组织结构，这种形式是为了节省人力成本，根据项目灵活调用相关专业人才所采取双重管理的结构。它根据各个业务单元的不同划分不同的培训单位，各培训单位下又分职能部门。在矩阵式组织结构下，便于沟通与协调，以适应快速变化的外部环境下复杂的决策和经常性变革，实现各培训项目间的人力资源的灵活共享，并同时可为各职能和各项目所需技能和知识改进提供机会。但是，容易导致员工卷入双重职权中使之沮丧，需要很大精力来平衡权力，并在经常性的协调会议和冲突解决会议上耗费时间，所以，这要求员工具有良好的人际关系技巧。矩阵式组织的代表性企业大学如惠普培训事业部下属的商学院、IT 管理学院、软件工程学院、IT 技术学院，而在惠普商学院下又分为教务部、讲师部、宣传部及销售市场部。

3.3 企业大学的职能与任务

通过咨询机构调查发现，企业大学实际上已超越培训本身，被赋予了更多的内涵。在调查企业大学的主要功能时，有 87％的企业大学选择为企业培养人才，58％选择企业文化传承，47％选择推动企业变革，13％选择整合产业链，19％选择企业品牌营销，只有 4％选择将企业大学作为公司利润来源之一。

企业大学不仅是企业制造、携带和传承企业成功基因与商业思想、培训与人才的秘密武器，而且是企业整合战略性资源的一个有力法宝，与此同时还可担当企业品牌形象的传播者和推广者。目前国内企业大学的主要职能有五种（见图 3—1）：

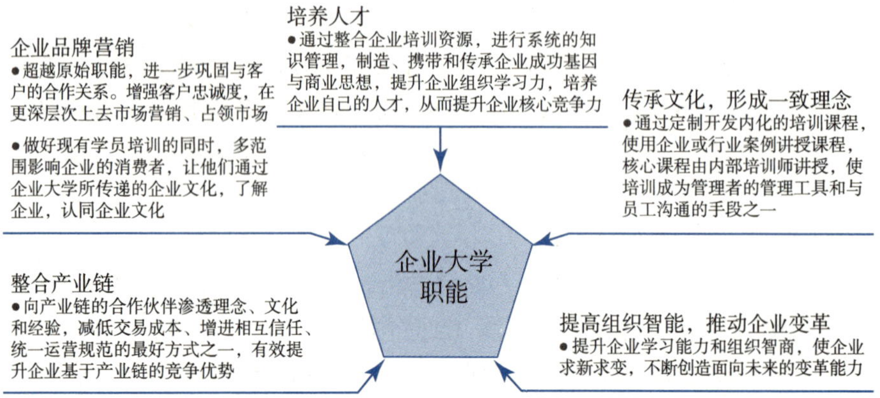

图 3—1 企业大学的五种职能

3.4　企业大学人才培养的优势提升

3.4.1　职业化的培养目标

企业办大学的主要目标是培养员工胜任工作的能力和提高综合职业素养，为企业培养一支高水平的职业化员工队伍。"职业化"是市场经济条件下专业劳动者的基本素质。它不仅要求劳动者具备良好的知识和技能，而且要求其具有良好的职业价值观和行为操守。职业化既包括作为一个职业人、企业人所必备的学识、技术和能力，更重要的还包括工作态度、职业意识和职业精神等。因此，许多企业大学在教育教学过程中，除开展系统的专业知识、岗位技能等（硬性技能）的教学和训练外，还把符合本企业价值取向的职业道德、文化理念等（软性技能）作为重要的教育内容，并贯穿整个企业大学教育教学的各个环节和过程。

3.4.2　多元化的师资队伍

相比传统的大学，企业大学的师资更加多元化。企业大学通常是由其高层管理人员甚至 CEO 担任主要师资。惠普培训服务部中国区总经理、惠普商学院总监叶健认为，坚持内部师资的好处可以归结为以下三点：一是实战性，讲师具备丰富的实战经验，能够充分在第一时间与学员分享第一手资料，使课程内容与时俱进；二是企业公民，惠普商学院课程的核心即惠普之道，只有惠普的员工，企业公民才能够真正体验、理解、传播惠普之道的真谛；三是质量保证，包括总裁在内的授权讲师，都要通过惠普商学院的试讲、评分，如果讲师在课后评估中的得分低于要求则会被无情地取消授课资格。此外，企业大学还从高校的商学院以及培训公司外聘一些教授和培训师。经济全球化和技术变革为市场提供了更多的动因，从动态视角去考虑竞争战略显得尤为重要，企业的战略规划就变得越来越动态化，因而企业大学的师资队伍建设要体现较大的非静态性。这就需要必须有著名传统大学、科研机构的教授和咨询公司的顾问作为企业大学的教师。

3.4.3　实务性课程体系

企业大学课程设置的基础依据是企业各岗位的"能力素质模型"，其课程一般是紧密结合不同工作岗位对员工知识、能力的要求来规划和设置的。在课程内容的安排上，企业大学非常重视珍妮·梅斯特在《企业大学——为企业培养世界一流员工》一书中提出的 3C 原则：企业公民、环境框架和核心职场能力。"企业公民"是指向员工反复灌输企业文化、价值观、传统和愿景；"环境框架"指让员工准确评价企业的业务、客户、竞争对手和其他企业的最佳实践；"核心职场能力"包括作为一名职业人士应具备的学会学习、沟通与合作、创作性思维与解决问题、技术能力、全球化经营能力、领导能力和职业生涯自我管理能力等。这些能力模块在企业大学的课程设置中均是非常重要的内容。

3.4.4 多样化的教学方法

企业大学的教学活动大都是以解决实际问题、满足企业经营管理需要为导向的，其教学过程非常强调学员的亲身参与，注重培养学员的实际操作能力和应用技巧岗位的员工，企业大学为了达到学习的最佳效果，除传统教学方式外，还采用不同的授课方式，例如行动学习、体验学习、教练式训练、回馈方式（360°评估）、电子学习（E-learning）和混合式等。哪一种较为合适，要视情形而定。例如，中粮书苑最崇拜的是"行动学习法"，即培训之后一定要做项目，通过项目把课堂上所学习的知识和技能应用到工作上，将学到的对象应用到实践中去。

3.4.5 科学、有效的反馈与评估

企业大学的学生在学习过程中与自己工作实践密切联系，其学习结果是以工作中的反映来评估学习效果。因此人才培养的评估主要强调学习对于企业业绩之间的联系，需要收集各种数据和证据综合评价建立的学习计划、学习内容与方法以及员工的学习效果，确定学习过程中的每一个阶段、每一门课程对员工产生的影响，学习者的变化在同事与合作者中的反应，是否能满足企业员工的多重需要，学习方式是集中好还是分散好、是采用电子学习还是教室学习、是采用教室为中心的理论教学方式或案例分析方式、还是应用行动学习的方法更能获得好的成效，这些综合因素的反馈评估是制定和调整培养目标和计划的重要依据。

3.5 企业大学重点工作的确定原则和方法

企业大学的重点工作可分为长期的重点工作项目（通常为三到五年的规划）和年度内的重点工作项目。两者有时是可以重叠的。

对应三到五年的重点工作规划，通常从承接企业总体战略的各职能战略中运用平衡计分卡的形式来进行分解，最近一年的工作细化到周、第二年的细化到月，第三年的细化到季度，进行滚动式动态管理工作规划。

对应到单一年度的重点工作规划则要从承接企业总体战略的各职能战略指标、上一年度的绩效短板、当前突出问题、目标管理等多个维度运用

平衡计分卡的形式进行具体细分，制定出细化到周的滚动式动态管理工作计划。

3.6　企业大学的价值体现与评价标准

经过近30年的积累和沉淀，越来越多的中国企业大学走上了基于组织战略和业务需要，系统设计自身发展规划，体现自身价值的道路。中国企业大学逐渐跳出了以往关注单一培训要素等点状、散乱的发展思路，企业大学的规划和发展融合决策定位与核心逻辑等机制建设。向变革推动者、员工发展顾问、业务合作伙伴三大角色转变，使企业大学真正成为企业战略实现的助推器。

企业大学最终能够得到健康运营，既是企业高管对它的一个基本要求，也是保证其良性发展的需要，所以严格考核是不可缺少的管理环节。严格考核评估是保证教学质量的必要措施，也是检验教学质量的重要手段。

3.6.1　用平衡计分卡工具确立企业大学建设与发展水平评估的四个维度

（1）财务维度：企业大学经营的直接目的和结果是为企业创造价值。尽管由于企业战略的不同，在长期或短期对于价值的要求会有所差异，但毫无疑问，从长远角度来看，价值始终是企业大学所追求的最终目标。

企业大学的经费预算和使用

关于培训投入，国内外企业差距很大。美国企业大学评价预算1 070万美元，大概是企业总工资的2.2%。麦当劳的内部粗估，每年的人力训练费用预计超过营收的3%，2004的总营收是142亿美元，培训费用约4.26亿美元。GE每年培训费用为10亿美元。而国内在员工培训方面的投资除少数优秀企业外一直很低，我们的调查表明，本土企业大学的培训投资只有工资总额的1.2%，远低于外资在华企业大学和国外企业大学的平均水平（分别为2.3%和2.7%），在费用的投入上，中高层干部的领导力课程通常会占到总费用的40%左右。

在具体费用的来源上，通常有两种常见的类型，一类由工资总额中按比例进行提取，通常国企中采用；另一类是根据上一年年度对第二年培训工作的规划预计会产生多少费用，经高层审核后批准，即所谓的零基预算法，此类在民企中比较常见。

（2）客户维度：如何向客户提供所需的产品和服务，从而满足客户需要，提高企业大学竞争力。

（3）内部运营维度：企业大学是否建立起合适的组织、流程、管理机制，在这些方面存在哪些优势和不足。

（4）学习与创新维度：企业大学的成长与创新能力的提高息息相关，企业唯有不断学习与创新，才能实现长远的发展。

平衡计分卡可以反映财务、非财务衡量方法之间的平衡，长期目标与短期目标之间的平衡，外部和内部的平衡，结果和过程平衡，管理业绩和经营业绩的平衡等多个方面，也能反映企业大学综合发展水平状况，使企业大学建设水平评价趋于平衡和完善，利于企业大学长期发展。

3.6.2 从平衡计分卡的四个维度确立评价的一级指标

（1）财务维度：可提取出业务收入、利润和费用投入预算等一级评价指标，其中业务收入、利润指标适用于盈利性企业大学。

（2）客户维度：可提取出客户满意度、客户数量规模等一级评价指标。

（3）内部运营维度：可提取出课程体系的完善程度、课程开发能力、内部讲师队伍建设情况、企业大学内部运营体系建设情况、企业大学评价体系建设情况和硬件设施的建设水平等一级评价指标。

（4）学习与创新维度：可提取出企业大学定位与公司发展战略的匹配度、组织学习的文化氛围、企业大学工作人员人数规模、合作资源建设情况、学习研究创新成果和 E-learning 系统建设等一级评价指标。

借助平衡计分卡四个维度提取出来的一级指标，可以继续分解出二级指标，可以更全面地评价企业大学的建设水平，形成企业大学发展水平的评价指标集。具体分解情况如下表：

链接 企业大学考核评价指标集

评价维度	一级指标	二级指标
财务维度	业务收入（适用于盈利性企业大学）	业务收入总额
		企业外业务收入占比
		授课收入占比
		项目收入占比
		人均收入
	利润（适用于盈利性企业大学）	利润总额
		人均利润率
	费用投入预算	企业大学建设预算占公司总销售收入的比例
		硬件建设费用预算额
		软件建设费用预算额

续前表

评价维度	一级指标	二级指标
客户维度	客户满意度	内部客户满意度（适用于服务内部员工的企业大学）
		外部客户满意度（适用于服务价值链的企业大学）
	客户数量规模	内部客户数量规模（适用于服务内部员工的企业大学）
		内部客户覆盖率（适用于服务内部员工的企业大学）
		外部客户数量规模（适用于服务价值链的企业大学）
		可同时服务的客户数量规模
内部运营维度	课程体系的完善程度	课程总数量
		业务课程与业务活动的匹配覆盖率
		各岗位序列课程与岗位序列的匹配覆盖率
		各岗位层级课程与岗位序列的匹配覆盖率
		通用类课程占课程总量的比例
	课程开发能力	课程开发数量
		自主开发课程数量占总开发课程的比例
		课程开发专业人员数量
		开发课程的验收能力
	内部讲师队伍建设情况	内部讲师数量
		内部讲师接受外部培训的次数
		高级内部讲师占总讲师人数的比例
	企业大学内部运营体系建设情况	运营管理制度、流程的完整性
		运营管理的规范性
		培训教学计划完成率
		企业大学发展计划完成率
	企业大学评价体系建设情况	学习效果评价体系的系统性
		学习效果评价的及时率
		学习评价记录的完整性
	硬件设施的建设水平	教学设施的建设水平
		娱乐配套设施的建设水平

续前表

评价维度	一级指标	二级指标
学习与创新维度	企业大学定位与公司发展战略的匹配度	企业大学战略定位的高度
		企业大学战略定位与企业战略的一致性
	组织学习的文化氛围	员工自主学习活动的情况
		行动学习在工作中的应用
		五项修炼在组织中的推行效果
	企业大学工作人员人数规模	总人数
		业务人员占总人数的比例
	合作资源建设情况	合作资源数量、质量
		合作次数
		合作成果数量、质量
	学习研究创新成果	发表的学习理论文章篇数
		学习实践活动案例数量
		最新学习技术的应用情况
	E-learning系统建设	E-learning应用覆盖率
		E-learning内容建设情况
		E-learning专业技术人员数量

3.6.3　其他评估工具的运用

除平衡计分卡方法之外，还可以参照EMCH评估模型（见图3—2）在理念、目标、项目、组织、人员、设施设备、预算七个角度，从组织层面、项目层面、课程层面等进行全面评估，得出针对企业大学的人才培养指导思想、总体原则、实现目标、工作步骤、管控方式、学习手段等的评价结果。

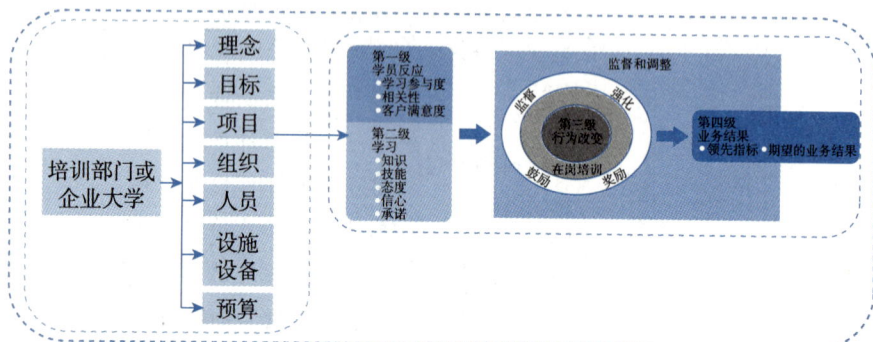

图3—2　EMCH模型

　　该模型对一个组织建设列举了具体的评估维度和步骤，同时结合了柯氏四级评估的理念来一起进行整体性评估，覆盖了企业大学建设由组织层面的评估到具体某个单项项目成果的评估，评估的范围由面到点，能够较为全面地对企业大学进行整体性评估。

第4章
企业大学的目标、职责与发展

虽然在 2008 年以后，中国企业大学如雨后春笋般地设立与发展，但现在还处于向西方企业大学学习和努力摸索适合中国自身的企业大学发展模式的道路上。

4.1　企业大学的任务目标

4.1.1　助推企业战略

建设企业大学，首先应该明确企业大学的任务目标是什么，也就是为什么成立企业大学。有学者指出，企业大学是一个教育实体，是一个通过开展活动以培养个人和组织的学习、知识和智慧，旨在协助其上级组织完成使命的战略工具。

企业大学不同于传统的培训部门，传统培训部门旨在培训员工并发展他们相应的技能，而企业大学则要让员工的工作符合企业的战略发展方向。

忠良书院作为中粮集团的企业大学，于 2008 年 5 月成立，整合学习资源，更好地服务于企业战略。成立伊始，忠良书院主要采用中粮团队学习的方式，力求围绕企业存在的关键问题开展每次培训和会议。

在 2009 年 1—4 月，中粮核心管理团队提出了"全产业链"战略。为了促进广大中粮人对"全产业链"的理解，进而有效执行企业战略，集团在忠良书院开展了"全产业链"模式的大讨论（见表 4—1）。

表 4—1　　　　　　　　　　　全产业链模式大讨论

时间	类别	范围	参与人数
3 月 11～14 日	优秀员工专题讨论	全集团	50
3 月 24 日	新任经理人专题讨论	全集团	40
3 月～4 月	网上大讨论	全集团	150
4 月 1～2 日	品牌食品业务经理人大讨论	全集团	50
4 月 9～10 日	粮油业务经理人大讨论	全集团	70
4 月 10～15 日	中粮置地全体员工分组专题讨论	中粮置地	60

通过"培训＋研讨"的方式，中粮经理人和员工深化了对全产业链的认识，真正实现了"加深理解、取得共识、坚定信念"的目标。

助推企业战略不仅在于达成共识，更在于提升业务单元的悟性、领导和组织的有效性，比如 GE 克劳顿学院就从过去向每个管理者传授知识转变为培养变革型的领导者，进而促进企业不断发展。

4.1.2　提升组织绩效

企业大学促进组织绩效提升主要体现在两个方面：第一是加速人才梯队培养，赢得人才竞争优势；第二是采用统一的管理工具方法，形成系统合力。在人才梯队建设方面，企业大学尤其要注意培养符合企业战略要求的人才。由于市场环境瞬息万变，企业战略会根据内外部因素做出调整，所以要求企业大学的负责人必须参与到企业高层制定与调整战略的决策过程中，时时把握企业人才的最新需求，力求企业的人才发展与企业的战略发展要求相同步。

企业大学不仅应该让团队理解并认同企业战略，达成共识，而且要在此基础上为企业中的每个部门提供达成目标的统一的管理方法与工具。GE克劳顿学院持续完善和推广通用的精益 6 西格玛管理方法，降低了生产的错误率；联想管理学院不断挖掘和丰富联想管理三要素与复盘的内容，带动企业运营管理水平的提升。

4.2　企业大学的职能职责

企业大学的首要目标是服务于企业战略，这也就决定了企业大学在功能上应当优先满足企业内部发展需求，在企业大学发展到一定阶段以后为外部战略合作伙伴提供培训等服务支持。

企业大学的职能可以归纳为五种：促进组织变革；人才培养；知识管

理；品牌宣传；资源整合。

4.2.1　促进组织变革

纵观企业大学的发展史，企业大学促进组织变革的功能是在20世纪80年代才由摩托罗拉大学率先提出的。行动学习的兴起和培训观念的不断转变最终使促进组织变革变成了企业大学最为重要的职能。

行动学习是一种人们共同工作并致力于开发人才的方法，该方法把实际课题或问题的完成或解决过程作为学习的方式，其本质为"做中学"（破解行动学习的四大实施路径）。因此培训不再是孤立的、脱离实践的或者一次性的学习，而是要激发团队智慧，在解决企业问题的同时获得个人的成长。培训不仅要促进个人绩效的改进，更要促进企业在价值观、战略、运营等方面的变革。

GE前CEO杰克·韦尔奇1981年改组通用电气公司以后，迅速精简机构，为了创建企业新的管理文化，韦尔奇重振并加强了克劳顿学院领导和管理发展的职能，并通过创造"群策群力"这种解决问题方法优化了工作流程，提升了工作效率。更为重要的是，通过这种"距离工作最近的人最了解工作"的理念，建立了高层和基层直接对话的通道，有效抑制了官僚主义作风，重塑团队氛围。

4.2.2　人才培养

企业大学整合企业的培训资源，在人才发展方面的作用主要体现为两点：在组织层面，企业大学结合企业战略和关键问题设计培训体系，复制企业关键岗位人才，并通过培训弥补企业在某些方面的人才短板；在个体层面，企业大学为人才提供学习成长的平台。

宝洁大学提倡全程、全员、全方位培训，并基于该理念提出了"三全立体培训体系"。

（1）全程：将员工分为入职、职业早期、职业中期和职业晚期四个阶段。

（2）全员：将员工分为M系列（管理）、A系列（行政）、T系列（技术），所有员工都是宝洁培训体系的覆盖对象。

（3）全方位：宝洁将全方位提高员工素养作为培训的主要任务。其中员工素养又分为基础素养、专业素养和管理素养。

在培训体系方面，吴峰教授将企业大学和传统培训部门做了比较，认为企业大学除了在教学运营、讲师管理和课程体系上都更加专业和系统以外，还更加重视绩效改进技术、教学设计与培训评估。

在课程设置上，企业大学是否应以岗位胜任力特征模型为中心进行人才培养见仁见智。很多知名企业在领导力培训方面以岗位胜任特征模型为依据，比如中粮集团的新任经理人培训项目，就是以中粮经理人领导力模型为课程框架，按照库伯的"学习之轮"理念打造的品牌项目。对于互联网等企业而言，处于时代变革的最前沿，人员流动性相对较大，以岗位胜任力为模型进行人才培养可能不太适宜；用友大学校长田俊国认为：岗位胜任力模型为中心的培训要求假设岗位的要求是比较稳定的，以岗位胜任力模型为中心的培训模式或许难以适应当今加速变革的时代（上接战略，下接绩效）。

4.2.3　知识管理

在美国生产力与质量中心（APQC）很早的一份调查中表明，77％的受访者认为知识管理和知识创造是建立企业大学的主要推动力，他们认为知识的创造和管理推动了企业大学的发展。

打造知识管理系统有两种方法，一种是先梳理知识内容架构，梳理知识管理关键流程与关键文件，搭建方便企业用户搜索和查找的静态知识管理系统；在此基础上开放网上互动社区和专家问答等功能模块，促进知识的分享和交流。这种知识管理系统搭建方法能较好地对知识文件进行分类，但项目实施工作量大、周期长。

第二种方法是充分利用网络的社交功能，建立线上、线下并行的人际关系，促进知识管理平台的使用，在此基础上不断完善知识管理系统，京东大学在这方面做了很好的尝试。在知识管理方面推出了三大平台：京东视频平台、京东在线学习平台、京东线下分享平台。同时京东大学提出了知识管理的"灯笼模型"：小 E-Learning 部分是基于员工岗位所研发的必修课，同时会有岗位认证的考试；中部的"灯笼肚子"最核心的目的是把人脑的知识变成文件和知识素材，存在网络云端；上部的挖掘非常关键，针对组织的需求与"痛点"做二次开发，形成关于某项关键工作或任务的知识链接表，便于用户检索。

京东大学会定期举办线上活动，比如"快手酷拍"活动，通过员工自己随手拍工作视频的方式，将好的工作方法上传到网络平台，推广到京东各个部门。"快手酷拍"活动提出了"所见即所拍，随手即可拍，点赞拿大奖"的口号，充分激发了京东员工的积极性，实现了知识的互动与分享。

4.2.4　品牌宣传

随着企业大学和人才发展受到越来越多企业的关注，企业品牌宣传逐渐成为企业大学越来越重要的职能。中粮集团企业大学忠良书院于 2011 年建成忠良博物馆，博物馆分为三层：第一层展示的是新中国成立以前的红色革命文物，第二层记载着 1949—2004 年中粮集团走过的光辉岁月，第三层展示了 2004 年至今中粮集团的企业文化、管理理念和工具，以及中粮各类厨房食品和休闲食品，在让参观交流的团队立体化地感受中粮文化的同时，也宣传了中粮安全、营养、健康的品牌和各个业务的产品。

4.2.5　资源整合

企业大学想要获得持续的生命力，必须充分利用企业内外部资源，更好地为企业服务。爱立信中国学院通过对供应商和客户的培训，更好地为合作伙伴服务并实现共赢；大唐大学通过校企联合培养模式定向培养了企业所需要的研究人才。企业大学逐渐将触角从企业的内部伸向企业的外部，但就像蔓延在地下的树根为大树提供养分一样，企业大学的所有功能最终都是为企业战略发展服务的，而这也是企业大学的使命所在。

4.3　企业大学的发展趋势

4.3.1　推动企业战略变革的作用更加明显

在中国，越来越多的企业开始接受行动学习方式，而企业大学也将以行动学习为抓手，进而统一团队目标、重塑企业文化、推动战略变革。培训不再仅仅是提高员工个人能力的手段，更是提升组织绩效的有效方法。中粮集团董事长宁高宁更是认为"培训是一种工作方法"。

4.3.2　以学习者为中心的混合式学习

互联网技术的广泛传播和越来越以人为本的教学理念促进了以学习者为中心的教学实践和企业大学的升级（企业大学 2.0），学习不再仅仅是发生在传统培训的教室中。学习者可以通过网络在线课堂、移动终端接受培训。MOOC 就是其中一种在线学习模式：课程时间跨度为 2~8 周。学习者在网络上建立虚拟班级，每周完成 2~7 小时的在线课程，并与老师和其他学习者进行线上互动交流。

企业培训中也出现了线上线下培训相结合的模式，比如翻转课堂：学习者在参加线下培训前已经通过网络获得了学习资料并进行了知识性的学习，培训师在线下课堂主要任务是带着学员解决课程中的关键问题并互动交流，从而大大提高了培训的效率和效果。

4.3.3　通过培训项目和课程促进知识管理

知识管理如果不结合项目推动，就会变为无源之水、无本之木。企业大学通过推进培训项目和开发培训课程，更好地提炼企业的关键知识，同时通过线上和线下培训将企业的知识有针对性地传播给更多的员工。有人将课程形象地比喻为"知识管理中装知识的盒子",不仅沉淀组织知识,所传播的知识也更符合组织、部门和学员的培训需求。

4.3.4 运营人员更加专业

传统培训部门工作者是培训事务的专家,但是企业大学的功能定位决定了培训人员需要站在企业战略角度发现企业的问题、业务的"痛点",进行有针对性的培训。

同时,企业大学内部人员也要逐渐承担课程开发和授课的角色。长征学院提出了"3 个 1/3"的原则,即企业大学内部讲师、企业内部讲师、企业外部讲师应各占 1/3,对企业大学从业人员有更高的专业水准的要求,从而提升企业大学在企业中的地位。

第 5 章
企业大学发展评估

目前，中国企业大学已有 2 000 多家，并按照每年新增 200 多家的规模快速发展。企业大学高速发展带来的问题是如何有效评价企业大学的建设水平，这是困扰国内许多企业大学建设者的一个问题。虽然目前国内外都已有一些企业大学评估模型，但从企业大学实践的角度，仍存在实操性和针对性不强的问题。本章将分析目前国内外主流的企业大学评估模型，指出它们存在的优点和不足，并结合自身企业大学建设实践及对国内外近 100 所企业大学的研究，提出全新的企业大学 3O 评估模型，即从目标（Objective）、运营（Operation）、成果（Output）三个维度对企业大学进行评估。3O 评估模型是基于企业大学实践所提出的模型，具有很强的实用性和指导性。

5.1 现有的企业大学评估模型

5.1.1 美国 CUX 评价标准

美国企业大学顾问公司（CUX. Inc）是企业大学的咨询服务公司，自 1999 年开始到 2006 年，已经连续 8 年对全球的企业大学进行广泛的调研并做出评价，每年评选出最优秀的企业大学，并组织交流与互相学习，引导企业大学的发展。

1.CUX 评价标准的内容

主要有 7 个方面的内容：

（1）结合：评价企业大学的学习和企业发展战略结合状况；

（2）合作：企业大学与普通大学、学院以及外部教育资源结成战略伙伴关系的模式；

（3）E-learning：利用技术支持创建的学习环境和发展状况；

（4）领导力发展：通过强大的学习支持给企业管理者带来变化和成功；

（5）市场：企业大学在企业发展和增加创新市场、发展品牌技能中的作用；

（6）评价：评价组织通过应用学习战略获得成功的模式和给组织带来的回报；

（7）创建：成功地创建新型的企业大学或者学术型组织（针对新创立的企业大学）。

2. CUX 评价标准的优点

（1）强调了企业大学和企业战略结合这个根本点；

（2）指出了企业大学和普通院校及其他教育资源的合作及战略伙伴关系。

3. CUX 评价标准的不足

（1）七个方面的评价标准抽取的是企业大学的成功关键指标，指标之间的关系不清晰，评价标准的系统性、结构性不强，比如第三方面 E-learning 和第四方面领导力发展应该隶属于企业大学内部运营，不应该和市场、评价处在同一个评价层级；

（2）企业大学的一些关键成功要素没有体现，比如能力模型、人才培养、课程和讲师体系建立等；

（3）第三方面 E-learning 评估已不合时宜，云学习、移动互联学习已是最新的企业大学技术支撑平台。

5.1.2　IQPC 评价标准

由 IQPC（International Quality and Productivity Center，国际质量与生产力中心）主持的企业大学与学术全球高峰论坛从 2002 年开始设立"最优秀的企业大学奖"，论坛对处于不同发展时期的企业大学提出不同的评价标准。

1. IQPC 评价标准的内容

（1）企业大学对组织提高竞争能力显著的作用和贡献；

（2）应用混合的学习模式（多种学习模式）取得好的学习效果；

（3）创建公司的学习文化，使学习成为公司的文化；

（4）将有效的教育合作伙伴整合到企业大学；

（5）不断提高投资回报率。

2. IQPC 评价标准的优点

（1）强调企业大学应该成为学习中心，应不断优化学习模式，打造学习文化；

（2）首次指出企业大学应该不断提高投资回报率。

3. IQPC 评价标准的不足

（1）评价标准过于简单和宏观，不够量化、具体，不利于全面评价企业大学；

（2）同 CUX 评价标准的短板一致，没有体现企业大学的一些关键成功要素；

（3）过于强调学习而忽视了企业大学内部运营及成果输出。

5.1.3 企业大学成熟度模型（CUMMTM）与评价指标

2011 年 12 月，上海交大海外学院在专业论坛上以"企业大学成熟度模型的构建与应用"为题对首个企业大学成熟度模型的构建过程与实际应用进行了详细阐述，并在论坛上发布了《中国企业大学咨询研究报告暨企业大学成熟度模型（CUMMTM）构建》报告。该成熟度模型主要从发展规划、组织管理、运行支撑和业务体系四个维度设定企业大学的成熟度指标。在发布此成熟度模型的基础上，也提出了基于该成熟度模型的企业大学评价标准，具体见表 5—1。

表 5—1　　　　　上海交大海外学院企业大学成熟度模型与评价指标

模块		指标			评估内容
名称	权重	序号	名称	权重	
战略契合度	15%	1	使命定位	4%	评估内容包括企业大学使命定位的清晰度、企业大学使命与企业使命的匹配度、企业大学战略定位的执行度等
		2	发展规划	5%	评估内容包括企业大学发展规划的清晰度、企业大学发展规划与公司业务发展及管理改善的对接度等
		3	能力对接	6%	评估内容包括企业大学参与高层战略研讨的表现、企业大学提供战略发展建议的表现等
组织协同度	25%	4	架构统整	6%	评估内容包括企业大学架构设置与其发展规划的匹配度、企业大学架构设置与组织管理模式的匹配度、企业大学责权设定的完备度、企业大学资源配置的完备度等
		5	纵向支持	6%	评估内容包括人才工作占高层日程的比重、高层投入企业大学建设的程度、中高级经理中内部讲师的比例
		6	横向协同	6%	评估内容包括企业大学与人力资源部的协同程度、企业大学与业务及职能单元的协同程度等
		7	机制匹配	7%	评估内容包括人才胜任度纳入绩效考核的完善度、各级管理者人才培养职责界定的清晰度、员工学习与职业发展关系界定的明确度、人才评价与发展管理流程的清晰度

续前表

模块		指标			评估内容
名称	权重	序号	名称	权重	
业务完备度	20%	8	工具完善	9%	评估内容包括关键岗位界定清晰度、人才发展规划完善度、人才成长通道完善度、人才库建设完善度、人才绩效与能力标准清晰度、人才绩效与能力评价完善度等
		9	内容契合	6%	评估内容包括培养课程或项目与能力模型的契合度、培养课程或项目与能力绩效结果的匹配度、培养课程或项目对各项关键岗位的覆盖度、培养课程或项目与经营管理实践的契合度等
		10	方法多样	5%	评估内容包括对不同员工群体的培养方法的针对性、形成与知识技能提升匹配的培养方法、形成与能力素养提升匹配的培养方法等
运行有力度	15%	11	专业胜任	5%	评估内容包括企业大学管理与专业人员的能力匹配度、内部师资队伍的比例，内部师资自主开发的能力胜任程度等
		12	程度完善	5%	评估内容包括培训课程或项目实施程度的完善程度、内部讲师队伍管理流程的完善程度、培训外包管理规程的完善程度、培训课程或项目实施效果评估的完善程度等
		13	支撑有效	5%	评估内容包括企业大学学习管理信息系统的完善度、各级管理者到企业大学授课的积极性、员工到企业大学参加培训和学习的积极性、鼓励和帮助他人成长氛围的发育和完善程度
职能拓展度	10%	14	组织发展	4%	评估内容包括企业大学参与战略传递和推进的程度、企业大学推进文化传承或整合的程度、企业大学推进企业变革发展的程度等
		15	知识创新	3%	评估内容包括企业大学在推动企业知识生产与共享的程度，企业大学推进业务、管理或技术创新的程度，企业大学进行企业发展前瞻研究的程度
		16	价值集成	3%	评估内容包括企业大学在推动外部资源整合的程度、企业大学对企业价值链伙伴输出培训的情况、企业大学推进企业品牌传播度等
效益彰显度	15%	17	整体效能	9%	评估内容包括关键人才胜任度、员工精品培养课程或标杆项目的认同度、员工培训发展满意度、企业大学对组织能力提升的作用、企业大学在内部组织影响力等
		18	社会贡献	6%	评估内容包括企业大学创新做法在业内分享交流的情况、企业大学社会获奖情况、参与企业大学组织并推进中国企业大学发展的情况等

企业大学成熟度模型（CUMMTM）是通过战略契合度、组织协同度、业务完备度、运行有力度、职能拓展度、效益彰显度六个模块以及 18 个指标对企业大学进行全面评价，是目前国内比较全面、权威的企业大学评估模型。上海交大海外学院主导的企业大学评选即运用了此评估标准，取得较好的口碑。

相对于 CUX、IQPC 的标准，该评价标准具有以下优点：

（1）评价标准总共六大模块、18 项指标、60 个要项，从战略支持、职能、组织、运行效益等多个方面进行评估，基本涵括企业大学建设的方方面面，评价标准量化、全面，系统性强。

（2）评价标准基于 CUMMTM 成熟度模型，该模型包括发展规划、组织管理、业务体系及运行支撑四个维度及 16 个指标，是一个实用性比较强的企业大学成熟度模型，这使得评价标准有了厚实的基础。

（3）标准中有些维度和指标，如组织协同度和社会贡献等，强调企业大学和其他横向部门的配合支持，以及在社会上进行企业品牌及文化传播，对企业大学的建设具有指导意义。

但在企业大学评估的实际运用中，该模型还是存在以下问题：

（1）指标专属性不强：评价标准中无论是模块还是指标其名称不具备企业大学的专属性，可以适用于对其他的组织或部门的评价，如研发部或者市场部，基本上上述评价指标都可以使用。

（2）六个模块和 18 项指标的评估过多，并且由于指标的专属性不强，导致理解与记忆的困难，给实际运用带来不便。

（3）有些指标或要项过于细致，如"人才工作占高层日程的比重"，比较难量化评估，还有的过于窄小，如"创新做法在业内分享交流的情况"，而且从知识产权保护的角度，不分享并不能视为企业大学的一个短板。

5.2 企业大学 3O 评估模型

鉴于上述企业大学评估模型存在的一些问题，笔者基于自身实践和对国内外近 100 所企业大学的研究分析，提出"企业大学 3O 评估模型"，即从企业大学的目标（Objective）、运营（Operation）、成果（Output）三个维度运用对应的 13 项指标对企业大学进行全面评估。具体如图 5—1 所示。

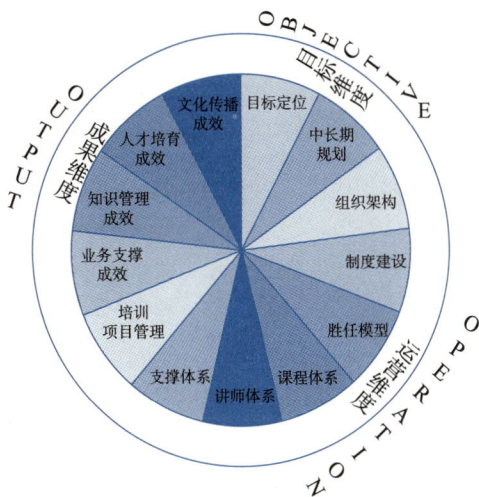

图 5—1　企业大学 3O 评估模型

从图 5—1 可以看出，企业大学 3O 评估模型从企业大学的目标维度、运营维度和成果维度出发，强调目标是企业大学建设的基础，运营是关键，成果是核心。整个维度设置简单清晰，符合企业大学建设规律。每个维度的评估指标含义及权重见表 5—2。

表 5—2　　　　　　　　企业大学 3O 评估模型的评估指标体系

维度	序号	评估指标	权重	评价要点	建议评价方式
目标维度 Objective 10%	1.1	目标定位	5%	愿景使命是否清晰，服务对象、功能定位、组织定位是否合理准确。	第三方评价＋高管评价
	1.2	发展规划	5%	是否有中长期规划，规划是否符合企业战略及企业大学内在发展的需求。	第三方评价＋高管评价
运营维度 Operation 45%	2.1	组织架构	5%	组织架构是否符合企业大学的发展定位，内部管理是否高效运作。	第三方评价
	2.2	制度建设	5%	评价企业大学制度建设的完善度、可操性和执行度。	第三方评价
	2.3	胜任模型	5%	各个岗位是否都有胜任模型，岗位的匹配度如何，是否和培训需求、人才发展有机结合。	第三方评价
	2.4	课程体系	10%	评价课程与胜任模型的匹配度，必修、选修、进阶课程设置的合理性。专业类、综合素质类、管理类课程设置是否科学。	第三方评价＋员工评价
	2.5	讲师体系	10%	讲师选拔、评定、聘用是否规范，讲师数量、质量，专职和兼职讲师比例。	第三方评价

续前表

维度	序号	评估指标	权重	评价要点	建议评价方式
	2.6	支撑体系	5%	移动互联、在线学习等学习平台的功能性、便捷性。	第三方评价＋员工评价
	2.7	培训项目管理	5%	培训项目组织成效、项目体系性、员工满意度。	第三方评价＋员工评价
成果维度 Output 45%	3.1	业务支撑成效	10%	参与业务优化与业务诊断并取得成效，对业务经验能有效归纳总结并传播。	第三方评价＋高管评价
	3.2	知识管理成效	10%	知识管理体系性、知识库建立成效，企业的经验和智慧是否有效积累。	第三方评价＋员工评价
	3.3	人才培育成效	15%	人才培育的数量、质量、时效。	第三方评价＋高管评价
	3.4	文化传播成效	10%	内外部文化及品牌传播效率、方式、影响力度。	第三方评价＋高管评价

5.2.1　目标维度

1. 目标定位

目标定位是基于企业发展战略，明确企业大学的目标定位。本指标主要是评价企业大学是否有清晰的发展方向，从服务对象、专业属性和主要职能等维度确定企业大学的定位方向是否准确科学。

2. 发展规划

企业大学在做目标定位时，还须明确中长期计划及目标，其计划与目标仍然须与企业发展战略相匹配。企业大学须非常清晰企业中长期的发展战略，制定具体的阶段性目标以及实施步骤。另外，当市场恶劣时，企业大学能否及时响应企业战略调整需求；在定位转变上，企业大学是否始终为企业整体战略发展服务；当企业发生变革，转变战略目标和发展方向时，企业大学的定位是否也随之改变和调整？这些都是评估发展规划是否达标的重要依据。

5.2.2　运营维度

1. 组织架构

企业大学组织架构是流程运转、部门设置及职能规划等最基本的结构依据，也是工作任务如何进行分工、分组和协调合作的基本依据。本指标重点考察企业大学组织架构是否根据企业大学的定位目标，把企业大学管理要素配置在重要的方面，确定架构对定位目标是否有效支撑，内部管理是否高效运作。

2. 制度建设

制度建设是企业大学发展的重要基础。本指标重点评估企业大学是否以制度的方式对目标定位、运营执行以及成果输出等维度进行规范，评价企业大学制度建设的完善度、可操作性和执行度。

3. 胜任模型

胜任模型是区别企业大学与培训中心的一个核心标志，标志着从培训组织到人才培养的关键变化。该指标考察的是企业大学是否建立了岗位的能力胜任模型，能力胜任模型是否匹配。培训需求、人才发展、梯队建设、课程体系等是否和胜任模型相关联。

4. 课程体系

企业大学的课程体系应是基于岗位胜任模型。针对岗位科学设置必修课、选修课及进阶课程，清晰界定专业课程、综合素质课程及管理课程。科学的课程体系应该是让企业的每一位员工，无论是新员工还是老员工，无论是基层员工还是管理者，都知道自己要上什么培训课程，培训给自己哪些带来的能力和素质提升。将培训和自身未来发展的直接关联。

5. 讲师体系

重点评价企业大学的师资来源、师资数量、质量与结构、讲师甄选、任用、考核体系、专职和兼职师资比例等。另外，企业高层是否亲自担任课程讲师也可以作为一个关键指标。

6. 支撑体系

评价在线学习、移动客户端等学习平台的功能性、便捷性。

7. 培训项目管理

培训项目管理指标主要有两个方面：（1）企业大学是否形成一整套培训项目管理体系，能否针对不同岗位和企业发展需求建立相应的培训项目；（2）企业大学在做培训项目时，是否有从培训需求分析、计划制订到组织与实施、效果评估的基本流程。

5.2.3　成果维度

1. 业务支撑成效

业务支撑成效是评价企业大学对企业业务的支持效果，主要包括企业大学能否有效理解并通过培训宣传企业的经营战略，企业大学能否通过对核心业务单元进行研究来优化业务流程，企业大学能对相关业务板块的经验进行归纳总结并通过课程方式加以传播。

2. 知识管理成效

知识管理就是利用集体的智慧提高企业的应变和创新能力，为企业实现显性知识和隐性知识的共享提供新的途径。本项指标包括建立知识库、促进员工知识交流、建立尊重知识的内部环境、把知识作为资产来管理等内容。

3. 人才培育成效

人才培育是企业大学的重要使命，也是评价企业大学的重要指标。人才培育成效主要包括人才培育的时效、数量和质量。时效是指在适当的时间内提供适用型人才；数量是指在满足企业发展需要，有足够的人才产出；质量则是指企业大学培育的人才是否在素质和能力层面达到相应的要求。

4. 文化传播成效

企业大学是企业实施文化建设和传递品牌的有效途径，同时促进企业文化的传播。本指标主要考核企业大学是否积极地将本公司的企业文化及品牌传递给员工、合作伙伴、客户，从而使员工、合作伙伴、客户逐渐适应并接受该企业的文化价值观和理念。更为重要的是，企业大学是否具备快速认识、吸收新的文化因素的能力，使企业的文化不断吸纳新的内涵，在融合中创新，品牌影响力不断加强。

5.2.4 企业大学 3O 评估模型的优点

综合对比上述其他评估模型，企业大学 3O 评估模型具有以下几个优点：

（1）从目标、运营、成果三个维度出发，评估层次清晰、结构严谨，容易记忆。

（2）企业大学的一些关键要素比如目标定位、胜任能力、人才培养、课程和讲师体系等都有体现。

（3）四大核心输出成果——人才、文化品牌、业务支持、知识管理让企业大学建设者清晰知道企业大学的核心价值所在，避免仅仅围绕人才培养而忽略了其他关键成果。

企业大学 3O 评估模型是基于企业大学实践中得到的全新模型，相对于其他评估模型，具有评估层次清晰、评估指标简单易记、评估内容专业全面的优势，因此具有较强的针对性和实用性。该模型的具体实施成效需要在企业大学评估的过程中进行检验。

第6章
企业大学发展与企业文化建设

　　企业文化管理是企业管理的高级阶段。管理学的发展经历了三个发展阶段，即经验管理、科学管理及 20 世纪 80 年代发展起来的文化管理，其中文化管理是企业管理的高级阶段。

　　企业文化竞争是企业间最高层次的竞争。文化管理是企业管理的最高境界，现代企业最高层次的竞争是文化竞争。

链接　　　　　　　　管理学的三个发展阶段

特征与模式	经验管理	科学管理	文化管理
年代	1869—1910 年	1911—1980 年	1981 年以来
特点	人治	法治	文治
组织	直线式组织	职能式组织	学习型组织
控制	外部控制	外部控制	自我控制
领导	师傅型	指挥型	育才型
管理中心	物	物	人
人性假设	经济人	经济人	自动人、观念人
激励方式	外激为主	外激为主	内激为主
管理重点	行为	行为	思想
管理性质	非理性	纯理性	非理性与理性相结合
人力管理	雇工管理	人事管理	人力资源开发与管理

6.1　企业大学是企业文化建设的重要载体

6.1.1　企业大学可以有效传播企业文化

企业文化的宣传本身就是企业大学培训体系中的重要一环。尤其对于新员工，企业大学的培训更是他们最初认识企业的窗口，是他们感受企业文化的窗口。

通过企业文化的传播，一方面可以使公司的价值观和行为规范深入人心；另一方面，可以提高员工对公司的归属感和向心力。

通过对价值链中其他成员传播公司的企业文化，可以提高他们对公司的认同度，从而有利于公司品牌的提升。

企业大学为员工营造出学校的氛围，这本身就是在向员工传递一种进取、创新的组织文化。

而企业大学对企业文化传播的持续性、系统性和多样性，也能弥补企业文化现阶段所面临的缺乏持续性和系统性的两大缺陷。

6.1.2　企业大学是创新企业文化的有效平台

企业大学也是培养企业文化的最佳土壤。企业大学是思想交流的场所，学员虽然来自企业的不同部门，但是在企业大学中的学习可以使他们的价值观、理念在潜移默化中形成统一，从而提高员工对企业的认知度、忠诚度和凝聚力。

在公司变革时期，企业大学往往可以在组织新文化塑造方面扮演积极角色，可以在新的企业文化形成过程中发挥特殊作用。

6.2　企业大学通过弘扬传统文化
推进现代企业文化建设

6.2.1　中华传统文化的时代意义

1988 年，75 位诺贝尔奖获得者云集法国巴黎，探索人类 21 世纪面临的重大问题时，达成这样的共识：人类要顺利地度过新的世纪，必须回到 2 400 年前，寻求孔子的智慧。

管理大师德鲁克说："中国的管理者应该是中国自己培养的，他们深深植根于中国的文化，熟悉并了解自己的国家和人民。只有中国人才能建设中国。"

6.2.2　企业文化是优秀传统文化的具体表现形式

中国传统文化源远流长，根系深厚，博大精深。它是中华民族的"灵魂"。就企业文化的建设而言，民族传统文化是现代企业文化的重要资源。

任何企业文化的建设与发展都会受到民族传统文化的影响并体现出鲜明的国家和民族特色。中国传统文化具有悠久历史和丰富内涵，它对中国当代企业文化的形成发展产生深远影响：优秀传统文化将其内在精神、行为准则、价值观念融入企业文化，成为企业发展的指引力与推动力。

1. 中华传统文化中的集体主义道德对企业文化的导向作用

集体主义道德是中华传统文化的一个基本特点。中国古代传统文化中的整体观念，把全局利益看得高于局部利益，把整体利益看得高于个体利益，突现了中华民族以小我成全大我、以牺牲个人利益和局部利益去维护整体利益的独特品格，形成了以国家、民族利益为上的思想风貌。《礼记·礼运篇》明确提出了"天下为公"的命题，其基本含义就是自觉地为整体利益而献身的精神，可以说这是我们民族的民族魂。这种整体为上的集体主义道德，积极影响着当代以培育企业精神为核心内容的企业文化的形成、共同的价值观念和价值取向的树立。对于一个企业来说，当绝大多数成员的价值观积极向上时，就能够使职工把维护企业利益、促进企业发展当作有意义的工作，从而激发出劳动热情和工作主动性。在我国，作为企业文化内涵之一的企业精神，虽然因企业门类有别、性质各异而有所不同，但也有共性的东西，如"团结""厂兴我荣，厂衰我耻"等，这实质上就是集体主义道德在企业文化中的延伸和体现。

2. 中华传统文化中的人际关系准则对企业文化的升华作用

中国传统文化特别讲究人与人之间的和谐。孟子曰："天时不如地利，地利不如人和"，以"和"为中心的人际关系准则，对于凝聚人心、集中力量、维护统一都有着积极作用。而重视人与人之间情感的交流和情感型的管理，成为企业文化民族化的突出表现。现代企业管理的理论和实践证明，现代企业成功并不完全取决于企业管理的纯理性的制度、计划、生产技术，而是与人的情感需要、审美向往、对人情味的追求的企业文化密切相关。企业应当重视运用社会精神的力量去形成共同的意识形态。孔子的由"仁"所具体展开的恭、宽、信、敏、惠五德，构成最早协调人与人之间关系的完整理论，今天应用到企业文化中仍有不可估量的意义。一个优秀的企业家，其管理的有效之处主要不在于对员工的控制、驱使和责罚，而在于能通情达理、与人为善，善于激发员工的热情，协调员工之间的关系。中华传统文化中影响较大的儒家、道家思想，在其理论和运作方法上都不主张走极端，庄子的"守中"，儒家的"中庸之道"，都提供了自处和处人时持中正、不过激、留余地、善自足的方法。遵循这一原则，在企业内部营造团结和谐的文化环境，从关心人、理解人、尊重人出发，点燃员工心中之火，为员工排忧解难，让全体员工参与管理，无疑会极大地激发员工的能动性和创造性。

3. 中华传统文化中的社会责任感对企业文化的保证作用

我国民族文化传统中主张"先天下之忧而忧，后天下之乐而乐"，推崇"天下兴亡，匹夫有责"，十分强调个人对社会的责任感，这有助于促进企业认识和承担社会责任，培养企业全体员工关心社会的伟大胸怀，在社会的认同下促进经济效益的提升和企业形象的高扬，并使企业为推动全社会的繁荣发展竭尽全力。以孝悌、仁义为核心的儒家伦理思想，主张修身为本，以维护社会集体利益为上。深刻认识传统文化的人本精神，将传统伦理美德之礼义仁爱精神渗透到竞争机制中，可以在生产者和经营者当中培育以天下之乐为乐的爱国主义精神和公而忘私、国而忘家的无私奉献精神，摒弃唯利是图，鼓励生财有道。当代中国企业文化要不断地从传统文化中获得思想保证和营养元素，坚持员工的主人翁地位，倡导爱国爱岗的社会责任感和勇于奉献的价值观，努力培养"敬业报国"的意识，这对员工、企业、民族都有重大的意义。

4. 中华传统文化中的传统美德对企业文化的指引作用

中国人历来重视道德情操、行为举止、品行意志，"夫君子之行，静以修身，俭以养德""历览前贤家与国，成由勤俭败由奢""人而无信，不知其可""敏于事而慎于言"等所体现出的思想内涵被不断继承并丰富，逐渐形成了勤俭节约、吃苦耐劳、爱岗奉献、诚实守信等众多的优良传统。这些传统美德在现代企业文化当中对员工的行为品德仍然起着约束、激励和引导作用，中国的企业员工在其影响下对自己高标准、严要求，显现出了兢兢业业、敬业爱岗、乐于奉献，吃苦在前、享受在后的精神，这种天然的素质优势为企业发展赢得了珍贵、可靠的人力资源。我国企业现在坚持开源节流、勤俭办企业的方针也是对传统美德的发扬光大。在当今社会，将传统美德所体现的内在精髓加以丰富并融入现代管理的行为模式当中，必将有助于企业脚踏实地开拓进取，走稳定、健康发展之路，这也是中华民族品格的体现。

6.2.3　企业人学习传统文化必读的十大经典

《弟子规》《孝经》《太上感应篇》《了凡四训》《朱子治家格言》《大学》《中庸》《论语》《孟子》《道德经》是企业人学习中华传统文化应读的经典篇目。

6.3　通过"KPO 管理系统建设"推动企业文化具体落实到每个岗位上

6.3.1　企业中普遍存在企业文化难以落实到人的难题

企业文化是企业全体成员的共同价值观，是指导所有员工工作行为的基本准则。文化理念如何落实到岗，如何贯彻到人，如何成为领导者的管理工具，如何成为员工的约束工具，是每一个企业都在考虑的问题，也是每一个企业面临的一项管理难题，必须得到解决。

企业文化落地必须能做到三个方面：与具体工作衔接、为全体员工接受并自觉执行、能够考核评价。

6.3.2　利用 KPO 管理系统推进企业文化落地

KPO（Key Post Operation）管理系统是岗位操作标准化管理的一项新技术，它以岗位操作为核心，把岗位操作文化、岗位操作界定、岗位操作流程、岗位操作标准、岗位操作方法、岗位操作工具和岗位操作测评整合为一个统一的整体（见图 6—1），从根本上解决企业的执行力问题，达到标本兼治的目的。

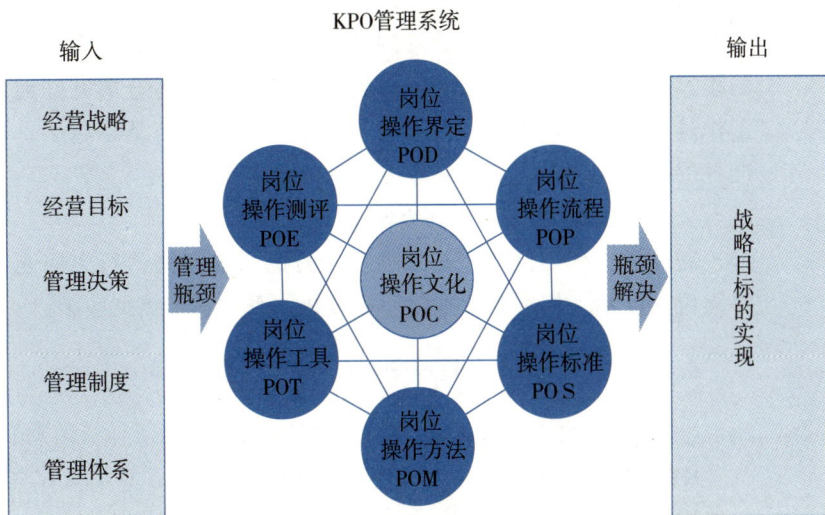

图 6—1　KPO 管理理论基本模型

6.3.3　理解 KPO 岗位文化在现代企业管理中的重大意义

1. 是企业当前管理建设的重要任务

目前，企业的竞争已经由过去的价格竞争、服务竞争、品牌竞争发展到现在的管理竞争。管理水平高低正在决定着市场份额的大小。企业流程的健康运行需要高度协调配合的复杂系统和十分细致的专业分工。如何能够实现各分工系统的有机配合，是企业成败的关键，而解决各分工协调配合的最佳管理方法就是标准化。只有标准化才能为经营管理建立最佳秩序，提供共同语言和相互了解的依据；只有标准化才能为企业的活动确立必须达到的目标。

因此，必须建立完善的岗位文化系统，促进各岗位活动的不断合理化。唯有如此，企业文化才能制度化，才能既具有法规性约束效用，又有自我约束的作用，并进而成为员工的自觉行为。所以，要全面提高企业的竞争力，首要任务是建立完善的岗位文化系统。

2. 能有效、有机地整合企业各管理系统

岗位描述系统解决的是做什么的问题，ISO9000 解决的是工作的质量问题，KPS 等解决的是工作平台问题，KPI 解决的是绩效考核问题，它们都只解决一个方面的问题。岗位文化不仅解决什么可以做、什么不能做的问题，而且对以上问题有整合、协调作用。通过岗位制度、规范的实施，可以把经营管理的各个环节有机地组织起来，使各个岗位的操作规范秩序、协调一致，帮助企业提高工作质量，提升工作效率，减少资源消耗，增强经济效益，而且能实现企业岗位管理的科学化和整合化。

3. 能有效解决岗位工作经验与技术的积累问题

由于岗位文化可形成一套既定的岗位制度，每个岗位的文化通过岗位工作制度和工作准则反映到管理体系之中，这就解决了岗位工作经验智慧的积累问题。当人离开后，工作制度和工作准则不会离开，因此，岗位上工作过的优秀人员越多，留下的工位工作经验与智慧也越多，这个岗位后继者的获益也越多，新上岗者工作就会越优秀。

4. 能有效解决企业执行力问题

制度化、准则化的才是最容易执行的，要解决执行力问题，必须事先将岗位制度和工作准则标准化，标准化体系才易于贯彻实施。

6.3.4　KPO 岗位文化理念形成的三大基础理念

1. KPO 管理系统理念

KPO 管理系统是新型的企业管理模式。首先，它引入了工作流理念。工作流是一系列相互衔接、自动进行的业务活动或任务，可以支持一个组织不断改进经营过程以适应快速多变的市场需求。它的优点在于：第一，支持对组织经营过程的建模，并可以将经营过程表达为相应的工作流需求说明；第二，支持经营过程重组以优化经营过程。其次，它引入了标准化概念。将宏观的企业业务流程按照既定的标准，分解为微观的岗位操作流程，并对每个岗位、每个操作流程上的每个工作进行标准化，制定工作标

准和工作方法。它的优点在于：第一，支持岗位操作者有目的、有标准、按最佳方法，行之有效地执行岗位工作；第二，流程管理者可以利用岗位操作流程体系及时发现流程中的危机，及时纠正错误。

因此，KPO 管理系统在精确梳理出企业中核心流程的基础上，清晰界定决策层、管理层、操作层、执行层各自职能，理清各职能所包含的职能工作流程；然后，把企业中所有的业务都落实到具体的岗位上，对企业业务进行全面控制和管理。这不仅考虑了系统的功能成分，还考虑了业务的流程，并以各项业务的流程来组织各项功能，以此实现各岗位工作流程高效运行，准确啮合，推动流程健康发展，便于根据实际情况作出变动。

基于 KPO 管理系统的岗位文化的核心就是以规范岗位操作人员行为的管理形式，将企业的文化落实到各个岗位，形成各个岗位的特色文化，从根本上将宏观的企业文化在企业的微观层面予以充分体现和切实的实施。

2. 文化到岗的理念

企业行为文化是指企业员工在生产经营、学习娱乐中产生的活动文化。它包括企业经营、教育宣传、人际关系活动、文娱体育活动中产生的文化现象。它是企业经营作风、精神面貌、人际关系的动态体现，也是企业精神、企业价值观的折射。从人员结构上划分，企业行为又包括企业家行为、企业模范任务行为、企业员工行为等。

企业员工是企业的主体，企业员工的群体行为决定企业整体精神面貌和企业的文明程度，因此，企业员工群体行为的塑造是企业文化建设的重要部分。

企业员工行为的塑造包括以下三个内容：

第一，激励全体员工的智力、向心力和勇往直前的精神，在企业中形成一种勤于学习和善于钻研的好风气，为企业创新做出实际贡献。

第二，把员工的个人工作同自己的人生目标联系起来。这是每个人工作主动性、创造性的源泉，能使企业的个体产生组合效应——超越个人的局限，发挥集体的协作作用，进而产生 1+1＞2 的效果。它能唤起企业员工的广泛热情和团队精神，达到企业的既定目标。当全体员工认同企业的宗旨、每个员工体验到在共同的目标中有自己的一份时，他就会感到自己所从事的工作不是临时的、权宜的、单一的，而是与自己人生目标相联系的。当个人目标和企业目标之间存在着协同关系时，个人实现目标的能力就会因为有了企业而扩大，把这种"组合"转变成员工的个体行为，就会有利于员工形成事业心和责任感，建立起对企业、对奋斗目标的信念。

第三，每个员工都必须认识到：企业文化是自己最可宝贵的资产，它是个人和企业成长必不可少的精神财富，以积极的人生态度去从事企业工作，以勤劳、敬业、守时、惜时的行为规范指导自己的行为。

从事工作就像从事其他一切经济活动一样，必须有一种精神力量和内在动力去推动。德国思想家马克思·韦伯把它称为"经济伦理"、"工具理性"。

3. 企业文化实施理念

企业文化传播和落实是企业文化价值实现的关键。仅仅有一个良好的愿景或使命，缺乏实施文化建设的具体操作，文化只是一个空洞的说辞，实现不了文化提升企业绩效的作用。而长久以来，企业文化建设的重点大都放在企业愿景和使命上。管理者注重价值观和理念的传达，让每个岗位都熟记企业的核心价值观，而轻视个人的行为管理，认为那是生产部门或者人力资源部门应该管理的事情。

在落实实施企业文化的过程中，领导者必须全方位、多层次进行关注、衡量和控制，体现在管理者对待严峻事件和组织危机的态度，分配短缺资源的标准，考虑角色模范的作用、教育和训练，制定分配报酬的标准，以及企业招聘、甄选、晋升、解雇的标准。

领导者实施企业文化的方式有：组织结构的设计，组织的系统和程序，组织的仪式、例行习惯，组织的哲学、信条的灌输，有关重要事件和人物的宣传，物理空间外观和建筑物的设计。

岗位文化系统将文化的实施落实作为文化建设的重点，不再是流于表面的说辞，而是从规范行为开始，将文化落实到每一个岗位上，使企业的愿景和使命从每一个岗位的操作流程中都得到体现，同时，岗位的操作也是最终愿景和使命达成的基本保障。

6.3.5 岗位文化系统

企业有企业文化，岗位有岗位文化，岗位文化是企业文化的具体化和岗位化。每一个岗位都必须贯彻落实企业的文化，但是，由于工作性质不同，工作环境不同，工作对象不同，每一个工作岗位又有自己的岗位工作理念，这些工作理念构成了岗位的操作文化。根据普遍性寓于特殊性之中的哲学原理，岗位文化作为特殊文化，必须包含作为普遍性的企业文化。所以，岗位文化系统（见图6—2）包括两大部分：作为企业基本文化的企业文化理念体系和作为岗位特殊文化的岗位文化执行体系。企业文化理念体系包括核心价值观、使命、愿景三项基本内容。岗位文化执行体系包括执行理念、执行准则和执行规范三大部分。执行理念是岗位执行企业文化、方针政策、制度规范和工作任务的基本思想和操作原则。执行准则是根据执行理念所确定的岗位操作的基本规则。执行规范则是根据执行理念和执行准则所确立的岗位操作的基本规范。理念、准则、规范构成了岗位的执行文化体系，它旨在解决岗位操作过程中"按照什么理念进行岗位操作的问题"。

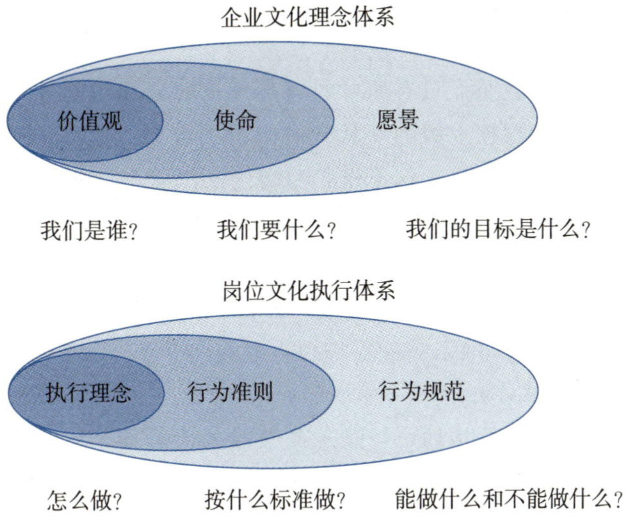

企业文化理念体系

价值观　　使命　　愿景

我们是谁?　　我们要什么?　　我们的目标是什么?

岗位文化执行体系

执行理念　行为准则　　行为规范

怎么做?　　按什么标准做?　　能做什么和不能做什么?

图 6—2　岗位文化系统

6.3.6　KPO 管理系统的功能

1. 整合功能

KPO 管理系统的基本功能就是把企业现行的各种管理系统和新引进的先进管理系统整合起来,实现管理系统之间的全面兼容与配套,借助系统的统一性来全面提升各个子系统的绩效,实现系统绩效最大化。

2. 积累功能

KPO 管理系统不仅是要建立一套岗位标准化的操作体系,还要把每个人的岗位工作经验和智慧全面继承下来,成为 KPO 管理系统的一部分;使之不仅能被同类岗位所分享,更能为继承者提供全部的操作指导,使任何一个继承者都能站在所有前人的肩膀上开展工作,因而可实现岗位操作绩效的持续提升。

3. 创新功能

KPO 管理系统是一个基于岗位操作的管理系统。任何一个岗位操作者,都能根据自己所在的岗位,按照 KPO 管理体系,进行理念创新、流程创新、标准创新、方法创新、工具创新和考评创新。

KPO 管理系统已经通过岗位界定、标准、流程、考评自身体系等,把岗位技能创新纳入到岗位操作之中,成为了岗位操作的一部分,这是每一个岗位操作人员都必须完成的一项工作,是岗位工作考核的一项主要指标,是晋级升迁的一个重要依据。

因此,每一个岗位,每年都能提出崭新的、有价值的、顺应当前形势的新理念、新流程、新标准、新方法和新工具等。

KPO 管理系统,每运行一年,都会有一次全面的创新提升,都能动态地适应变化的内外环境，可以实现企业经营的创新应变。

4. 手册功能

绝大多数企业只有简单的（甚至没有）岗位描述书，而没有岗位操作手册，只能根据上级的交代或者自身的经验、同事的帮助来开展工作，难免会出现许多差错。这不仅影响岗位操作绩效，也会给上岗者挫折感。

KPO 管理系统为每一个岗位提供一套完整的标准化操作手册。每一个上岗者都能根据操作手册进行岗位操作，减少了岗位摸索带来的失误和低绩效，使新上岗者能够迅速投入工作，缩短岗位成熟期，避免因岗位适应期过长带来的工作混乱局面，解决了岗位人才的快速流动而形成的人才瓶颈问题。

5. 教材功能

目前的企业培训，一是从高校或社会上请来讲师进行一番广谱性的理论讲座，二是请企业内部人员进行一些经验介绍或制度培训，这些学习很难直接提升岗位操作绩效。

KPO 管理系统，既是一套岗位操作手册，也是一套岗位培训教材，是岗位操作人员最好的岗前培训、岗中培训教材。

6. 管理功能

作为一个管理者，通过自己和下属所在岗位的 KPO 管理系统，就可以非常清楚所管辖岗位的每一个下属的工作内容、工作流程、工作标准和工作方法等，对下属工作的管理，只需要按照 KPO 管理手册进行要求、执行、监督、检查即可。

7. 档案功能

KPO 管理系统开发结束后，每年需开展升级完善工作，而完成的主体就是每个在岗员工。

对于完善 KPO 管理系统所提出的新流程、新标准、新方法、新工具等，属于岗位技能创新，经 KPO 管理委员会认证之后，作为创新成果纳入 KPO 管理体系之中，并注明创新者的名字、年代，以资鼓励。这些名字，就是一个创新档案，记载着每一个人对 KPO 管理系统的贡献。

6.3.7 KPO 岗位文化制度的建立

长期以来，对企业文化的认识存在一个误区：只要一个公司内的大多数人认可一种价值观，它就是企业的文化。事实上，取得大多数人的认可只是建立企业文化的第一步。价值观只是企业文化的上层建筑，而企业制度、道德规范、行为准则才为企业文化提供了物质保障。

企业文化的建立归根到底是为企业服务的，因此企业文化必须化成行为制度，并被所有人遵守，如果有人违背了这些制度，便会受到集体舆论的谴责和唾弃，或者受到批评和处分。换言之，员工是否认可与是否遵守价值观，必须看企业员工的行为，只有企业内员工身上体现出价值观，才能说这种价值观是企业的文化。岗位文化的目标就是建立岗位操作准则，将文化落实到具体操作人员，落实到具体操作行为。

企业制度文化是企业在长期的生产、经营和管理实践中生成和发育起来的一种文化现象。它既是企业为实现其盈利目标，要求其成员共同遵守的办事规程等，又是处理其成员相互之间生产关系的各种规章制度、组织形式的行为准则、行为规范。它在实践上表现为带强制性质的义务。作为一种新型的企业文化系统，岗位文化制度大体上包含三个方面的内容：

（1）建立在生产关系基础之上的各种规章制度和组织形式；

（2）员工群体在物质生产、流通、经营过程中所形成的相互关系——生产关系；

（3）建立在生产关系基础之上的人与人的关系以及种种行为规范和准则。

企业制度的完备与否、企业制度的现代化程度的高低，特别是企业文化贯彻"人本"原则的自觉性和能力如何，对一个企业生产经营的成败关系极大。

岗位文化制度的建立所遵循的步骤如下：组织结构的设计、岗位职能的界定、企业愿景和使命的灌输、岗位信条的建立、岗位工作制度的建立、岗位操作标准和流程规范的建立、岗位文化制度评估系统的确立，见图6—3。

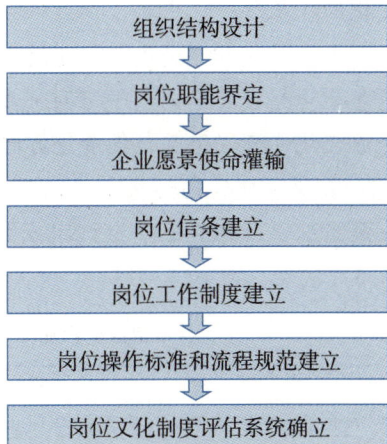

图6—3 岗位文化制度建立步骤

6.4 通过推动"组织建设"让企业文化落地

6.4.1 组织建设是企业文件建设的基础工程

团队是基于组织又超越组织管理层次的更高形态——内外兼修、标本兼治、刚柔相济、上下一心。其中管理者团队是团队建设的核心与重要成果，知识型员工团队建设是团队建设的方向。企业文化的落地必须依赖团队成员的理解、内化并执行，因此团队建设是企业文化建设的基础工程。为推动企业文化的建设，企业大学应该重点推进学习型组织、教导型组织、幸福型企业三大组织建设。

6.4.2 学习型组织

1. 学习型组织的定义

所谓学习型组织，是指通过培育形成群体学习气氛，充分发挥员工的系统思考和创造性思维能力而建立起来的一种有机的、柔性的、扁平的、符合人性的、能持续发展的组织。从这个意义上说，企业文化是学习型组织理论的基础。

2. 创建学习型组织是一场变革

创建学习型组织是一场变革，这种变革是：

- 思想观念的变革；
- 组织结构的变革；
- 管理模式的变革；
- 领导角色的变革；
- 组织文化的变革。

创建学习型企业是建设先进企业文化的理想载体。

先进的企业文化建设又是创建学习型企业的目标。

学习型企业文化代表先进文化的前进方向。

3. 学习型组织企业文化的特征

创建学习型组织，首先要把学习型组织企业文化建立起来。学习型组织企业文化有 6 个特征（见表 6—1）。

表 6—1　　　　　　　　　　学习型组织企业文化

特征	描述
（1）学习型组织的企业文化是学习力文化	它重视学历，更重视学习力，一个重要的工作和岗位一定交给学习力强的人。
（2）学习型组织的企业文化是快乐工作文化	大家都努力营造一种氛围，互相理解、互相支撑，让每个员工都感到很温馨，能快乐工作。所谓快乐工作就是能实现生命力。
（3）学习型组织的企业文化是创新文化	创建学习型组织要把创新作为主旋律。
（4）学习型组织的企业文化是反思文化	创建学习型组织的企业不管出了什么问题，首先做的是反思自己。
（5）学习型组织的企业文化是共享文化	有了经验一定大家分享，不是藏起来怕别人超过自己，而是大家共享。因为今天打天下靠个人已经不行了，必须靠团队。
（6）学习型组织的企业文化是速度文化	学习型组织的人不但事情一定要做好，而且一定讲究速度。因为虽然做好了，如果速度不快最后还是会输。

4. 学习型组织的 13 个特性

彼得·圣吉提出学习型组织，并对如何创建学习型组织提出了五项修炼：自我超越、改善心智模式、建立共同愿景、团队学习、系统思考。

与自我超越对应的特性是：

（1）自主管理，员工主动学习和工作，具有很强地自我管理能力；

（2）扁平式结构，个人和团队有较大的自由和权力；

（3）不断进取，员工渴望超越现状。

与改善心智模式对应的特性是：

（4）经常自省，摒弃旧的和错误的思维方式和常规程序；

（5）鼓励创新，突破现状。

与建立共同愿景对应的特性是：

（6）所有成员拥有与组织一致的共同理想；

（7）相互合作，为了共同的目标相互支持；

（8）以人为本，尊重员工、关心员工，让员工发自内心地认同共同愿景。

与团队学习对应的特性是：

（9）善于学习，实现终身学习、全员学习、全过程学习、团体学习，注重学习目的、学习方法、学习过程；

（10）知识共享，充分利用知识资源，降低学习成本；

（11）沟通畅通，信息准确地、完整地、及时地传递，提高学习效率。

与系统思考对应的特性是：

（12）系统性——系统地思考问题，从而系统地处理问题；

（13）全局观——从全局分析问题，以整体利益为重。

这些特性既是衡量一个组织是不是学习型组织的标准，也是创建学习型组织努力的方向。

6.4.3　教导型组织

1. 教导型组织的定义

教导型组织就是树立以客户价值为导向的事业理念，制定以超越和颠覆竞争对手的竞争战略，培养和战略匹配的核心能力，构建以能力为导向的教育体系，并保持持续学习，不断推动企业持续赢利、基业长青的卓越组织。

2. 教导型组织的必备条件

（1）像家庭一样具有强大凝聚力；

（2）像学校一样具有持续学习力；

（3）像军队一样具有强大战斗力和执行力；

（4）像宗教一样具有高度共识的价值观和信仰。

3. 教导型组织的特征

（1）以人为核心；

（2）以人的成长、发展为根本；

（3）注重心灵与思想的管理；

（4）以教育引导为手段；

（5）拥有强大的完善教育体系与工具；

（6）不以物质报酬来激励，而以情感和教育为准绳；

（7）领导导师化；

（8）企业学校化。

4. 教导型企业家的定位

（1）商业文明的引领者；

（2）师道精神的传承者；

（3）社会人才的培育者；

（4）社会责任的践行者。

6.4.4 幸福型企业

1. 幸福——人生的终极追求

（1）亚里士多德："幸福是人生的意义和目的，是人类生存的终极目标。"

（2）安妮·弗兰克："生活本身的目的就是获得幸福；追求幸福让众生殊途同归。"

（3）泰勒·本-沙哈尔博士《幸福的方法》："幸福在所有目标中是至高无上的，其他所有目标的终点都只是去往幸福的起点。财富、声望、知名度与其他目标都不能和幸福相比，无论是在物质上还是名望上的追求，其最终都是追求幸福的手段。"

（4）欧文："人类一切努力的目的在于获得幸福。"

2. 企业存在的目的

（1）2010 年，温家宝在政府工作报告中说："我们所做的一切，都是为了让人民生活得更加幸福、更有尊严！"

（2）岳川博《创建幸福企业》："企业存在的目的是为了满足企业人自身的需要，这个需要是一个复杂的欲望集合，包括财富、成就以及其他一切人们所向往的美好东西。我们把满足这些综合的需要统称为追求幸福。"

（3）幸福企业理论奠基人、《幸福企业才是最好的企业》的作者、世界杰出华商协会主席卢俊卿在专题发言中认为，过去 30 多年里，中国创造了惊世的成就，并赢得了"世界工厂"的雅号。今后，中国需要以"幸福中国"作为终极追求。在这一过程中，企业作为经济生活的主体责无旁贷。对此，企业有四大责任：为员工创造幸福，为客户创造价值，为股东创造回报，为社会创造福祉。要将企业变成创造幸福的工具，而不仅仅是赚钱的工具。把企业的终极奋斗目标确定为追求幸福最大化。幸福力才是企业的终极核心竞争力。他预测，人类第四次浪潮"绿色文明"之后，即将到来的第五次浪潮肯定是"幸福文明"。

（4）马云表示，阿里巴巴应该是将"最佳雇主公司"努力转变为"员工最感幸福的公司"。

（5）用友软件公司董事长王文京在用友新三年战略规划暨业务策略发布会上，首次提出新的企业经营愿景——创建"幸福企业"。

（6）哈佛大学的一项研究结果表明：员工满意度提高5％，会连带提升11.9％的外部客户满意度，同时也使企业效益提升2.5％。

3. 幸福企业的五项指标

可用图6—4表示。

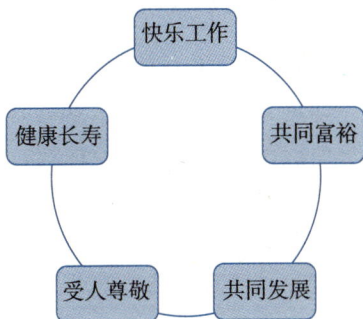

图6—4　幸福的五项指标

- 幸福企业是和谐友爱、快乐工作的企业；
- 幸福企业是共同富裕、共同发展的企业；
- 幸福企业是受人尊敬、健康长寿的企业。

4. 幸福企业员工关系建设

员工关系建设是践行企业"三个满意"核心价值观的路径选择。员工关系建设以员工为主体，以"员工满意"为出发点，通过"员工满意"传导实现"顾客满意"，从而实现"股东满意"，企业形成良性经营的闭环。通过员工关系建设，促使员工在企业改革与发展过程中发挥主体力量，把员工塑造成与其各个利益相关方和谐共处、相互促进的积极的角色。

员工关系建设涵盖四个维度，即员工—企业、员工—管理者、员工—员工、员工—社会。其中，"员工—企业"维度倡导"同创共享"，"员工—

管理者"维度倡导"风雨同舟"，"员工—员工"维度倡导"和谐共振"，"员工—社会"维度倡导"文明道德"。这四个维度都是双向互动作用关系（见图6—5）。

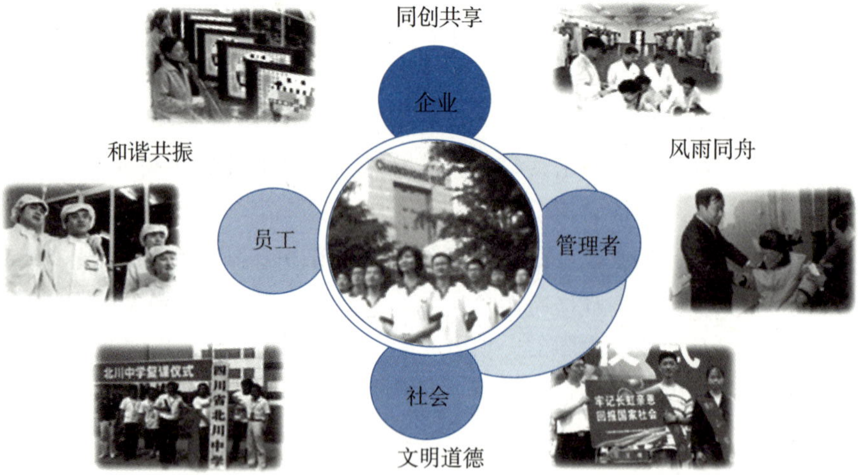

图6—5　员工关系建设四个维度

"员工关系建设"是一个有机的整体，不仅作用于普通员工，还作用于企业、管理者、社会等员工利益相关方。通过新型员工关系建设，激发员工创新、创造精神，发挥员工的主体作用，增强员工归属感、进步感和成就感，实现员工及其利益相关方的共赢，构筑企业发展的软实力。

员工关系建设本质上与"三个满意"相融相通。就员工满意而言，强调企业和各级管理者要尊重、依靠广大员工；就顾客满意而言，强调全体员工要不断创新，创造具有比较竞争优势的产品和服务，同时构建可持续产业链生态体系，与上下游合作伙伴共同迈向更大成功；就股东满意而言，强调通过全体员工的价值创造，赢得市场地位，产生利润，回报股东。

5. 幸福企业文化建设

（1）家庭亲情文化：

- 关爱文化：关爱生命、关注健康、富有人情；
- 公平文化：人格平等、机会平等、权益平等；
- 尊重文化：尊重员工、尊重知识、尊重劳动；
- 温暖文化：关系单纯、互帮互爱、和睦相处；
- 信任文化：善待员工、信任员工、用人不疑；
- 快乐文化：充满乐趣、积极向上、追求梦想。

（2）舞台成就文化：

- 品牌文化：心系顾客、创造价值、追求卓越；
- 责任文化：诚实守信、厚德守法、敢于担当；

- 学习文化：面向未来、学以致用、智慧做事；
- 创新文化：崇尚才智、敢想敢干、与众不同；
- 合作文化：坚定信心、团队合作、荣辱与共；
- 薪酬文化：遵循流程、实效导向、共享成果。

6.5　企业大学推进企业文化建设的策略

6.5.1　开展员工幸福指数测评

员工幸福指数是员工在组织中对幸福的切身感受，也就是员工的幸福感。员工幸福感的表现就是身体棒、心情爽、工资高、福利全、有成就、有奔头。这种幸福感受从员工满意度、员工快乐度和员工忠诚度三个维度进行测量和评价。计算公式如下：

$$员工幸福指数得分＝员工满意度得分＋员工快乐度得分$$
$$＋员工忠诚度得分$$

1. 员工满意度测评

员工满意度是员工对组织所提供的基本保障的切身感受，工作有保障，生活无后顾之忧。重点应关注员工物质层次和情感层次（心理归属）需要的成果，如工资水平以及增长、福利待遇、生活后勤保障（饮食住宿）、员工关爱、对员工的尊重、亲情温暖感、归属感、安全健康的工作环境、公平公正的环境、心理健康状况等。

员工满意度调查一般每年进行一次，由人力资源部门组织实施。可以采用调查表的方式，全体员工参与，员工代表监督。

2. 员工快乐度测评

员工快乐度是员工在工作中的精神和内心愉悦的感受。让员工快乐地工作，工作并快乐着，重点应关注员工精神层面和心理层面的需要，如工作安全感、相互信任感、工作压力感、工作紧张感、工作环境舒适感、同事之间的和睦关系、文体娱乐活动的丰富性、旅游活动的常态化等。

员工快乐度调查一般每年进行一次，由人力资源部门组织实施。可以采用调查表的方式，全体员工参与，员工代表监督。

3. 员工忠诚度测评

员工忠诚度是指员工对学习成长、工作成就、对未来组织的前景和自身的前途以及信心的感受。员工对组织有信心，对自身职业规划发展充满憧憬，员工就会热爱组织，就会长期稳定地留在组织，敬业爱岗。

员工忠诚度重点应关注员工的学习环境、创新环境、知识增长、能力提升、工作成就感、职业发展通道、对未来的憧憬和信心、热爱企业、敬业爱岗等。

员工忠诚度评价每年末进行一次，由人力资源部门组织实施。可以采用调查表的方式，全体员工参与，员工代表监督。

员工幸福指数测评表示例见表6—2。

表6—2　　　　　　　　　员工幸福指数测评表

测评项目		分级标准		
		一般（1分）	良好（2分）	优秀（3分）
员工的满意度	薪酬水平以及增长	5%以下	5%～10%	10%以上
	福利待遇增长	5%以下	5%～10%	10%以上
	生活后勤保障（饮食住宿）	有午餐，但没有住宿	有餐饮补贴，有住宿补贴	有餐饮补贴，住宿公寓化管理，非常好
	员工身心的关爱	比较关心身心健康	比较重视身心健康	员工身心健康放在第一位，非常人性化
	对员工的尊重	尊重员工人格、个性和劳动，没有拖欠工资现象，有加班工资	比较尊重员工人格、个性和劳动，按时发工资，加班征求员工意见	非常尊重员工人格、个性和劳动，按时发放工资，很少加班
	亲情温暖感	人情味一般，特别重要的事情有人关心	人情味比较浓，头疼脑热有人关心，有求必应	人情味很浓，大事小事主动关心，像家一样温暖
	安全、健康工作环境	工作环境一般，有必要的设施和制度	工作环境比较好，有制度规定，有一定的安全健康设施	工作环境幽雅舒适，安全设施齐全完好，制度健全，让人心情愉快
	心理健康状况	有个别问题，解决不够及时	有个别问题，管理者主动了解员工思想和心理状况	有个别问题，确实在实施心理援助计划
	公平公正感觉	有不公平和不公正现象存在	感觉比较公平、很公正	感觉很公平、很公正
	归属感	员工归属感一般，离职率较高，超过10%	员工归属感较强，离职率正常，低于10%	员工归属感很强，对员工有吸引力，不愿离职

续前表

测评项目		分级标准		
		一般（1分）	良好（2分）	优秀（3分）
员工快乐度	工作安全感	员工安全感一般，害怕被解雇	员工安全感较强，不是严重错误都不会被解雇	员工安全感很强，对员工有吸引力，不愿离职
	相互信任感	部门之间和员工之间的沟通有障碍，互相不够信任，同事之间关系一般	部门之间和员工之间能够坦诚沟通，互相比较信任，同事之间关系较和睦	部门之间和员工之间保持坦诚沟通，互相很信任，同事之间关系和睦
	工作压力感	工作压力很大	工作压力比较大	工作压力很小
	工作紧张感	工作很紧张	工作比较紧张	工作按部就班
	文化娱乐活动	有一些活动	比较丰富	非常丰富
	工作趣味性	工作比较枯燥，重复劳动多	比较强，有挑战性，员工比较敬业	很强，也很有挑战性，员工敬业爱岗
员工忠诚度	学习创新环境氛围	倡导学习创新	比学赶帮，比较浓厚	比学赶帮，非常浓厚
	知识增长	知识有一定的增长	知识增长比较快	知识增长很快
	专业技能提升	专业技能有一定的提升	专业技能提升比较快	专业技能提升很快
	管理技能提升	管理技能有一定的提升	管理技能提升比较快	管理技能提升很快
	工作成就感	证明鼓励不多，工作成就感一般	正面鼓励比较多，工作成就感比较强	正面鼓励很多，工作成就感很强
	职业发展通道	有职业发展渠道，职业规划实现率一般	职业发展渠道路径比较多，职业规划实现率较高	职业发展渠道路径多，职业规划实现率高
	对未来的憧憬和信心	员工对未来有一定信心	员工对未来比较有信心	员工对未来充满信心
	热爱企业	比较热爱	很热爱	非常热爱
	敬业爱岗	比较敬业	很敬业	非常敬业爱岗
	平均工作年限	1～2年	3～5年	6～10年
	员工流失率	10%以上	5%～10%	5%以下
得分				

6.5.2　开展学习型组织建设与评价

学习型组织考核评价要素指标见表6—3。

表6—3　　　　　　　　　　　学习型组织考核评价要素指标

一级指标	二级指标	三级指标	评价要点	标准分值	评价方式
目标体系（16分）	建有创建学习型组织的目标（8分）	建有创建学习型组织的目标和规划	根据党和国家关于构筑终身教育体系、建设学习型社会，促进人的全面发展的要求和科学发展观的指导思想，制定了本组织和基层单位开展"创争"活动的规划、年度计划和实施细则，制定了组织发展的中长期规划和近期发展目标，紧扣出成果、出人才、出效益	3分	查阅资料文书档案
		建有组织、团队、个人的愿景目标	• 愿景目标具有挑战性和可行性 • 愿景目标在组织内形成体系 • 组织、团队和个人愿景目标的相融性	2分	查阅资料现场了解
		规划、计划的内容体现出对员工权益的维护和以人为本的理念	• 有提高员工素质的目标、规划和要求以及提升学习能力的内容 • 有培养员工实践能力、创新能力、创业能力和职业再生能力的内容 • 有维护员工学习权、发展权，促进其全面发展的内容	3分	查阅资料现场了解
	目标转化为组织成员的使命（8分）	广泛宣传创建工作	通过各种方式、渠道和丰富多彩的活动，宣传创建工作的意义、目标、组织共同愿景及实施创建的方法、途径等	2分	问卷、座谈
		组织成员对创建学习型组织目标的认同度和支持率	• 组织成员的认同度：80%以上为1分，60%～79%为0.6分，低于60%为0.4分 • 组织成员的支持率：80%以上为1分，60%～79%为0.6分，低于60%为0.4分 • 领导对学习型组织理论有较深刻的理解，对"创争"活动的意义有较深刻的认识，组织领导对组织的共同愿景奉献程度：满分为1分 • 中高层领导干部的认同度：普遍认同并支持的为1分，否则为0.5分	4分	问卷调查
		各基层单位积极贯彻组织创建活动的目标要求	• 贯彻组织的文件精神，结合基层工作实际制定了相应的创建行动计划 • 有保证目标和计划实现的方法与途径	2分	查阅资料现场了解

续前表

一级指标	二级指标	三级指标	评价要点	标准分值	评价方式
学习体系（20分）	营造良好学习氛围（4分）	有积极学习，开拓创新的浓厚氛围	• 组织成员意识到学习对于个人工作与进步的意义 • 组织成员意识到学习对于组织成长的意义 • 形成工作学习化、学习工作化的浓厚氛围	2分	走访了解座谈了解
		组织成员的学习热情、学习行为、学习成果和劳动创造得到充分肯定	• 组织成员养成了以学习推动工作、以工作促进学习的习惯 • 组织内有学习成果与工作成就共享互动的环境 • 组织内各层次领导对员工的学习热情、学习行为与学习成果给以充分肯定、大力支持	2分	走访了解座谈了解
	不断提升组织学习力（4分）	开展富有特色、灵活多样的学习活动	• 各种形式群众性的学习活动丰富多彩：抽查全年两次活动记录，80%以上成员参加得1分，60%～79%得0.5分，少于半数不得分 • 组织中中层以上人员系统接受学习型组织理论培训的比例：80%以上为1分，60～79%为0.5分，不足60%为0分 • 对各类人员实施相关的岗位培训和继续教育，达到国家要求或培训规划要求 • 各种学习活动具有实效	4分	查阅资料现场了解
		全面开展各类人员岗位培训和继续教育工作			
	构建多样化的学习渠道和信息化的学习系统（8分）	充分利用组织内外的教育资源和学习资源	• 建立健全员工教育与培训体系 • 网络教育、远程教育等学习渠道畅通 • 广泛利用社会教育资源和学习资源	2分	查阅资料走访了解
		提供信息化的学习平台	• 提供相关的学习软件与设备 • 建立了网络学习与交流系统	4分	现场了解
		建立多元开放的学习平台	• 考察员工学习方式和知识来源的多样性 • 建有促进组织学习的信息反馈系统 • 建有推动组织学习的工作反思系统 • 建有深化组织学习的知识共享系统	2分	现场了解
	培育学习型团队（4分）	领导层着力建设学习型团队	• 领导层重视团队学习 • 建有各级领导层的学习团队	2分	走访座谈查阅资料
		创建以学习型班组（科室）为基础的各种类型的学习型团队	• 学习型团队建设有规划、要求 • 班组和团队学习有计划、有活动情况记录 • 重视学习型团队的组织协调能力和团队学习场所建设	2分	

续前表

一级指标	二级指标	三级指标	评价要点	标准分值	评价方式
创新体系（28分）	观念创新（8分）	将创建学习型组织作为落实科学发展观的重要载体	• 创建学习型组织是实现现代管理的必然趋势的新认识 • 把创建学习型组织作为提升组织核心竞争力关键环节的新认识	2分	访谈
		建立组织发展新理念	• 学习是生存发展第一需要的理念 • 学习力是组织发展的第一推动力的理念 • 确立了人才资源是组织发展的第一资源的理念 • 建立"创建在身边，创新在岗位"的理念 • 建立具有组织自身特色的理念	3分	查阅资料现场了解问卷调查
		建立"终身学习、全员学习、团队学习、全程学习"的新理念	• 人人是学习的主人 • 处处有学习的场所 • 时时有学习的机会	3分	查阅资料现场了解
	战略创新（7分）	组织可持续发展战略	• 制定科教兴企、人才强企的发展战略 • 创造人人皆可成才、处处皆能成才的大环境 • 创造组织与个人共同发展的环境	2分	查阅资料现场了解
		将创建学习型组织作为新时期实施员工素质工程的主要途径并不断涌现新典型	• 拓展群众性读书活动的领域，深入推进群众性技术创新活动 • 营造尊重劳动、尊重知识、尊重人才、尊重创造的环境 • 树立以全面提升员工素质为目标的发展战略	3分	查阅资料走访座谈
		在组织发展战略中体现知识创造价值的战略定位	• 重视知识开发和信息管理 • 依靠学习和知识的转化提升组织的核心竞争力	2分	查阅资料现场了解
	管理创新（13分）	用学习型组织理念推动组织实现管理创新	• ［企业］经营思想和管理观念创新、技术创新、管理方式方法创新、产品创新、服务创新 • ［机关、事业单位］现代管理理念创新、管理方式方法创新、服务创新	5分	查阅资料现场了解

续前表

一级指标	二级指标	三级指标	评价要点	标准分值	评价方式
		用学习型组织理念推进组织实现文化创新	• 组织文化的培育 • 组织理念的创新融入组织文化的创新 • 建有组织文化理念传播媒介及员工职业道德、行为规范教育方法和机制 • 组织文化对组织发展起到了明显的推动和凝聚作用	4分	查阅资料现场了解
		通过创建，组织增强核心竞争力，提高执行力的特色与亮点	• 学习与工作融合的团队学习经验亮点 • 组织和个人创新能力显著提高，竞争能力和职业再生能力明显增强 • 解决实际问题能力、公关能力日益提高，不断有新的经验与亮点 • 通过创建过程增强集体智慧，激发潜能，不断超越自我的突出特色 • 创建工作的新经验	4分	查阅资料走访座谈
保障体系（20分）	组织保障（4分）	建有实施与运行机构	• 有明确的活动领导机构，形成齐抓共管工作体系 • 推进日常工作的各层次领导机构和办事机构健全	2分	查阅资料现场了解
		领导层推动	• 领导层在"创争"活动中率先垂范，以身作则 • 领导对"创争"活动工作推动力度	2分	查阅资料现场了解
	制度保障（12分）	工作制度	• 建有创建学习型组织的工作制度 • 执行并不断完善工作制度	2分	查阅资料
		学习制度	• 组织内从上至下有健全的学习制度 • 执行学习制度的效果	2分	查阅资料
		考核制度	• 建有符合实际的考核评价制度 • 坚持实行动态的考核评比办法	2分	查阅资料
		监督制度	• 建有各种形式各种层次的监督制度 • 执行监督制度的措施与效果	2分	问卷调查
		激励机制	• 建有全员参与、鼓励学习与创新的激励制度 • 建有各类人才的选拔制度 • 建有复合型人才、创新型人才以及特殊贡献人员的奖励制度 • 执行激励机制的效果及群众的满意度	4分	查阅资料调查了解

续前表

一级指标	二级指标	三级指标	评价要点	标准分值	评价方式
效果评价体系（16分）	物质保障（4分）	组织对成员教育培训场地和设备的投入	•学习场地：条件好的1分，能满足基本需要的得0~0.5分 •学习设备：设备先进、充分的得0.5~1分，能满足基本需要的得0~0.5分	2分	现场了解座谈调查
		组织对成员教育培训费用的投入	教育培训经费：达到并超过工资总额的1.5%的得1分，否则不得分；有经费使用办法并保证不低于60%用于一线员工使用的得1分；缺少使用办法或不能保证大部分用于一线员工使用的得0.5分	2分	查看相关记录、数据 走访了解
	组织竞争力与效益（14分）	组织学习力持续提升	•组织整体学习力提升 •组织沟通能力增强 •学习之后产生新行为	2分	查阅资料 走访座谈
		组织凝聚力不断增强	•建立学习型团队（班组）所占比例：80%以上为2分，60%~79%为1.5分，低于60%为1分 •团队协作精神，各基层组织间团结互助精神	3分	统计资料
		员工队伍素质不断提高	•员工文化技术结构优化合理，优秀人才、拔尖人才脱颖而出 •创新成果不断涌现，员工的发明创造、合理化建议等技术创新活动转化为现实生产力和经济与社会效益	2分	统计资料
		效益和效果	•企业经济效益有明显增长，社会效益明显提高 •机关、事业单位服务质量有明显提高，获相关单位、部门与服务对象的普遍赞誉	4分	统计资料
		各类荣誉称号	近两年内获国家级荣誉称号的，得3分；近两年内获省部级荣誉称号的，得2分；近两年内获地市级荣誉称号的，得1分；同一奖项以最高得分为准，得分不累加	3分	座谈、查看相关文件或资料
	社会的影响（2分）	创建学习型组织对社区的影响	积极参与各种社会公益活动，创建活动具有良好的社会反响	1分	走访了解
		创建学习型组织经验得到地区、行业的认可	创建学习型组织的经验在本地区或本行业受到普遍重视并得到推广	1分	查阅资料

续前表

	项目		分值	最高分值
特殊加减分	加分	企业拥有自主知识产权和社会公认的较强市场优势的自主品牌	案例数×2	+10
		近两年内有重大科学技术发明创造，填补国家级或某一行业领域空白	案例数×2	
		产生英雄模范人物，在国内引起重大反响	案例数×2	
	减分	近一年内组织中有因各种原因被依法判刑处理的	案例数×（－5）	－10
		近一年内组织领导成员中有因各种原因被党纪、政纪处理的		
		近一年内组织因各种问题被新闻媒体曝光造成不良社会影响，并查证核实		
备注	同一项目不累次记分			

学习型组织建设自我评价表见表 6—4。

表 6—4　　　　　　　　学习型组织建设自我评价表

对以下各题对照本企业的实际情况，如实回答，选择"是的"记 2 分，选择"不"的记 0 分，选择"不一定"，记 1 分，最后，将得分加总求和。	
题目	得分
（1）企业领导人带头自觉学习。	
（2）公司员工都在抓紧时间努力学习。	
（3）学习的目的在于学以致用，与公司发展目标与岗位职责相联系。	
（4）带着问题学，有强烈而明确的问题意识。	
（5）学习有主动的思考，不盲从，不赶时髦。	
（6）员工学习成绩记入个人人事档案，作为定岗、考核与定薪的重要依据。	
（7）对员工学习成果有多种展示宣传的方式，如板报、内刊、电子刊物、演讲、会议。	
（8）通过学习，能够主要靠自己来解决问题。	
（9）学习已经成为员工的自觉习惯和企业文化的良好风气。	
（10）学风扎实，不投机取巧，不急功近利。	
（11）员工学习能够经常性地交流心得，交换意见，分享学习成果。	
（12）员工学习体会可以畅通地向上级和高层领导反映，并且能够得到领导的重视。	
（13）公司关心员工的职业发展目标，在学习培训方面注意安排有针对性的内容。	
（14）员工的学习内容不拘泥于现行岗位的应知应会的知识技能，有着眼全局的目标、放眼未来的胸襟和视野。	
（15）员工在学习上有明确的目标和合理的计划，学习成效显著。	
合计	

第 7 章
民营企业大学的运营模式及策略

　　改革开放以来，中国民营企业如雨后春笋般发展起来，在国计民生各领域扮演举足轻重的作用，其资本和经营已经涉及房地产、通信、计算机、汽车、纺织服装、建筑建材、批发零售等诸多行业。尤其在纺织服装等轻工制造业等部分行业已经扮演主导角色。中国民营企业是在我国推进市场经济建设的过程中发展起来的，没有较为雄厚的资本积累，基础较为薄弱。在过去二十年有过的机会主义时代已经一去不复返的今天，民营企业不得不思考"可持续发展"的问题。融资困难、人才结构不合理、企业凝聚力不足等问题正在困扰着当前民营企业的持续经营。除此之外，近年来，南亚、东南亚、北非、南美、东欧等第三世界国家和地区的政府正在为解决就业问题而加快轻工业的优先发展步伐，这势必对中国国内的以民营企业为主的轻工制造业和相关联的制造服务业[①]等整条产业链产生影响，中国民营企业将面临能否保持良好的发展势头，能否"走出去"的挑战。

　　在现代企业"可持续发展"课题研究中，人才作为核心研究要素已经是公认的事实。由于先天不足，民营企业人才发展往往有投入低、周期短、稳定性差、创新性差等特点，甚至"跟风"也成为一种时尚。自 20 世纪末我国引入企业大学概念之后，各行各业掀起了建设企业大学的高潮。但仔细研究一下中国企业，尤其是民营企业的实际情况，不难发现民营企业大学存在投资高、见效慢、周期长、模式新颖的特点。民营企业大学始终没有完全摆脱企业培训管理、培训服务支持、课程开发—引入—讲授、培训评估等固有架构，人才发展模式大部分是高度模仿，与我国民营企业发展的战略需要存在一定偏差。笔者经过对民营企业较为集中的福建和浙江地

---

　　① 相关联的制造服务业指为该制造配套服务的物流、仓储、保险、包装、广告、传播、销售等业务和渠道业务，其性质也多为民营企业。

区的部分企业做实地考察后，对民营企业大学的运营模式及策略进行了分析研究。

7.1 民营企业大学现状

我国民营企业平均寿命为 2.9 年，中小企业平均寿命仅为 2.5 年，集团企业平均寿命仅为 8～9 年，与欧美企业平均寿命 40 年相比相差很大。其原因与我国市场化进程中创业型企业众多有一定关系。但在市场化程度日渐成熟的今天，中小企业大浪淘沙，行业格局日趋合理，我国民营企业的寿命随之增长也将成为必然。追求可持续经营和二次创业的中国民营企业家将目光聚焦到企业新时期下的商业策略中，必须要考虑如何达成企业的长远愿景，如何发挥企业的核心竞争力，如何建立并顺利地运营企业的核心管理系统，如何实现企业永续经营、制定各项业务支持体系而展开整体布局。为了能为企业提供组织支持、人才支持、思想与理念可持续提升和及时应变的支持，我国很多民营企业模仿了西方国家的成功案例——成立企业大学。

民营企业为什么会成立企业大学？它有什么背景和必要性？民营企业大学和其他的企业大学相比有哪些特点？笔者对福建浔兴拉链科技股份有限公司（以下简称浔兴股份）[①] 的企业大学——浔兴学院做了深入研究。

浔兴股份从其前身华联拉链厂开始，创业已经有近 30 年历史，企业创始人白手起家，在 1992 年创立了浔兴集团，并于 20 世纪末正式被国家有关部门授予"中国拉链中心"，成为中国拉链行业的龙头企业。同时，浔兴股份家族式的烙印也被深深打在企业的成长史上。2001 年，企业正式成立了"SBS 拉链学院"，成为行业内唯一一家企业大学。但笔者通过深入了解，发现"SBS 拉链学院"只有一个职能，就是和华侨大学合作开展工商管理专业的大专学历教育。因此，我们不难看出，当时的企业大学属于"追求时尚"，并没有给它一个准确的定位。类似仅有此职能的企业大学在今天依然存在。2012 年，浔兴股份已经是一家年产值超过 10 亿元的上市公司，企业员工人数达到了 6 000 余人，核心技术团队 340 余人，关键管理岗位 380 多个，销售团队 450 余人（与关键管理岗位有重叠），用企业大学进行人才建设被提上了日程。故而当时浔兴股份决定将"SBS 拉链学院"正式升级为"浔兴学院"。这个转变并非偶然。浔兴股份经过近 30 年的发展，发现了企业人力资源部门培训职能无法解决的问题，就是"本企业事业人"[②] 的培养、

---

① 浔兴股份是中国最大、世界第二大拉链企业，2006 年在深交所上市，成为本行业内第一家上市公司。
② 本企业事业人是指组织认同度高、文化认同度高，并在企业担任核心岗位视本职工作为事业的员工。

"战略人才"① 的培养。因此，浔兴学院整合了人力资源部门的培训发展职能，建立了独立于人力资源其他模块之外的学习发展体系。

浔兴股份的发展史在中国民营企业中有广泛代表性，浔兴学院从懵懂的开始到清晰的定位正是中国民营企业大学发展的一个缩影。它有自己独有的特点。

7.1.1 刚刚开始扮演尚不成熟的角色

和实力雄厚的国企和外企相比，中国民营企业大学尚处于起步阶段，如麦当劳汉堡大学成立于 1961 年，而中国有代表性的民营企业大学腾讯学院成立不足 10 年，其业务开展仍然需要摸着石头过河。民营企业大学的机构成立和国企也有较大不同，大型国企只要建立此机构，该组织将具有相当大的稳定性，而民营企业在短期效益和长期发展的矛盾方面还将面临不确定性。

7.1.2 多数在以成本为中心的考核体系中开展工作

民营企业大学相对独立的运营体系其实并没有脱离企业人力资源管理的大范畴。笔者有过 10 年的民营企业人力资源管理的经历，深知其与国有企业、外资企业相比存在诸多不足。对于改革开放初期，卖方市场极其活跃的中国，民营企业仅靠微薄的资本和大量冗余劳动力即可实现高速发展。这也决定了在机会主义时代结束之后，面对"天花板"，多数民营企业将工作重点转移到成本控制上。目前，中国的多数中小民营企业正是这个现状。在企业向管理要效益的大环境下，民营企业大学面向长期战略所做的工作则无法回避囊中羞涩的窘境。资金支持得不到满足会限制民营企业大学的远期规划。

7.1.3 被要求以更短的周期完成人才的培养和沉淀

十年树木，百年树人。除了中国，欧洲也有相似的谚语。但中国民营企业发展远远没有达到欧美发达国家的水平，其当期获得的利润无法支撑企业 5～10 年之后的人才梯队和企业大知识管理系统。相比较为成熟的外资企业和大型国企，多数为家族企业的中国民企更希望企业人才发展能在较短的周期内完成并服务于企业发展。这也使民营企业大学建立运营模式时必须考虑短期效益和长远效益的平衡。

7.1.4 存在较多民营企业弊端

家族色彩浓厚的中国民企和欧美国家的企业在管理结构上有较大不同。

---

① 战略人才是指企业长远战略需要的未来人才。

在相对成熟的资本市场，大股东控股比例较低，中国的民营企业家族作为大股东往往超过 51％的控股比例。这虽然一方面决定了大股东对企业的绝对控制权，同时也将企业的发展限制在家族经营的框架之下。家族成员参与经营也会影响企业经营体制的稳定性。民营企业大学的诞生与企业战略人力资本配置的考虑是分不开的，但当前的中国民营企业导入战略人力资源管理系统的还不多。

今天，中国民营企业大学已经在很多民营企业中出现，但归根结底没有完全摆脱企业职工培训的小圈子。其实，跟风仅是其中一种现象，它并不是完全为了赶时髦而诞生的。早在 20 世纪 60 年代，我国农村就已经出现村办农学院。河南偃师岳滩村曾因小麦种植技术被广为认可，办起了一所"五七农学院"，培养了大批小麦种植技术员，并输送到中原大地的多个小麦种植区。因此，笔者认为，中国民营企业大学本身也具有本土人才发展的规划。从浔兴股份来看，企业已经到了必须面对长远战略需提供解决方案的时刻，而企业大学的设立本身没有产生负面影响。相对独立的运营体制不但能为企业提供原有的业务策略支持，同时也有利于企业的知识管理系统、人才战略系统、企业文化系统的建设与完善，能为企业的变革创新提供更多帮助。

7.2　民营企业大学的运营

基于中国民营企业大学发展的现状和特点，对于民营企业大学在民企中扮演的角色是值得民企人力资源部门探讨的问题。笔者走访了多家民企之后，发现民营企业大学的作用在不同企业中扮演着不同角色。在柒牌集团有限公司，柒牌大学承担了原本属于企业培训部门的所有职能，并将企业文化建设和推广工作纳入企业学习培训中，更多关注企业战略需求，以培养核心人才为重点。浔兴学院深化了员工的学习发展系统，对从基层到中高层的培训对象进行精细化管理，而且扮演着企业变革的推动者。福建羽晨服饰有限公司的玛卡西尼商学院将主要精力放在和领航咨询集团合作开展"战略到执行"培训合作上。而浙江的宁波日星铸业有限公司和宁波广播电视大学合作，将大学课堂引入企业。这些不同的职能，在企业内部都发挥着不同的作用。

7.2.1　民营企业大学的作用和定位

笔者认为民营企业大学应当具备五种职能：传播企业文化，培养关键人才，推动创新变革，助力业务发展，主导知识管理。

1. 传播企业文化是首要任务

全国工商联副主席、中国民营经济研究会会长庄聪生先生在为福建泉州泉州民企文化范例荟萃《民企基因》所作序言中提到：企业文化是企业软实力的重要标志，是企业核心竞争力的重要组成部分，是企业发展过程中不可或缺的支撑力量，也是蕴含着一个城市经济产业升级转型的内在动力。很多民营企业家都说，文化是企业的 DNA，而建设和传播文化要靠高层推动，团队主导，全员参与。这里的团队是指企业的文化管理部门，不少民营企业有专门设立企业文化部。但笔者认为企业文化部门是无法独立实现文化传承的。比如中国人认为中华民族是个伟大的民族，这种强烈的民族认同感并不会自然而然地产生，它与我国的教育体制是分不开的。正因为我们在接受教育的过程中了解了过去辉煌的文明、伟大的人物和长远的影响，我们才会产生强烈的民族认同感。企业文化的传播也是这个道理，提升企业组织认同度的最有效办法就是从企业的"教育"着手。一家企业的企业文化的形成具有时间的不可压缩性，往往需要几十年，甚至上百年，中国的民营企业起步较晚，故而文化的主动积淀和传播必须得到广泛关注，所以传播文化的职责是我国民营企业大学的首要任务。

2. 培养关键人才是立校之本

中欧国际工商学院发布的《2013 年中国商业报告》显示，中国企业经营中面临的最大挑战来自人才领域。企业的关键人才是人才团队中的支柱。一个企业的成败往往与本企业的关键人才队伍的优劣有着紧密联系，而当前，在以成本为中心的考核体制下，中国民企最为薄弱的也是关键人才队伍的建设。在市场不景气的大环境下，基础较为薄弱的民营企业承担着较大的人才缺失风险。在市场日渐成熟的今天，企业不得不依靠技术创新和管理创新创造效益，这也决定了民营企业大学的核心任务是为企业长远战略发展培养关键人才队伍。这个职能也是民营企业大学区别于企业培训部门的关键所在。

3. 推动创新变革是重要责任

由于顾客的要求、同行业的竞争、科技的更新、环球经济的融合等原因，变革创新成为当代企业必须要面对的问题。变革本身并不可怕，排斥变革是由于变革所带来一定时间内的行为变化、环境变化以及对未来的不确定性所致。民营企业大学是变革管理的良好交流平台，它汇集了以往的经验、新的思维，并且能提供专业的评估和支持工具。首先，它承担着变革中新知识的传递、新行为的培养和新思维的传播。其次，它为远离工作岗位环境的经营者提供畅所欲言的自由平台。最后，能通过新知识的传递为企业变革创新提供创新型人才支持。尤其是在面临形势极其严峻的民营企业中，企业大学承担着推动创新变革的重要责任。

4. 助力业务发展是核心工作

把助力业务发展定性为民营企业大学的核心工作，是因为并不成熟的中国民营企业的人才培养模式对接企业业务策略时存在诸多问题。企业内部经验的推广、后进者的培训、问题业务端的专业支持都需要一个稳定的载体。从上岗引导到教学的开发，再到员工培训的实施，最后是培训评估，整个过程是为员工提供信息、技能和对组织及目标理解的过程，最终实现员工付出以结果作为导向的新行为。民营企业大学不同于社会高校，它的业务开展必须是基于企业对不同时期的需要。在摸索中前进的中国民营企业大学必须把助力业务发展作为核心工作，这样才能彰显出短期内对企业业务发展的影响力。

5. 主导知识管理是业务根基

民营企业筹建知识管理系统的并不多见，但企业大学开展的各项业务都必须基于知识的积淀、引入、分享、传播，知识管理系统可以从战略层面、工作流程层面、信息技术层面、人和组织层面推动每个项目和企业变革的管理，实现企业的数据、信息、知识在传播平台的涌动，并通过学习和升华成为企业无可替代的智慧。笔者对浔兴股份、柒牌、浙江传化等企业现有的知识管理现状进行了分析，发现企业并没有提出知识管理的概念，但企业管理系统中确实存在知识管理的雏形，如构建内网知识分享平台，组织部分知识传播的培训和活动，制作知识沉淀的载体光盘、手册等。民营企业大学的建立其实正是一个良好的载体。中国民营企业在越来越多地引入企业大学模式时，应当承担起主导企业知识管理的责任。

7.2.2　民营企业大学的运营模式

从组织关系层面上看，常见的企业大学有两种模式，一种是独立于企业人力资源管理系统之外，直接对 CEO 负责；另一种是独立于人力资源其他各工作模块，但统筹于人力资源管理系统之内的。第一种模式提升了企业大学的组织地位，便于独立开展工作，同时容易和人力资源部门产生工作交叉，存在缺乏统筹管理的弊端，势必对企业战略人力资源管理的落地产生负面影响。第二种模式则能形成统筹管理，便于企业整体人力资源规划的实施，但由于未能突出其重要地位，资源分配和组织重视程度容易被忽视。这两种模式都属于企业人力管理的范畴，经分析发现，只是在企业发展的不同阶段出现差异。规模大、投资回报率高、管理成熟的企业往往采用前者；反之，则更倾向于采用后者。究其原因，前者由于管理成熟、资金支持充足，能将产生的负面影响降到最低，且更能发挥其组织功效。后者则相对保守，但与企业能提供的资源支持相对更匹配。

从教学体系层面分析，民营企业大学有着和其他企业大学相同的教学模式。包含了课程开发体系、内部讲师体系、课程采购体系、教学计划体系、教学评估体系。其核心课程都围绕着企业公民观（Corporate Citizenship）、情景架构（Contextual Framework）和核心价值能力（Core Competencies）三轴展开。在承接业务策略方面起着极其重要的作用。但并非所有民营企业大学都有一套相对完备的执行体系，正如前面所述，由于民营企业的特定性，企业大学在不同企业扮演着不同角色。

下面笔者以浔兴学院作为实务案例，分析一下当前的运营模式及存在的问题。

浔兴股份的企业愿景是"百年浔兴，世界品牌"，每一个强盛民族、国家的背后，必定屹立着同样伟大卓越的世界级、永续经营的企业，浔兴股份致力于打造中国拉链行业的"百年老店"，需要源源不断地供应人才，以保持永续经营。为此，浔兴学院承担起了这些重要责任，分别以"领秀行动""飞鹰计划""蓝领工程"三条主线展开人才培养。"领秀行动"针对提升企业高管的经营管理水平和打造高层次人才，"飞鹰计划"针对未来经理人的储备和中层管理干部、技术骨干的培养，而"蓝领工程"则把目光放在最基层，着眼于打造浔兴股份稳定的产业工人队伍。这三条主线都服务于企业长远战略。

浔兴学院的组织架构具有一定的代表性，它设立了由公司董事担任的学院院长，由人力资源总监兼任的执行院长，教务主管（1人）、教务管理专员（1人）、课程设计师（2人）、人才管理主管（1人）、企业文化主管（1人）共8人的执行团队。其职责分工也相对明确，院长负责审批全面的教学计划和资金使用；执行院长负责学院执行层面的全面工作；教务管理主管和专员负责落实教学计划和教学评估；课程设计师负责内外部课程的开发、设计和引入；人才管理主管负责人才梯队建设的计划和执行；企业文化主管负责企划宣传。除此之外，浔兴学院拥有一个内部专家顾问团队，他们由企业内部的技术权威、营销专家、企业高管等组成，可以为企业内部的业务部门提供整体解决方案。另外它还拥有一个外部顾问团队，由高校老师、企业大学同行专家、管理咨询公司顾问等组成，可以在企业有需要的时候提供专业支持。

浔兴学院没有自己的办公楼、教学楼，企业员工入职即入学，上课即上班，多数学习课程是在工作岗位上进行的。相类似的企业大学还有"海澜之家"的海澜商学院、"七匹狼"的七匹狼商学院等。它们都共同经历过这样的一个阶段：从培训管理到项目管理，再到业务伙伴的转变。

民营企业大学运营的终极目标是对接业务策略，从浔兴学院的实例上看，可以呈现良好的运营效果。近两年来，学院培养企业关键人才① 46人，支持学历教育460人，完成上岗引导3 000余人，开发并沉淀专业课程39门，并启动了知识管理平台的搭建，建立实训中心一个。同时推动了S-OJT项目，使员工上岗周期缩短了一半等。这些都是在几年前培训部无法实现的。同时，民营企业大学也存在特有的弊端，并日益凸显。

---

① 企业关键人才包括销售业务经理、部门经理、工程师、企业部分高管等。

1. 高度模仿，缺乏创新

高度模仿国际上成功企业案例是我国民营企业大学发展的一个普遍现象。国外成功的企业大学拥有多个层面的教学体系，例如1955年就成立的GE克劳顿学院是经历了不同时期的艰难调整才拥有今天的教学体系的。包括浔兴学院在内的众多中国民营企业大学并没有过多思考自身规模小、资金紧张、盈利能力有限、业务拓展能力不足等问题，盲目模仿国外成功企业大学的教学体系，从而造成了与企业本身所处的发展阶段需求的偏差。如浔兴学院盲目引进的多个领导力课程是在学习西门子管理学院的经验，但这些不是现阶段的关键需求。

2. 缺乏对企业长远战略的关注

战略性人力资源管理不会仅仅停留于常规人力资源管理阶段，而是通过人力资源的规划、政策及管理实践达到获得竞争优势的人力资源配置的目的，尤其强调人力资源与组织战略的匹配，并通过人力资源管理活动实现组织战略的灵活性，以达到人力资本的最大化和组织目标。中国民企的企业大学关注短期效益的居多，真正能在战略人力资源管理中提供企业人才战略计划的寥寥无几。往往是社会上流行什么，学院就培训什么。

3. 教学培训考核机制缺失

笔者走访过的企业大学，都没有建立对企业大学进行考核的完整方案。企业大学不需要考核吗？答案一定是否定的。如浔兴学院、七匹狼商学院等拥有考核机制的企业大学，也仅仅在学习人次和简单的培训效果调查评估上有量化指标。绝大多数企业还没有摸索出来如何以人才资本回报率作为评价标准。

4. 谨防培训万能论

培训万能论往往源自企业的业务部门，当员工积极性不足、业绩下滑的时候，将责任都推向企业大学的情况时有发生。其实业务部门出现的各种问题有多方面的原因，建立一所企业大学并不能解决民营企业固有的短板。

7.2.3　新形势下民营企业大学的运营策略

近年来，企业碰触"天花板"的讨论非常激烈。纵观我国企业发展史，中国民营企业似乎始终长不大，很难取得大的突破，不过近年来却被万科、联想等企业创造了历史。现在多数民营企业还正处于碰触"天花板"的一阵阵剧痛中。"天花板"实际上是指企业发展的增长极限，分别是外部环境的极限、组织的极限、商业模式的极限、企业家能力和价值观的极限。企业大学责无旁贷地要为企业变革提供专业支持和人才支持，所以，新形势下民营企业大学必须有倾向性地调整其运营策略。

1. 参与组织行为的变革并关注个体行为的变化需求

商业环境的变化会影响整个组织，企业开始关注组织行为发生变化的时候，就对个体行为提出了变化需求。如何在变革中形成心理契约，实现人职匹配，理解个体差异成为了企业大学研究和推广的重要方向。变革带来的不安全心理通常可以通过培训解决。通过学习，员工可以学会面对新目标的各种技能，以消除对未来的不确定性。同时，培训还可以同其他更全面的组织变革联系起来。例如，如果组织实施目标管理项目，那么就需要进行目标设定和确定如何进行目标导向绩效评估的培训。

2. 在变革中承接新业务

安踏学院有个成功案例。当安踏公司大规模进行渠道分销之后，安踏学院还仅仅是一个从事企业内部员工培训的机构。之后，渠道终端被安踏公司认定为核心价值端之一，安踏学院便随势而变，大规模开展渠道培训业务。从此培训全国几千家终端店铺的新业务成为学院的主要工作。这项新业务也直接推动了安踏公司业务的大幅增长。面对企业商业策略变化时，企业大学应该主动去寻找新业务，而不是被动地接收。

3. 创建整体解决方案平台

企业大学的天生优势是它的架构是复合型的，不是单一型的。企业大学的内部讲师团队来自企业各个业务部门，专家顾问团队由企业内外部的各个领域的专家组成。在企业行政体制内进行的变革探讨往往会受制于企业权力机关主导而较为封闭，而在企业大学进行的变革探讨则更为开放。变革的前提是有机会和环境给来自各个领域的人员"探讨可能性"，企业大学组织正好能提供这个空间。变革本身不是某个业务部门的独立事件，成员的多元化更有利于提供整体解决方案。

7.2.4 民营企业大学机构及其人员设置分析

我国目前有几千家民营企业都设立了企业大学，在机构设置、从业人员配置等各方面千差万别。

1. 机构设置分类

（1）以项目分类设置机构。设置若干项目主管，针对人才发展项目、业务部门独立项目、管理提升项目等进行独立项目运作，如柒牌大学。

（2）以业务分类设置机构。根据业务类别不同设置销售、生产、技术、管理等专业服务部门，初期设立的企业大学多采用此方案。

（3）以职能分类设置机构。根据不同职能设置教务管理部门、课程引入和开发部门、培训管理部门、企业文化管理部门等，如浔兴学院。

（4）综合设置。设立企业大学的职能部门后，设立专项发展中心，如领导力发展中心、技术发展中心、员工能力发展中心等，同时综合各部门参与项目执行。

　　笔者认为，机构设置本身没有好坏之分，与企业发展不同阶段的需求有关系。企业发展不够规范、不够成熟时，更倾向于对相对独立的业务模块或项目进行专案管理和推动，故而用第（1）、（2）种分类法设置机构比较常见。当企业规模扩大，需要整合资源、提供整体解决方案时，第（3）种设置方案更容易被接受。只有企业发展到成熟期，人力资本成为企业核心价值端并形成高度共识时，第（4）种综合设置方案最合适。

2. 人员设置和能力要求

　　基于中国民营企业的规模特点，民营企业大学专业从业人员不宜过多。笔者访问的民营企业大学中，专职人员人数最高为 10 人，最低为 3 人。但兼职的内外部讲师队伍都相当庞大。浔兴学院有专职教练一人（DDI 认证讲师），有名誉讲师 14 人，专业讲师 48 人，外部专家顾问 8 人。此人员设置符合浔兴股份现阶段的发展需要。笔者根据中国民营企业发展的现状和企业大学的职责定位，认为企业大学的专职人员应当为 5～12 人为宜。这种看法在之后走访的浔兴学院、安踏学院、柒牌大学、七匹狼商学院、玛卡西尼商学院、卓尚大学等被证实。

　　民营企业大学需要什么样的从业人员？笔者有一个基本构想。首先企业大学必须有一个企业高层（VP、CEO 或 BOSS）参与其中，以此保证企业大学和企业战略的无缝对接。其次，必须拥有 1～2 名"专才＋通才"的职业教练，以保证企业大学运营的规范化、精细化、职业化；需要拥有跨职能业务能力的通才和企业重点领域的专才加入。最后，需要其他职能人员。如图 7—1 所示。

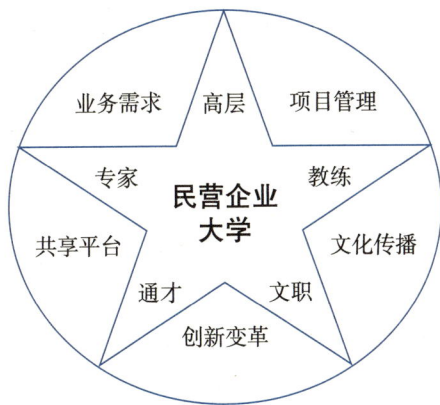

图 7—1　民营企业大学的人员设置

　　民营企业大学的定位是各业务部门的合作伙伴，致力于提升组织的竞争力。很明显，民营企业大学的客户就是各业务部门。所以，民营企业大学从业者开展各项工作都离不开和业务部门打交道。根据当前的商业环境，同时兼顾民营企业的经营特点，民营企业大学从业者必须具备以下 9 项核心能力。

（1）高瞻远瞩的商业头脑。关注商业环境的变化和企业人才发展的需求，能充分了解当前及未来可能对所在行业和组织有影响的政策、实践、趋势、技术和信息。很容易想到未来的各种情境，考虑和讨论问题都能基于未来。

（2）创新管理能力和创造力。能提出许多新颖独特的想法，轻松建立各种原本不相关的概念之间的联系，同时能将自己和别人的想法引入工作，并准确判断创新想法和建议的适用性。

（3）出色的口头和书面表达技能。能在各种场合自由运营表达策略，充分了解他人内心，准确传达信息并取得良好效果。

（4）多元文化管理。能公正面对各种类型和阶层的人，妥善处理文化不同产生的差异。这一点在中国民营企业正在走向全国和世界的大背景下显得尤为重要。

（5）善于人际交往。企业大学作为业务合作伙伴，通常要求能良好地处理人与人之间的关系，包括上级、下级、同僚以及组织内部外的人，能轻松缓解高度紧张的局面。

（6）高效的专业技能。企业大学从业者从本质上说是企业人力资源管理人员，必须具备人力资源的专业思维和知识。

（7）计划和执行能力。不管推动何种项目和业务，企业大学从业者都要具备独当一面的能力，准确界定任务和项目所需的时间和难点，做坚持不懈的推动者。

（8）及时学习。商业环境的快速变化要求从业者在面对新问题时能快速学习，坦然接受变化，既能分析成功也能分析失败，从中得到提高。

（9）激励他人。学习发展需要一个良好的氛围，企业大学从业者须看到他人的兴趣点，并利用它来发挥出每个人的最大潜力。欢迎人人参与，分享责任感和荣誉，让每个人都感觉自己的工作很重要。

7.3　民营企业大学的未来发展

狄更斯曾说过，这是一个最好的时代，这是一个最坏的时代，我们正在飞上天堂，我们正在跌落地狱。这句名言正是今日全球商业新环境的真实写照。中国民营企业远远没有发展到如欧美国家的水平，但在二十年甚至十年之后，中国民营企业将注定取得长足的进步。大变革的环境下，作为服务于企业的企业大学，也将迎来变革时代。

7.3.1 民营企业大学的发展趋势

1. 高度参与组织变革

当前的民营企业是中国最需要变革的群体，它们需要通过变革创新，以摆脱停滞不前的局面并把握新的商业机遇。通过对组织的权力结构、组织规模、沟通渠道、角色设定、组织与其他组织之间的关系，以及对组织成员的观念、态度和行为，成员之间的合作精神等进行有目的的、系统的调整和革新，以适应组织所处的内外环境、技术特征和组织任务等方面的变化，提高组织效能。企业的发展离不开组织变革，内外部环境的变化、企业资源的不断整合与变动都给企业带来了机遇与挑战，这就要求企业关注组织变革。企业大学将通过变革研究推动集体思考，建立沟通平台，以实施培训推广的方式实现组织竞争力的不断提升。

2. 高度资源整合

目前国内的民营企业大学多数是在企业培训发展部的基础上建立的，仅仅承接了员工培训发展管理系统。未来的企业大学需要拥有最前沿的商业信息、最全面的管理知识、最深入的技术积淀、最广泛的人才支持。如浔兴学院目前正在进行的知识管理系统建设，其终极目标是收集并分享来自企业内部和外部的知识，并以此为平台转化为企业的智慧。

3. 快速承接业务策略

社会的快速进步，推动着企业的快速转变，市场的不确定因素正在不断扩大，组织行为大变化和个体行为的更新都在不经意间发生。未来的企业大学必须灵活、快速地提供专业支持以满足企业发展的需要。

4. 学习模式的变更

随着科技的进步，越来越多的传播工具被广泛使用。互联网、信息化、智能手机正在改变我们的学习模式。苏泊尔大学正式引进了手机终端 APP 软件之后，企业员工学习变得更灵活。知识被碎片化处理，上传到手机终端，学习行为变得无处不在。

7.3.2 有关国家政策支持的思考

我国政府对企业发展提供的支持有很多种形式，有资金支持、政策优惠、荣誉评核、信息平台等。但针对企业大学，笔者认为有其特殊性。

虽然企业大学成为企业发展的一个新方向，可我们要慎重对待这个问题。企业是市场的主体，企业大学的创办是为个体企业服务的，它不能独立存在于某个商业空间。企业大学不是真正意义上的大学，它的本质是企业的一个职能部门，它的诞生是企业的个体行为。笔者不赞成国家在政策制定方面给企业大学提供资金支持和政策优惠。市场的行为让市场来决定，以政府倡导的形式支持企业大学的发展会导致企业的跟风，部分企业可能在没有业务需求的情况下依照标准建立无用的系统。同时，企业大学没有参照的公共标准，它会随着企业发展不同阶段的需求发生变化。所以，企业大学并不需要引导式的提倡。

当前我国企业大学，特别是民营企业大学都还处以起步阶段，企业更需要学习他人的先进经验。欧美发达国家的企业大学已经发展了半个世纪，它们有失败的教训和成功的经验。中国民营企业多数是效仿国外的模式，但国外企业大学的教学体系、发展理念、职能作用、业务特点等核心的东西，我们知之甚少。政府可以考虑建立交流和学习平台，正确引导国内企业大学的发展之路。如牵线搭桥，建立企业大学合作联盟，将国际、国内先进的经验进行分享和讨论等。

7.4　结语

中国企业大学发展至今已经有 10 多年的历程，但存在各种各样的不足，特别是企业大学如何与企业战略相结合，如何在运营过程中实现企业战略的落地，是广大企业大学从业者需要高度关注的问题。目前，国际上知名的跨国企业，基本上都拥有自己的企业大学。中国民企正在进行国内和国际资源的整合，不久的将来也将有一大批企业脱颖而出成为世界名企。大战略必将引导大变革，企业大学也必将随着企业的发展承担更多、更重要的职责。

第8章
现代职业教育体系理念下的企业大学建设与发展

　　建立现代职业教育体系，加快发展现代职业教育是党中央、国务院为促进经济社会的发展而做出的重大战略决策。《现代职业教育体系建设规划(2014—2020年)》明确了目标任务、政策导向、途径方法，体现了现代职业教育发展的先进理念。

　　根植于生产实践、具有不可替代的先天优势的企业大学早已成为现代职业教育、终身教育不容忽视的重要（力量）组成部分。在实现现代职教体系建设规划的过程中，企业大学能发挥怎样的作用？具备哪些优势呢？同时，现代职教体系的建设及先进理念又将对企业大学的建设发展有哪些指导、促进和启示呢？

　　现代职业教育体系的建设理念体现在要实现的目标及实现目标的具体举措中，大致可归纳为系统观理念、终身学习理念、可持续发展理念、市场经济理念四个方面。这些理念对新时期企业大学的建设和发展具有重要意义。

8.1　现代职业教育体系理念对企业
大学建设与发展的影响

8.1.1　系统（全局或整体）观理念

1. 理念阐释

　　系统观理念体现在以下两个方面：一是以系统观审视现代职教体系的地位作用；二是基于系统观理念协调现代职教体系的内外关系。

　　(1) 现代职教体系在整个教育系统中，甚至国家经济社会发展中具有重要的地位和作用。

《现代职业教育体系建设规划（2014—2020 年）》（以下简称"规划"）要求：站在经济、社会和教育发展全局的高度，以战略眼光、现代理念和国际视野建设现代职业教育体系。

1）现代职业教育在整个教育体系中具有重要地位。

第一，现代职业教育不仅要促进个体的身心发展，还要培养个体职业能力，在促进个体社会价值实现的同时实现自我价值。

第二，随着知识更新速度的不断加快，一次性学历教育正在向终身学习转变，而职业教育又是终身教育的重要组成部分。

2）现代职业教育在我国经济社会发展中具有重要地位。

第一，服务国家发展战略——转方式、调结构。职业教育面向经济社会发展和生产服务一线，培养高素质劳动者和技术技能人才，其直接服务于转变经济增长方式、调整升级产业结构国家发展战略。

第二，促进就业、改善民生。职业教育面向人人、贯穿人生，通过职业教育与培训使每一个劳动者具备一技之长，有能够赖以生存的岗位、职业，并促进职业发展，实现人生价值。

（2）系统整合、统筹协调、开放包容。

1）现代职教体系涵盖并涉及职业教育与职业培训、正式学习与非正式学习、学历与非学历教育。

2）现代职教体系注重行业界与教育界的资源共享、合作共赢，真正实现产教融合、校企合作；强化政策、制度、法律的综合保障；注重发挥政府与市场的优势，在全社会的各个层面进行统筹协调、资源配置。

2. 系统观理念下的企业大学

（1）企业大学在职教体系建设中的作用。

在建设现代职教体系的过程中，企业大学应发挥更重要的作用、承担更大的责任。

第一，在转方式、调结构的背景下，企业大学要服务母体企业的升级转型、战略发展，并促进企业乃至国家产业的竞争力的提升。

第二，企业大学应为促进个体员工的职业生涯发展、企业的可持续健康发展发挥重要作用，应成为个体与企业实现自身价值与社会价值的重要舞台。

第三，企业生产实践是知识更新的重要源泉，职业教育的岗位知识与技能更是源自企业的生产实践。企业大学应承担引领职业教育发展的重要使命。

第四，企业大学隶属于母体企业，根植于生产实践，与传统职业教育具有很强的互补性。企业大学应在推进产教融合、校企合作中发挥重要作用。

第五，企业大学具有市场基因，能够适应市场竞争、满足市场需求。企业大学应在促进职教培训资源开发与供给，促进职教培训市场健康发展，激发职业教育的活力、魅力中发挥重要作用。

（2）企业大学的系统整合能力。

企业大学应能整合企业内外资源、协调各部门关系，实现集约管理、高效运营。在强化自身知识生产服务能力的同时，强化资源整合能力、统筹协调能力和运营管理能力。企业大学还应积极开展外部合作，发展外部联盟，基于合作项目拓展服务范围，基于自身优势实现自身价值。

8.1.2　终身学习理念

1. 理念阐释

随着知识更新速度的不断加快，一次性学历教育正向终身学习转变，而职业教育又是终身教育的重要组成部分。现代职业教育已拓展至非学历教育、非正式教育，传统教育的时空也因此进一步拓展——涵盖了学校、职场、家庭、社会，并跨越人的一生。

规划要求：现代职教体系要面向每一个人、面向每一个人职业发展的各个阶段，其体系完整、功能完备，是教育现代化的重要标志。现代职教体系要为所有劳动者提供终身学习机会；使劳动者能够在职业发展的不同阶段通过多次选择、多种方式灵活接受职业教育与培训，促进学习者为职业发展而学习；使职业教育成为促进全体劳动者可持续发展的教育。

2. 终身学习理念下的企业大学

（1）企业大学服务终身学习。

企业大学应面向全员、全岗提供全程（岗前、在岗、转岗、继续教育培训）、全面（岗位的各个方面的知识技能，以及职业生涯规划与指导）的职业教育培训。企业大学还应面向有需要的全体社会人员，提供多种内容、多种形式的学习，以满足日益增长的终身学习需求。企业大学应是终身教育的重要舞台。

（2）企业大学关注学习能力培养。

终身学习是应对知识快速更新、实现可持续发展的有效办法，企业大学不仅要注重知识的掌握和应用，更要强化学会学习这一核心能力，注重学习能力的培养、学习方法与技能的掌握，注重培养个体乃至团队的学习能力与创新能力，最终实现个体与企业组织的可持续发展。

（3）人力资本开发需要终身学习。

人是具有学习能力的、能够适应知识快速更新的核心资本。企业大学以终身学习应对知识的快速更新，就是要强化：在知识经济时代，人力资本是企业的核心资本。企业大学的根本任务就是人力资本开发，终身学习则是人力资本开发的重要途径。

8.1.3 可持续发展理念

1. 理念阐释

终身学习是保障组织或个体可持续发展的重要条件，但还需要具有可持续发展的综合能力，需要具有不可替代的核心价值，需要不断适应内外发展需求的变化，需要可持续发展的内外驱动力、生态环境等。

遵循可持续发展的客观规律，现代职教体系需要具有可持续发展的层次、结构、人才培养模式、投资及运行机制等。

规划要求：职业教育的基本制度、运行机制、重大政策更加完善；职业教育体系的层次、结构更加科学；中高等职业教育全面衔接，职业教育与普通教育相互沟通；职业院校布局和专业设置要适应经济社会需求；实现产教融合、校企合作；建立多元投资机制，鼓励社会力量广泛参与；推动职业教育融入经济社会发展和改革开放的全过程；使职业教育成为促进全体劳动者可持续发展的教育。

2. 可持续发展理念下的企业大学

（1）企业大学引领职教发展。

职业岗位的知识技能源自企业的生产实践，根植于企业生产实践的企业大学自然要在知识技能方面持续引领职业教育的发展。同时，企业大学在有关人才培养、师资培养、课程建设、学习资源开发、学习环境创设、学习评价等方面也可提供借鉴参考，为探究职业教育的客观规律贡献力量，从而促进职业教育可持续健康发展。

（2）企业大学促进职教可持续发展。

根植于企业生产实践的企业大学不仅深知企业的人才需求，更熟悉人才供需双方的特点、优势，既知道产业链的发展现状，又了解教育链的实际需要。企业大学基于合作项目实现优势互补、分工协作、资源共享、互利共赢，能有效促进产教融合、校企合作，促进教育链与产业链的有机融合，促进人才供需双方的紧密合作，使人才培养更有针对性，以提高人力资源开发、配置的效率、效果。同时，企业大学可为科学规划职教体系的层次、结构提供依据，为职业教育形成可持续的投资运行机制提供借鉴，并能为职业教育的可持续发展营造适宜的生态环境。

（3）企业大学可持续发展的关键。

企业大学要想获得可持续发展，首先就要强化企业大学不可替代的核心优势、核心能力。生产实践是知识创新的重要源泉，企业大学根植于企业生产实践，这是企业大学重要的先天优势。企业大学需要基于优势来打造核心能力，即知识生产服务的能力。另外，母体企业是市场主体，市场基因是企业大学的又一天然优势，以企业化经营理念运营管理企业大学，对学习资源的统筹协调、系统整合、集约管理也是企业大学的核心能力。

其次，注重培养个体及组织的可持续发展能力，即学习能力、创新能力，提升个体的综合素质和企业组织的综合实力，最终实现个体与企业组织的可持续发展。最后，要建设促进学习与创新的企业文化、企业制度，以可持续发展为评价标准营造可持续发展的生态环境。

8.1.4　市场经济理念

1. 理念阐释

与经济社会发展密切相关的现代职业教育在具体的微观运行层面离不开市场机制，需基于市场需求来规划、开发、配置人力资源，需基于市场竞争、市场供需来有效实现职教资源的优胜劣汰、合理配置。同时，市场经济理念中还包含平等交易、公平竞争、成本效益、品牌质量、价值实现、追求卓越、顾客至上等众多积极因素，可使职业教育的发展更具活力、更加健康、更具可持续性。

市场经济理念在规划中的具体体现：充分发挥市场在资源配置中的决定性作用，扩大职业院校办学自主权，推动学校面向社会需求办学，增强职业教育体系适应市场经济的能力；有利于职业院校按照经济社会发展的需求确定人才培养的规格层次、专业体系、培养方式和质量标准，建立面向市场、优胜劣汰的专业设置机制；充分调动社会力量，吸引更多资源向职业教育汇聚，促进政府办学、企业办学和社会办学共同发展；有利于按照市场导向、利益共享、合作互赢的原则，吸引各类主体参与职业教育集团建设；充分利用社会资本发展现代职业教育，支持营利性职业教育机构通过金融手段和资本市场融资。

2. 市场经济理念下的企业大学

（1）市场优势。

建立体现市场经济理念的现代职教体系，意味着培育、开发、开放职业教育培训的市场。企业大学所属企业是市场主体，企业大学因此拥有与生俱来的市场基因，其采取企业化经营具有很强的灵活性、适应性、竞争性，对市场需求能实时地做出敏锐反应，很好地满足企业、行业需求，适应激烈的市场竞争环境。并且企业大学根植于生产实践领域，其所提供的市场服务具有一定的不可替代性。此外，企业大学与价值链（即产业链与教育链）成员进行分工协作，实现优势互补，可有效提升服务质量与效率，增强市场竞争优势。

（2）市场服务。

企业大学在服务好母体企业的前提下，可基于自身不可替代的优势资源及核心能力，面向市场需求提供服务，实现自身的更大价值，创造产值利润，并通过市场竞争不断提升服务品质。也可基于市场服务实现产教融合、校企合作。主要体现在以下方面：

1）运营机制。企业大学可探索发展股份制、混合所有制职教机构，可将企业大学的知识、技术、管理、人才、装备、土地、资金等多种要素投资职业教育，从而充分利用各种要素、盘活各方资源，并实现各种要素的优化组合、各方资源的优化配置，激发职教要素、资源的活力并实现其更大价值。

2）服务内容与形式。企业大学可根据市场需求开发服务项目，根据市场供需决定服务价格。具体内容包括：提供学历学位教育；提供项目课程；提供行业资质认证；提供基于项目、任务的灵活、便捷的职场非正式学习等。具体形式有：提供远程在线学习资源；提供实习实训资源；提供小组协作学习；提供虚拟学习社区平台；提供方便快捷的泛在学习。

3）市场环境建设。职教市场的培育需要以职业能力为导向的学习价值体系的确立与认同（如职业资格准入、职业能力认证等），需要政策法规的引导与支持，进而规范与繁荣职教市场。同时，为规避市场的短视与盲目，还需政府根据经济社会发展的需要在宏观层面上进行引导与约束。

8.2 现代职业教育理念下企业大学建设与发展的要素分析

8.2.1 企业大学建设与发展的核心优势

进入信息时代，以科技创新要素和人力资本要素为核心的知识要素在生产实践中的地位作用显著提高，尤其是由科技创新催生的新兴产业中的企业，它们的产生发展都是以最新的科技知识及企业自身的专有知识为基础的。

另外，知识要素不仅包括人力资本要素、科技创新要素，还包括与企业的发展战略、经营管理、核心业务等密切相关的知识要素。并且随着知识经济的发展，知识要素不仅成为企业发展的核心要素、战略要素，更是基础要素。

由于工程教育、工商管理教育等专业教育发展相对滞后，致使企业对相关专业人才的需求难以通过发展相对滞后的大学等高等教育机构乃至外部市场得以满足，开发供给知识要素的企业大学因此应运而生。并且企业大学的教育培训对象、职能不断扩展，专业化水平、知识生产服务能力不断提高，企业大学在企业生产实践中的地位作用不断提高。

由此可见，企业大学产生发展的根本动因源自母体企业自身发展对知识要素、对专业化的知识生产服务的内在实质性需求，这也是企业大学产生、发展的客观规律。同时，根植于企业生产实践是企业大学不可替代的核心优势，隶属于并服务于母体企业则是企业大学的根本属性与职能。

正是由于企业大学隶属于母体企业，且与母体企业的生产实践相融合，才使得企业大学能为母体企业持续提供及时的个性化、专业化的知识生产服务，而这种高质高效的服务则是市场服务等其他外部服务所难以企及、无法替代的。

8.2.2　企业大学的地位与作用

（1）企业生产实践是知识更新的重要源泉，职业教育的岗位知识与技能更是源自企业的生产实践。企业大学应是企业知识生产服务的中心，是职业教育、终身教育的重要组成部分，应承担引领职业教育发展的重要使命，为促进职业教育的可持续发展贡献力量。

（2）企业大学在现代职业教育中扮演着重要角色。企业大学应是造就领域大师、尖端人才的摇篮；应是行业骨干人才加速成长的催化剂；是促进每个劳动者职业生涯发展并获得职业成就的利器。企业大学应为促进个体员工的职业生涯发展、企业的可持续健康发展发挥重要作用，应成为个人与企业实现自身价值与社会价值的重要舞台。

（3）企业大学应是企业谋划发展战略、提升管理绩效、促进核心业务的智慧中心；应是将个人能力转化为企业能力、行业能力，乃至国家竞争力的关键组织。

（4）企业大学隶属于母体企业，根植于生产实践，它应在推进产教融合、校企合作中发挥重要作用。企业大学应与母体企业上下游价值链的成员建立和发展学习伙伴关系；应与人力资源开发价值链（社会培训机构、职教机构、大专院校等）的上下游成员建立和发展学习伙伴关系；企业大学应是参与、组建教育集团、学习联盟的中坚力量。

（5）企业大学具有市场基因，又根植于生产实践，其在满足市场多元需求，开发、供给、配置职教资源，促进职教市场健康发展，激发职业教育的活力、魅力等方面应发挥重要作用。

8.2.3　企业大学的组织性质

企业大学是由母体企业出资创办并运营管理，企业大学隶属于母体企业，是母体企业下属的职能部门，企业大学依托母体企业组织的权力或资源，为母体企业提供自助服务，为母体企业生产开发供给知识要素，为母体企业提供专业化的知识生产服务，体现的主要是企业组织下属的职能部门与母体组织间的内部服务关系。虽然一些企业大学也服务母体企业以外的价值链成员，但却是为了服务母体企业的经营目标、发展战略而有选择有针对性地扩大服务对象，其最终目的还是服务母体企业。企业大学所属的母体企业是一般的企业组织，是参与市场竞争、提供营利性市场服务、实行独立经济核算、自主经营自负盈亏、具有独立法人资格、由国家工商行政管理部门监管、照章纳税的经营实体。

企业大学能否脱离母体企业而独立发展呢？本研究认为答案是否定的，一旦企业大学独立，则有两种可能：一是成为参与市场竞争、提供市场服务、实行独立经济核算、自主经营自负盈亏、具有独立法人资格的经营实体，那么它就不再是企业大学，而可能是营利性的高等教育公司、培训公司或咨询公司等，并由国家工商行政管理部门监管。二是成为面向社会公众的非营利高教机构，那么它也不再是企业大学，而可能是传统大学、社区大学或非营利的职业院校等，并由国家教育行政主管部门监管。另外，企业大学一旦独立，其与母体企业的生产实践相融合的天然优势也将随之消失，其原有的核心价值、核心能力也自然削弱。

如果企业大学不脱离母体企业，那么能否完全面向企业外部的市场提供营利性的市场服务呢？本研究认为如果答案是"能"，那么原来的企业大学则将成为为母体企业直接创造产值利润的主营业务部门，而不再是专门为母体企业提供内部培训的职能部门，不再是为母体企业提供专业化的知识生产服务的企业大学。由此可见，从组织性质上看，企业大学不是以营利为目的自主经营、自负盈亏、面向市场提供服务的经营实体，不是提供社会公共服务的非营利的事业单位组织，不是具有法人产权的独立组织。企业大学是隶属于母体企业，为母体企业提供自助服务的职能部门。

8.2.4　企业大学的组织构成

1. 决策管理机构

企业大学应有能力统筹协调决策、管理、研发、生产、销售等各部门的关系，并能系统整合企业内外的教育培训资源，便于对企业的整体教育培训工作实现集约管理。这要求企业大学在母体企业中具有较高的组织地位。因此企业大学应由企业的决策层直接领导，以确保其在企业中具有一定的战略地位、管理权限。

企业大学的决策管理机构的组成应由企业决策层、管理层、各职能部门及业务部门高管共同组成，并由母体企业的董事长或 CEO 领导，负责企业大学的重大方针政策、战略决策的制定，负责指导统领企业大学的各项工作，使企业大学能更好地服务于母体企业的战略发展。此外，为了能够服务基层、服务各分支区域，满足一线生产实践的学习需求，并使决策与管理能更符合企业战略发展的整体利益，企业大学的决策管理机构也要吸纳来自基层、各分支区域、工会的代表以及员工代表。

企业大学的决策管理机构应为广泛平等交流、深入研讨、集思广益、共谋会商、群策群力提供交流平台，为企业战略发展提供智力支持、贡献智慧结晶。这不仅能提高科学决策水平，更有利于强化执行效力。不仅有高层决策者、管理者支持并参与执行体系，而且各业务部门、职能部门的经理也参与执行体系，一起提出企业大学的共同愿景并付诸实施，为企业大学与各职能部门、业务部门间的协调配合提供组织保障，有利于资源共享、系统权衡、统筹协调、形成合力、高效运行。

此外，还可以由同行业的各企业大学共同组建行业大学联盟并组建委员会，以促进同行业的企业大学的交流合作，实现系统整合、统筹协调、资源共享、互利共赢。

2. 组织结构

企业大学的组织结构应体现生产实践逻辑，其组织结构应保障企业大学知识生产服务与企业生产实践相融合。企业大学应根据企业大学的服务对象而非学科门类来设置院系（服务对象主要是母体企业的各业务部门、职能部门以及核心生产环节、生产岗位等），并且所组建的学习组织需纵向深入到基层一线生产实践，横向扩展到各业务部门职能部门，从而更好地服务企业的发展战略、经营管理及核心业务，更好地与企业生产实践相融合，高效实现知识效能、改善工作绩效。例如，摩托罗拉大学由领导力和管理学院、营销学院、质量学院、供应链学院和工程学院五个学院组成。中国电信学院依据公司各业务条线，成立了领导力发展研究中心、核心员工教研中心、VIP 客户教研中心、在线学习教研中心（负责运营管理"中国电信网上大学"），并且各中心与产品研发、销售、服务等各个部门紧密合作，与各个生产环节相融合，以及时提供专业化的知识生产服务。

3. 组织体系

企业大学的学习组织体系应保障企业大学与企业的各个生产环节相融合，与企业的各职能部门、业务部门相融合，基于完善的学习组织体系，基于知识创新、知识应用来为企业的战略决策、经营管理、核心业务等提供全面的专业化知识生产服务，从而有效实现工作绩效的改善、知识效能的转化。因此，在企业的各业务部门、职能部门及基层单位、分支机构都应有相对完善的学习组织，从而构成由基层到高层相对完备的学习组织体系，以确保企业大学的知识生产服务与企业生产实践的充分融合。当知识要素成为企业生产实践的基础性要素时，企业大学也必然成为企业供给开发知识要素的重要生产部门，同时，由于企业的各个部门、各个生产环节都离不开知识要素、离不开学习，企业大学的学习组织体系必然要全面而深入。

工作绩效的改善、知识效能的转化需要企业大学与生产实践相融合，需要源自一线生产实践的知识创新与知识应用。战略决策同样离不开对企业一线生产实践的调研，离不开对基层的深刻了解与体察，尤其是发展战略的达成离不开基层的贯彻落实与具体实施。并且基层与高层是相辅相成、协调一致、系统配合的。

企业大学的组织结构确保了其知识生产服务与企业各职能部门、业务部门及生产的各个环节相融合。同样，企业大学的知识结构是以岗位知识技能为主体，并以不同生产部门、不同工作岗位、不同职级系列为内在逻辑进行组织并形成课程体系的。因此，无论是组织结构还是知识结构，都使企业大学的知识生产服务与企业生产实践充分融合，从而有效地实现了为母体企业提供自助服务的功能，体现了企业大学内在的生产实践逻辑。

8.2.5 企业大学的核心能力与价值

企业大学产生和发展的根本动因在于知识生产服务产生实质性需求。企业大学的核心能力体现在知识生产服务能力上。企业大学的核心价值则在于企业大学所提供的知识生产服务具有不可替代性。企业大学以核心能力创造核心价值。

1. 企业大学的核心能力

企业大学的核心能力主要体现在知识生产服务能力上，体现在知识生产服务的专业化水平上。知识生产服务以知识要素的开发供给为主要服务内容，具体包括知识分享、知识创新、知识效能。

知识分享即知识学习，是知识生产服务的基础环节，是知识创新、知识效能的基础，企业大学更加注重持续学习的过程这一实质。知识创新是知识生产服务的核心能力，是产生知识效能的关键，同时它既是学习的最高成效，也是学习的重要内容。知识效能即学习绩效，企业学习是以改善工作绩效为导向的，知识生产服务的最终目的与宗旨是最大化、最优化地实现知识效能。

企业大学的知识生产服务能力是一个整体组织的服务能力，提高知识生产服务能力应着力于知识生产力、知识生产关系及知识生产环境三个方面。

（1）知识生产力。

从事知识生产服务的主体是人，由人来实现知识创新、知识分享、知识效能，人是知识生产力的核心。同时知识生产服务源于生产实践，又服务于生产实践，并在生产实践过程中实现。生产实践过程中的每一名员工都应是知识生产力的组成部分，同时也是企业重要的人力资本要素，他们为知识创新、知识分享、知识效能贡献着自己的力量，他们的创新能力、学习能力和实践能力是企业能力的基础。

企业大学从事知识生产服务的人员需胜任知识创新、知识分享、知识效能等工作，应具备相应的创新能力、学习能力和实践能力。具体能力包括：1）具有岗位工作经验和生产实践能力。熟悉企业生产实践，不仅熟悉企业自身，还要熟悉竞争对手，熟悉行业前沿。2）洞察反思能力、组织协调能力、解决问题能力、实践调研能力和学习创新能力。能够深入实践调研，协同攻关，发现差距，改进不足，提出切实可行的解决方案；能够探索总结并形成最佳实践。3）项目研发能力、项目管理能力、课程开发能力、教学设计能力。能够提供基于学习的解决方案，提供定制化的学习项目及学习课程，从而复制推广最佳实践。

信息技术、网络通信技术、智能技术等在知识生产服务中发挥越来越重要的作用，已成为重要的知识生产力，成为知识创新、知识分享、知识效能各个环节不可或缺的重要工具，成为辅助人类思维加工的有力助手，成为知识生产服务的重要基础设施。主要体现为：1）企业大学需要基于丰富的学习资源与环境的网络学习平台以打破时空限制实现便捷高效、实时无损的信息传播，实现自主学习、互动学习、协作学习、智能学习、泛在学习，实现学习资源、学习环境和学习过程的优化，从而提高知识分享的效率和质量。2）企业大学需要网络学习系统、知识管理系统、电子绩效支持系统及企业资源计划系统的深入整合，以有效支持工作环境中的自主学习、协作创新、绩效改进、系统管理，实现学习、创新、工作、管理的有效整合，高效实现做中学、工学结合、动态管理、实时反馈、及时改进，从而提高学习绩效和知识效能。3）企业大学需要构建与每一名员工都畅通的知识交流通道，搭建与生产实践相融合的知识创新平台。每一名员工都应是知识创新的贡献者和受益者，同时知识创新要源于实践又服务于实践。知识创新需要开放交流，知识交流的网络通道应以全联通的方式便于各方进行无障碍交流，不仅要与显性知识系统联通，还需要与隐性知识系统联通，并实现创新资源的整合、创新能力的提升，从而使知识创新更有质量、更富效率。

（2）知识生产关系。

为使知识生产力能够得到充分解放和激发，企业大学需要完善相关制度机制体系流程，需要完善有利于知识创新的生产关系。主要体现为：1）强化扁平化柔性化管理，赋予员工创新主体地位及相应的权责，尊重并激发每一位员工的创新能力。2）建立有效的竞争机制、激励机制，通过组内协作、组间竞争增强团队的协作能力，提高团队工作绩效。3）打造专业化的知识创新团队并培养创新能力与素养，分享创新经验与方法，使个体能力转化为组织能力。4）建立协同创新机制，协同各部门集思广益、群策群力，使组织创新更富实效。5）建立知识创新流程，使知识创新系统有序进行。企业大学需以企业发展战略为中心，从问题聚焦到解决方案，再到知识整合加工、课程开发，直至最终的知识创新服务产品，每一个知识创新环节都形成规范化、标准化的操作流程、操作方法，并对每一环节的知识增值给以价值测度，并通过激励机制激发知识创新。

企业大学需要完善知识分享的制度机制，需要完善有利于知识分享的生产关系。主要体现为：1）基于员工能力素质模型和员工职业生涯发展及岗位学习绩效指标，建立科学系统的个体员工的学习管理制度和学习激励机制，使员工不仅能明确学习任务、学习目标，还要主动承担学习责任、规划职业发展。2）基于企业发展战略、组织职能及组织学习绩效指标，建立科学系统的组织学习管理制度和学习激励机制，使组织不仅能明确学习任务、学习目标，还要主动承担学习责任、规划组织发展，要求组织为员工学习提供支持并鼓励员工为组织学习做出贡献。3）完善岗位学习制度，以工作岗位为基本单位完善岗位传帮带制度，并建立相应的激励机制，鼓励员工分享知识、分享经验，使最佳实践、隐性知识得以分享继承。鼓励员工在岗位工作的过程中、在生产实践的各个环节及时交流、及时学习、及时改进，使学习融入工作中，成为工作的重要组织部分。4）完善组织发展制度，强调以学习来促进组织发展。鼓励业务骨干培养发展继任者，以达到发展组织的目的。

企业大学需要完善实现知识效能的制度机制，需要完善有利于实现知识效能的生产关系。主要体现为：1）建立科学有效的能力素质测评体系。根据企业战略发展需要和组织绩效要求有针对性地建立组织能力素质模式和员工能力素质模型及相关测评体系，使员工学习、组织学习与组织绩效、企业战略相关联。2）开发适合企业自身特点、具有一定信度、效度的学习绩效评价模型、评价策略，使企业学习绩效评价更加科学有效、更加符合自身的实际情况，以提高知识生产服务的质量与效率。3）建立科学有效的学习绩效评价体系，完善员工与组织的绩效评价机制、激励机制，实现知识效能的最大化最优化。企业大学需将个体员工的学习绩效与工作绩效相统一，将组织的学习绩效与工作绩效相统一，并将个体员工的工作绩效与组织的工作绩效乃至企业的发展战略相统一，将个体员工的工作绩效与职业岗位职级能力要求乃至员工的职业生涯发展相统一。

（3）知识生产环境。

知识生产环境实际上包括制度环境，但这里主要指文化环境。制度能够确立保障和维护某种特定的知识生产关系，制度相对而言具有较强的外在约束力，能够有效驱动个体学习，甚至能够促进个体能力转化为组织能力。知识生产力的主体是人，人是学习与创新的主体，制度对人具有一定的驱动作用。但相对而言，文化的内在驱动力量更根本、更持久，学习与创新更要靠个体或组织自主完成，需依靠内在驱动，因为仅靠外力效果有限。一个个体或组织若有深厚的学习与创新的文化底蕴、浓厚的学习与创新文化氛围、强大的学习与创新的文化感召力，那么学习与创新的动力都必然强大而持久，学习与创新将成为一种生活方式、一种行为习惯，学习与创新会自然地融入血液中、基因中，更是难以模仿不可替代的核心竞争优势，不仅能使个体能力转化为组织能力，更能使这种组织能力得以持久。

学习文化建设不是一朝之功，需要日积月累、长期不懈，需要组织领导全力支持并躬身垂范，方可上行下效、蔚然成风，以树立崇尚学习的风气并形成学习文化的认同感、归属感。同时还要经常开展丰富多彩的学习活动，培养学习兴趣，展示学习成果。还可建立学习社区，开展互助学习，增强学习热情，并优化学习资源、学习环境和学习过程，营造良好的学习氛围，养成良好的学习习惯。

2. 企业大学的核心价值

企业大学的核心价值是企业大学所提供的知识生产服务是与企业生产实践相融合的，具有不可替代性，是具有个性化、专业化、持续性、系统性、泛在性、高效能的知识生产服务。

（1）个性化、专业化的知识生产服务。

每个企业需要的知识内容都体现了很强的针对性、独特性和专业性，与企业发展的实际状况密切联系。从产品定位、生产研发、经营管理到企业文化、发展战略、行业趋势等处处都体现了企业自身的独特性和专业性。而个性化、专业化的知识生产服务不仅体现在个性化、专业化的知识内容上，还体现在知识生产服务的体系建设、流程管理、运营机制和制度环境等方面。源自并隶属于母体企业的企业大学自诞生之日起，就以服务母体企业为根本使命，与母体企业具有先天的内在联系，与企业的生产实践相融合，具有为企业提供个性化、专业化知识生产服务的先天优势：企业大学熟悉母体企业的发展渊源、发展环境、制度机制、文化理念，并且对母体企业组织具有一定的认同感、归属感；熟悉企业自身存在的不足、障碍、问题等，以及企业发展的动力、潜力与优势；对企业向何处发展，如何发展不仅具有更为深刻的理解与认识，而且有强烈的责任感与使命感；企业知识创新的源头在于企业自觉实践，知识创新的主体则是企业自身，这使得与企业生产实践相融合的企业大学在知识创新方面也具有先天优势，并发挥着企业智库的关键职能。

（2）持续性、系统性的知识生产服务。

知识更新加快，知识生命周期缩短，使得企业对知识的需求是持续的、不断更新的，使企业大学所提供的知识生产服务具有明显的时效性。要持续满足企业发展的个性化需求，需持续关注企业及其所在行业的最新发展动态，这也是企业大学知识创新的重要源泉。企业大学与企业具有先天的内在联系，其对企业发展的敏锐洞察和深刻理解是与生俱来的，这也是企业大学所独具的先天优势。企业对知识的需求不仅是持续的、不断更新的，更是全面系统的，企业大学不仅要源源不断地为企业提供鲜活的知识生产服务，更要提供全面系统的学习支持，从业务到管理，从个体到组织，从战术到战略，从完善企业知识体系到构建学习型组织，从培养企业学习能力到打造企业学习文化，多层次全方位地提供支持与服务，为企业的永续发展铸就核心竞争力。

（3）泛在性的知识生产服务。

企业学习强调以绩效为导向，学习与工作相结合。使员工在工作过程中的任何时间、任何环节都能随时随地获得最新的知识服务，实现便捷的、自助式的、高质量的即时学习，以利于解决工作过程中的实际问题，克服困难与障碍，改善工作绩效，提高工作能力。同样，要使员工在为提升自身业务能力素质而主动学习知识和技能时，能够随时随地获得基于职业岗位能力素质模型的知识服务，从而促进员工的职业发展。知识服务的泛在性是以信息技术为支撑，以科学有效的并能与生产实践相融合的知识管理系统、电子绩效支持系统为基础的，能够跨时空便捷地获取知识服务，以提高员工与组织的学习绩效。因此，企业大学不仅要提供泛在知识服务，而且要利用多种知识载体，整合知识资源，创设与不同类型知识相适配的学习环境和学习活动，实现知识的优化管理，从而高效地内化知识，以实现员工与组织的知识效能。

（4）高效能的知识生产服务。

绩效导向是企业学习的重要特征，企业学习的目的就是将知识最大化、最优化地转化为企业效能、转化为生产力，从而提高组织绩效，增强市场竞争优势。这也是衡量企业大学知识生产服务质量的重要标准，是衡量企业大学价值实现的重要依据。要把知识最大化、最优化地转化为企业效能，仅仅靠企业培训部门孤军奋战是难以实现的，它还需要配套的激励机制、各部门的协调配合、完善的制度环境乃至企业学习文化的建设。企业大学能够系统整合企业内外的学习资源，构建知识生产服务体系并提供高效能的知识生产服务，能够协调企业各部门，并能建设和完善企业学习的制度环境，打造企业学习文化，从而确保知识能够最大化、最优化地转化为企业效能。

综上所述，企业大学可为母体企业提供个性化、专业化、持续性、系统性、泛在性、高效能的知识生产服务，每一项知识生产服务都有深厚的服务基础，具有不可替代性、难以模仿性，彰显了企业大学的核心价值。这不仅反映了企业大学有别于企业传统培训部门、传统大学等教育培训机构，具有自身的特征，更反映出企业大学产生和发展的必要性、必然性，也满足了企业在知识经济环境下自身发展的知识需求，满足了企业对知识要素、知识生产服务的内生的实质性需求。

基于成本效益原则，企业会优先从成熟的外部服务中尤其是市场服务中获取专业的知识服务、教育产品和学习资源等。然而现实中的市场服务很难满足具有上述特点的服务需求，公共服务又具有很多局限性。尤其是随着全球化市场竞争日趋激烈，企业的调整、变革加剧，无论是高等教育机构，还是咨询公司都很难深入企业的具体实践中，对企业最新的、复杂的知识需求很难快速、有效地做出回应，更难提供可持续化的、最新的知识生产服务。在某种程度上，外在服务的不可获得性也可以作为企业大学核心价值的衡量依据。

8.2.6　企业大学的主要职能

由于知识经济时代的知识要素在企业生产实践中具有重要地位，作为开发知识要素，提供知识生产服务的职能部门，企业大学必然在企业中具有战略地位并发挥着关键作用，具有重要职能。

（1）企业大学是企业组织的大脑、智慧中心，服务企业的发展战略，决定企业的发展方向和智慧力。

职能：服务于企业发展战略的企业大学成为决定企业发展方向的战略策源地；成为企业信息综合处理、知识整合运用、统筹协调、系统权衡、准确判断、及时应对、全面掌控的智慧大脑；成为汇集企业决策层、管理层及领域专家的智囊团；成为统筹协调、部署战略、发号施令的司令部；成为培养企业后继高管的摇篮。企业大学为谋划企业发展大计提供了平等交流、深入研讨、集思广益、群策群力、共谋会商的平台，可为企业发展战略提供智力支持、贡献智慧结晶。

结构：为更好地实现服务发展战略的重要职能，企业大学需要一定的组织保障以确保其在企业组织中具有战略地位，具有一定权责并具有重要影响力，它一般由企业董事长、决策层或管理层直接领导。

（2）企业大学是企业组织的知识创新与知识分享中心，服务企业的核心业务，决定企业的发展实力和创新力。

职能：知识经济下基于科技创新的产品研发是企业组织创新能力、发展实力的集中体现，产业高端必然拥有自主研发和不断更新且始终领先的高端产品，而且核心业务也是以创新产品、创新服务为核心、为依托的。企业研发部门依据企业自身的优势、实力和发展战略，在产品研发方面不断推陈出新，要求与核心业务相关的专有知识、核心知识以及岗位知识技能也要随之不断更新。这需要企业大学紧密配合研发部门及时将知识要素最大化、最优化地转化为生产力，转化为产值利润。而企业大学专业化的知识生产服务是创造产值利润的重要环节。因此，知识经济时代很多企业大学与研发部门融为一体，并在知识产权、技术专利保护的前提下，在确保核心机密技术安全的情况下，配套开发核心业务的培训课程，并将其作为产品研发生产中的重要环节。

此外，知识经济时代不同类型企业的核心业务的岗位知识技能也都是快速更新的，不仅包括科技创新的产品研发，还包括商业模式创新、市场营销创新、经营管理创新等，这些知识创新都需要知识分享，需要及时学习培训，需要企业大学为企业的核心业务提供专业化的业务培训服务。尤其是核心业务以系统专业的知识、经验及高效的知识管理为基础的知识型企业，如法律财务金融管理等领域的咨询公司，其知识管理的有效性将直接影响核心业务。此类知识型企业的企业大学所提供的专业化知识生产服务将直接参与企业的核心业务并创造产值利润。

结构：为更好地实现服务核心业务的重要职能，企业大学需要与企业研发部门、业务部门融为一体，在业务流程上实现各环节的无缝对接，从而在组织结构、业务流程上确保这一职能的高效实现。

（3）企业大学是企业组织的知识效能中心，服务企业的经营管理，决定企业的发展绩效和执行力。

职能：企业明确了发展方向，具备了发展实力，还需要高效的执行力来达成战略目标。企业大学在服务发展战略、核心业务的同时还需要服务企业的经营管理，在为母体企业明确发展方向、增强发展实力的同时还要提高企业的发展绩效。在知识经济下，在网络化信息化及经济全球化浪潮下，企业组织的发展环境日新月异，其管理模式和经营理念也与时俱进并发生着巨大变化。同时，企业组织跨地域、跨文化、跨行业、跨领域的拓展经营更是带来了前所未有的新挑战和新机遇，企业在经营管理的各个方面都需要不断创新、不断学习。学习已成为知识经济时代企业可持续发展、以不变应万变的制胜法宝；知识要素已成为企业组织生产实践的基础要素。因此在日常的经营管理中、在生产实践的各个环节中都离不开学习与创新，离不开知识的内化与外化，企业大学需服务企业的经营管理，成为企业组织的知识效能中心。企业大学需基于专业化的知识生产服务，不断改进工作方法，优化工作流程，强化品质保证，降低生产成本，提高生产效率，改善工作绩效，探索最佳实践，提高知识效能，不断加强经营管理，优化组织结构，完善学习制度机制，优化学习资源环境，建设学习文化。

由于知识经济时代生产实践中的人机地位的改变，人的价值的回归，人成为知识创新生产应用的主体，人力资本成为企业发展的第一资本，开发人力资本成为企业的第一要务，企业的经营管理实践中也更加强化了人的地位与价值，最大化地开发和实现个体员工的价值成为企业经营管理的重中之重，因此以人力资本开发为主要职能的企业大学在服务企业经营管理的过程中必然扮演着重要角色，发挥着关键作用。通过发展企业大学，可丰富优化企业学习资源环境，营造浓厚的企业学习氛围，建设队伍、发展组织，培养后继管理者，培养员工的企业公民意识、责任意识，提高员工的忠诚度，鼓舞员工士气，促进员工由被动学习转化为主动学习、自主发展，由他律走向自律，培养员工通识能力、可持续发展能力。另外，有利于发挥个体员工创新能力的扁平柔性的组织特性，优化组织结构功能，完善学习制度、强化激励机制，营造有利于创新和学习的良好组织制度环境，激发每名员工的学习热情和创新热情，使每名员工的创造力和学习力整合升华为组织的创新力和学习力，使每名员工的发展融入企业组织的发展之中，建立员工与企业牢不可破的利益共同体，为员工的职业生涯提供良好的发展环境和广阔的发展空间。

结构：服务企业经营管理需要企业大学与各级管理部门、业务部门、职能部门，尤其是人力资源部门紧密融合，以确保政策的贯彻执行，确保学习型组织的功能实现，保障企业大学知识生产服务的质量和效率，保障知识效能最大化、最优化、最快捷地转化，从而优化企业的经营管理，保障企业组织的执行效力。

（4）其他职能。由于企业大学具有开放性、灵活性，具有客观理性的品质，具有传承文化的优势等，因此企业大学还承担着很多其他重要职能。

由于企业大学相对母体企业而言更具有开放性和灵活性，尤其在外部交流方面具有很多独到的优势，在很多方面具有不可替代性。企业大学能够在行业产业内外建立广泛深入的合作伙伴关系，交流经验、拓展业务，建立学习联盟，整合内外资源，感知外部世界、了解市场环境、洞悉发展趋势，形成良性互动交流，使企业更具适应性，并拓展更广阔的发展空间。

为实现企业的发展战略，企业大学具有培训产业链、服务本行业的职能。当企业组织成为行业龙头企业或是产业高端时，并有实力主导和制定行业产业的技术标准、业务规范及管理方法时，企业大学的职能将进一步拓展，其地位作用也更为重要。它将主导和建立行业产业的学习联盟，培训行业内及产业链的合作伙伴。主导企业可通过培训岗位知识技能来推行行业标准、管理理念与方法，协调企业间的生产协作，提高生产效率，降低经营成本，规范生产流程，统一产品与服务的质量标准，使价值链成员树立共同愿景，并形成整合优势。同时，也可强化自身的竞争优势，巩固主导地位。企业大学也将成为整个行业产业的智慧中心、创新中心、效能中心，基于学习能力和创新能力不断引领产业行业的发展。如果说企业大学的主要职能局限于服务母体企业核心业务阶段是企业大学发展的初级阶段，那么随着企业大学主要职能的不断发展完善则进入企业大学发展的中级阶段，而企业大学在对内职能发展完善的基础上不断拓展对外职能时，则可以说企业大学已进入高级发展阶段。

另外，企业大学应具有客观理性的品质，能够睿智地审时度势、洞察本质、高瞻远瞩，不被短时利益所诱惑，不被现象所蒙蔽，在功利面前能保持清醒与理性。既能抓住更多潜在的发展机遇，又能把握企业组织发展的全局利益和长远利益。企业大学还应擅长自我反思、自我批评、自我扬弃，这有助于企业保持自知之明、增强忧患意识，有助于企业认清自我、扬长避短、居安思危、未雨绸缪、防微杜渐。

在企业的学习文化建设方面，在统一思想、统一认识方面，企业大学更有用武之地。当企业面临重大变革（如转型、并购等）所带来的潜在危机和挑战时，通过全员学习能够予以化解，有助于统一思想认识、明确目

标、鼓舞士气、凝聚人心、增强斗志与信心。有助于发展战略的宣传贯彻、落实执行，使企业上下步调一致、整齐划一、提高执行效率。有助于树立核心价值理念，提高员工责任意识，增强组织认同感和归属感。有助于养成良好习惯，营造学习氛围，建设学习文化。有助于塑造企业形象，承担社会责任，提升企业内涵和品牌价值。企业文化需要长期积淀并不断建设，非一朝一夕之功，同时企业文化的作用也是潜移默化、由内而发、全面深入、绵延不绝的，企业文化更是不可替代、难以模仿的核心竞争力之一。

企业大学的职能类型并不是一成不变的，它与母体企业的具体需求密切相关。发展方向、发展实力、发展效率可能是不同企业或企业的不同发展时期所面临的不同发展问题，并产生不同的发展诉求。企业发展方向确定后，研发产品、创新服务以增强发展实力，加强经营管理以提高发展效率则首当其冲。同样当企业面临挑战危机需要变革转型时，或主动拓展新的发展领域时，制定战略决策、确定发展方向将成为当务之急。知识经济时代随着知识的快速更新、市场竞争的日趋激烈，企业对这三方面知识服务的需求也越来越不分伯仲，尤其是产业高端企业、行业龙头企业越来越需要以战略发展为中心，需要核心业务、经营管理，以及其他各个方面的相互配合、统筹协调，形成合力，最终实现战略目标。这也体现了企业大学具有不可替代的重要地位、作用和价值。

8.2.7　企业大学的服务对象与服务内容

企业大学的服务对象以企业内部员工为主，而非面向社会提供公共服务或市场服务。但有时为了服务母体企业的整体发展战略，其服务对象不再局限于内部员工，还拓展至顾客、供应商等企业的价值链成员，并与传统大学、高教机构、培训公司等人力资本开发价值链成员建立合作伙伴关系，从而基于社会资本、社会关系的开发来服务母体企业的发展战略。

企业大学需服务于企业生产实践并与生产实践相融合，以企业全员、全面、全程的学习为基础。其中全员是指生产实践中不同岗位的全体员工；全面是指生产实践的各个方面，即不同的生产实践部门、不同的职业岗位、不同的生产环节等；全程则指生产实践的全过程。

（1）企业大学支持全员学习。全员学习不仅包括不同职业发展阶段、不同岗位职级的员工，而且贯穿每一位员工职业生涯发展的始终。教育培训及学习的内容包括：岗前培训学习；轮岗培训；职业等级认证培训；职业能力素质培训；正式认可的学位教育；知识技能更新培训；职业生涯发展各个阶段的教育培训；计划外的特殊学习，如根据企业发展变化而临时增设的培训、应对突发挑战的应急培训，根据员工的个体差异而量身定制的个性化学习项目，满足不同需求的自主学习项目，培养后继人才的人才储备项目等。

（2）企业大学支持全面学习。全面学习面向生产实践的各个方面。教育培训及学习的内容包括：不同职业岗位、不同职级的认证学习；企业专有知识、核心知识的学习，如企业文化及规章制度的学习，企业核心业务、经营管理、产品研发、服务创新、最佳实践等方面的知识学习；行业的共有知识、先进经验、最佳实践等方面的学习；企业价值链合作伙伴所共享的生产实践知识与技能的学习；面向企业未来发展的前瞻性知识学习，满足企业战略需要的多种能力学习；生产实践中不断更新的知识技能的学习，生产实践中所产生的新专业、新岗位的知识技能学习；面向可持续发展的能力学习，如学习能力、创新能力、应变能力、通识能力、团队协作能力、跨专业跨部门的交流协作能力的学习与培养等。

（3）企业大学支持全程学习。企业大学的学习贯穿生产实践的全过程。教育培训及学习的内容包括：企业战略决策的全过程、经营管理的全过程、核心业务的全过程所涉及的知识能力的学习；涉及企业整体发展、各生产实践部门的发展乃至员工个体的职业生涯发展的全过程，包括各个发展阶段的学习需求规划及相关的学习内容。

企业的生产实践涉及不同学科专业、不同知识能力，可谓是包罗万象。与生产实践相融合、支持全员、全面、全程学习的企业大学拓展了高等教育的学习内容。尤其是随着知识经济的发展，企业成为知识创新的主体，企业的生产实践成为知识创新的重要源泉，生产实践促进了学科的交叉融合，促进了新兴学科、新专业的产生发展，企业大学也必将进一步拓展高等教育的学习内容。

企业大学的学习内容丰富，而且学习的形式、方法、模式多样，如案例研讨、沙盘模拟、实战演练、情境体验、拓展训练、角色扮演、教练培训、课堂面授、师徒传习、轮岗培训、脱产学习、任务驱动式学习、行动学习、协作学习、团队学习、自主学习、竞争学习、网络虚拟学习、远程学习、多媒体互动学习等。企业大学不仅遵循学习规律，积极探索创新各种学习形式、方法、模式，而且积极尝试各种先进有效的学习技术手段，丰富学习资源与环境。企业大学已成为创新学习形式、方法、模式的实验室，积极有效地拓展了高等教育的学习形式、学习方法、学习模式，有效促进了学习质量与效率的提高。

传统大学等高教机构与企业大学的密切联系与深入合作，有助于传统大学知识内容的及时更新，及时满足生产实践的需求，并加强理论与实践的联系，还有助于传统大学创新学习的形式、方法、模式，从而提高教学效果。

8.2.8　企业大学的运行机制

1. 筹资模式

企业大学的筹资模式是企业大学运营机制的核心，在某种程度上也是企业大学具体运营的动力机制，并且企业大学的筹资模式也在不断发展完善。通过企业大学实践调研，以及国内外典型企业大学案例研究的文献分析可知，筹资模式一般包括母体企业预算拨款模式、自筹经费模式以及二者相结合的模式。

自助服务属性决定了企业大学的经费来源。由于隶属于母体企业的企业大学不对外部市场提供完全以盈利为目的的市场服务，不是为母体企业直接创造产值利润的业务部门，不是由母体企业创办的营利性高教公司，而是为母体企业提供知识生产服务的下属职能部门，企业大学不具有独立的经济基础，其经费主要源于母体企业的预算拨款，但这并不一定是因为其不具备独立经营、自负盈亏的能力。虽然有些企业大学提供面向价值链成员的付费服务，甚至提供面向整个外部市场具有普遍性的市场化服务，但这些服务都是围绕母体企业的发展战略开展的，而不是完全以盈利为目的的。因此这些服务不是企业大学的主营业务，而主要是由服务母体企业的发展战略而产生的副产品或衍生服务，是在首先确保服务母体企业的基础上开展的副业。同时这也是对企业大学剩余服务能力的有效利用，拓展挖掘和再利用企业大学的价值，而不至于浪费资源与产能。因此这些服务实际上难以提供持续稳定的经费来源。

企业大学的筹资模式除了预算拨款外，还有自筹经费模式。有些企业大学采取内部购买服务的方式，即企业大学的经费主要源于面向企业内部的各业务部门、职能部门提供具有市场竞争力、具有明显性价比优势的知识生产服务，使企业大学成为参与市场竞争的企业服务"提供商"。以市场形式衡量和凸显企业大学的重要价值，并以市场机制来筹措企业大学经费，不仅节约了企业成本，而且提高了企业大学知识生产服务的质量与效率，增强了企业大学的危机意识、市场意识、竞争意识。市场机制使企业大学的发展更具活力和竞争力，提高了企业大学的灵活性和应变力。然而过度依赖有偿服务，尤其是完全以盈利为目的市场服务则会导致企业大学为谋求部门利益而迎合市场、适应市场以至于迷失发展方向，也因此会忽视、怠慢服务母体企业发展战略的主要职能，难以更为积极主动地发挥母体企业战略工具的作用。所以，企业大学的经费来源一般是以母体企业预算拨款为主，以自筹经费为辅，并且自筹经费不是完全以盈利为目的的。

2. 项目管理模式

通过企业大学实践调研，以及国内外典型企业大学案例研究的文献分析可知，企业大学的运营一般是以项目管理模式为主。项目的需求分析与调研、项目策划立项、预算审核、项目招标、选择合作伙伴、项目课程研发、师资遴选与培训、学习绩效评估、项目评审改进及应用推广等各个环节都有规范的项目管理流程和具体操作要求及评价标准。这里以中国电信学院的学习项目运营管理为例来介绍企业大学的项目管理模式。

（1）项目来源及立项。学院主要承担面向企业内部的培训项目。培训项目主要来自两个方面：一是计划内承接项目。即承接来自人力资源部及集团各业务部门的委托培训项目。二是计划外自主立项。即学院结合企业战略发展需求，基于对各业务部门的调研，针对业务发展需求，自主设立的学习项目。学院学习项目的立项原则是优先满足与企业发展战略密切相关的业务需求，重点扶持企业战略发展转型的最核心、最重要的能力培养。

（2）项目运营管理。基于项目经理负责制，按项目管理流程具体实施。其流程环节包括：前期——策划、调研、立项；中期——研发、实施、测评、反馈、改进；后期——评审、改进、应用、推广。

首先，基于实地调研考察发现有关企业战略发展的来自生产和管理一线的问题和需求，并依据其重要性进行甄别、筛选，最后经过立项审核确定项目。立项审核包括对项目意义、项目预算、可行性分析、具体实施预案、预期目标效果等方面的审核。

在项目研发中有自主研发、合作研发等形式。无论自主研发还是合作研发，如需要供应商完成指定项目任务时则要组织项目招投标。由立项部门推荐若干有资质的并且研发能力强的业界优秀的供应商参加立项招标会，参与招标会的还有教务部、综合管理部、企业内外专家等。并由专家评委进行打分、遴选，确定供应商，签订项目合同。项目开发大多数是合作研发，一般先期由学院业务部门根据实地调研进行精心策划、科学实施，在项目实施中根据实际情况把一些具体任务交由供应商完成并签订具体的项目合同。业务部门向供应商提出具体要求，有时会根据实际情况提供相关素材，有时还会提供具体的教学设计脚本等。

在具体的项目研发中要遵循项目研发的流程，如课程开发要遵循ADDIE流程，要求对课程内容形式等进行细致的教学设计；输出的课程产品，例如课程的大纲、题库、电子课件、教案文本、提供辅助教学的讲师手册、学生手册等在内容和形式上都有明确、具体、翔实的要求和标准。

在项目评审中，要结合立项时所阐述的要达到的成果和预期目标等进行评审。学院要求项目评审不能局限于所提交的项目研发成果，关键要看项目的具体应用效果，并对应用实施进行效果追踪，及时反馈并改进。此外，有关课程的复用次数、覆盖人数、生命周期、课程内容的更新机制等是项目评审的重要指标。进行科学有效的项目评审可促进项目成果发挥实效，从而达到改进个人和组织绩效的最终目标。

企业大学可通过项目管理模式以完善的制度化形式、科学有效的机制确保企业大学运营的质量和效率，项目管理过程体现了企业大学的制度、机制、价值理念与文化，体现了企业化经营的核心管理理念。项目管理模式是企业大学运营管理的重要模式，它使企业大学的运营管理更加科学、高效，其有标准化、规范化的成熟流程、严格统一的质量要求，能够有效进行全程质量监控和及时反馈，确保质量效率和成本效益，确保过程优化与系统结果最优。

项目管理过程中体现了扁平化管理理念，可完善与知识创新相适应的制度环境和激励机制，有效激发每个人的学习力、创造力，注重集思广益、群策群力，通过组内协作、组间竞争增强团队的协作能力、创新能力，提高团队工作绩效。此外，在项目管理过程中企业大学有所为有所不为，即企业大学承担以知识创新为基础的、不可替代的核心工作，而把非核心工作委托外部市场，或与联盟伙伴合作完成，从而有效利用市场、整合内外资源，节约成本、提高效益。

项目管理过程强调与生产实践相融合，与各职能部门、业务部门及生产的各个环节流程相融合，注重项目研发应用的实际效果，体现了企业大学与生产实践相融合的内在逻辑。

由此可见，项目管理模式是企业大学运营管理的重要模式，体现了企业化经营的核心管理理念，体现了企业大学与生产实践相融合的内在逻辑。

8.2.9　企业大学的文化理念

文化理念是组织长期发展过程中形成的内在稳定的价值取向、思维方式，并可影响外在行为习惯、行为方式。组织的文化理念能够深刻反映组织的内在运行逻辑。

由于企业大学的知识生产服务与母体企业的生产实践相融合，以生产实践逻辑为基础，因此企业大学的文化理念实质上反映的是母体企业的文化理念，主要体现在知识观和经营理念等方面。

所谓知识观，就是对知识的基本看法、见解与信念，是人们对知识的内涵、外延、本质、价值、起源、功能等问题解释的总和。企业作为参与市场竞争的营利性、竞争性组织，激烈的市场竞争孕育了企业的知识观。"没有最好，只有更好"的生存发展之道，"优胜劣汰"的市场法则以及知识经济的迅猛发展必然要求企业不断学习、学以致用、持续改善，以求善求用的知识观为指导，追求最大化、最优化的知识效能，通过不断改善实践、不断增强企业竞争优势来实现企业的经营目标和发展战略，实现可持续的健康发展。虽然在企业的生产经营的各个环节中也存在求真、求美的实践活动，但这些活动都是围绕"求善、求用"这一核心展开的。例如，一些处于行业领先地位的企业组织投入巨资进行与企业产品研发密切相关的基础科学研究，其最终的目的不是探索未知世界的客观规律、本质特征和普遍真理，即不在于求真求知，而是在市场竞争的驱动下，为实现竞争优势而不断提升这一求善求用的目的。企业的知识创新尤其是产品研发以市场需求为导向、以市场盈利为目的，也因此企业具有很强的知识产权保护意识。传统经济时代，企业组织求善，即获取竞争优势，改善工作绩效，并不局限于知识这一种工具、手段、途径，知识的地位作用也并不突出；而知识经济时代，企业若要获得竞争优势则越来越倚重知识工具，企业大学的核心价值也因此得以彰显。

因此，企业大学知识观主要倾向于求善求用，把知识作为达成组织目标的工具、手段、途径，体现了知识的工具性，强调实用主义，强调绩效导向的学习，强调知识生产服务与生产实践相融合，将知识转化为企业组织的生产力，最大化、最优化地实现知识效能。

企业大学的知识观反映了企业的知识观，企业大学的管理理念同样反映了企业的管理理念。母体企业生产实践中逐步形成的文化理念也深深根植于企业大学，尤其是企业化经营的管理理念，其中包括成本效益原则、实用主义、市场竞争意识、市场服务意识、品牌品质意识，合作共赢意识，团队协作精神，自主创新、勇于探索、大胆实践、创业变革的开拓精神，权责明晰、公平公正的契约精神，以及能够激发个体自主学习自主创新的扁平化柔性管理、目标明确高效运作的项目管理及其相关的竞争、激励、评价机制等。

第 9 章
企业大学建设与发展的系统思考

9.1 引言

据有关资料统计，截至 2010 年末，美国的企业大学已经达到了 700 多家。其中在财富 500 强的企业中，80％的企业创建了自己的大学（有的称作学院）。1998 年，日本丰田公司首先创建了丰田大学。英国、德国的企业大学发展也异常迅猛。1993 年，摩托罗拉中国公司在我国成立了摩托罗拉大学，1998 年春兰集团建立了属于中国本土的春兰学院（也称海信学院）。据不完全统计，截至目前，中国已超过 2 000 所企业大学。

屈指算来，从美国成立的第一所企业大学至今，在短短 60 年的时间里，企业大学实现了高效快速发展。在我国，从摩托罗拉企业大学在中国诞生，只有 20 年的时间，企业大学发展如此之快。这其中大有文章可做。近几年，关于探讨企业大学建设的文章很多，全国到处都在举办不同规模、不同类型的企业大学发展论坛。随着经济转型发展和发展新常态新时代的到来，"企业大学热"进一步升温。"企业大学热"也引起了国家相关部门的高度重视，开始关注企业大学的研究和发展工作。主管人才建设和就业工作的人力资源和社会保障部相关领导，高度重视企业大学的发展，专门成立了企业大学研究的专家团队，从政府规范指导、科学发展的角度提出企业大学发展模式研究项目。

2014 年，人力资源和社会保障部中国就业指导中心、人力资源和社会保障部职业技能鉴定中心正式立项，确立对企业大学发展模式开展研究，并授权《中国培训》杂志社承担研究任务。

企业大学发展模式研究课题立项后，《中国培训》杂志社成立了由北京大学专门研究企业大学的专家、企业大学自身相关专家以及社会知名专家等人员组成了企业大学研究团队，拟定了企业大学发展模式课题研究四个方面的内容：

(1) 企业大学产生与发展的背景与价值；

(2) 企业大学发展的现状；

(3) 企业大学发展的理论与实践探究；

(4) 对促进企业大学科学发展的建议。

该研究以企业大学产生和发展的实践为基础，邀请全国知名的海信集团、招商银行等十几家著名的企业大学校长参与研究，让他们将自己参与企业大学建设和运行的实践进行理论分析和概括，形成相对独立的子报告。课题组一致认为：课题的成果有实践基础、理论深度和高度，对企业大学的发展具有一定的引导和指导价值，体现国家课题的权威性、高位性和引领性。

9.1.1　企业大学发展研究的时代价值

当前，我国处于转型发展的关键时刻，国家提出了转型发展的新战略和经济发展新常态发展策略，制定了发展蓝图。在新的发展时期，新产业、新技术给社会经济发展、企业发展、就业和人才发展带来巨大的影响。特别是互联网技术的飞速发展，极大地影响了人们的思维模式、发展模式和人才成长模式。企业的变革红利、创新红利和人才红利日益凸显。在这样的一个发展新时代，企业应突破传统发展思维和传统发展模式，实现新的发展突破。企业大学在企业新的发展时代发挥什么作用，对企业的战略发展产生什么样的直接价值和潜在的价值，是亟需破解的新课题。因此，与时俱进，结合时代发展的新特征和国家战略发展的新要求，研究企业大学发展，在于使企业大学更加彰显其时代价值。

9.1.2　企业大学研究的理论价值

"企业大学热"引起若干专业和非专业人士的热议。但查阅相关企业大学发展研究的文献，不难看出几个问题。一是研究的深度和高度不够，和国家经济技术发展战略、企业人才强国战略联系不够，仍处在就事论事的阶段。多见于概念描述、功能描述、培训课程介绍等方面的文章，很少有企业大学发展规律、体系建设方面的论述。二是研究不够系统化。目前没有发现关于企业大学建设和发展的理论体系或理论构想，对企业大学在企业组织架构中的地位与作用，发展的内在动力及其与组织架构中其他组织元素的关系等，都论述得不够。在企业大学产生和发展的外部环境方面，更缺乏理论研究，如企业大学的发展，究竟需要什么样的制度体系和政策导向，才能提升企业大学对国家经济技术发展的附加值。三是有的问题研究了，但思路不够清晰。当前，大家对企业大学的概念、内涵、功能定位等，说法不一。特别是企业大学与企业培训中心的区别、企业大学与普通大学的区别，还没有说清楚，没有从企业大学的本质属性上，提出企业大学的理论基点。某些企业大学和原来的企业培训中心相比，仅仅是换了个牌子而已。

总的来说，目前亟需对企业大学的建设和发展进行深入的理论探析，提出企业大学建设和发展的理论体系、实践架构，指导企业大学的科学建设和科学发展。

9.1.3　企业大学研究的实践价值

前面讲到的企业大学研究的时代价值和理论价值，都是为企业大学研究的实践价值提供支持的。说到底，企业大学发展模式研究，其根本目的就是，如何使企业大学建设得好和发展得好，创新企业发展模式，实现人才强企战略。具体讲，企业大学的发展模式研究，拟在提出企业大学发展和建设的理论体系、实践模式，在指导企业大学建设和运行方面，至少产生以下几个作用：

（1）为新发展环境下的企业经营模式创新发展提供战略支持。

（2）为实现人才强企战略提供人才保障，让企业大学成为企业人才成长的大平台。

（3）为企业大学的科学发展提供一个建设和运行的框架模板，这个框架至少包括企业大学建设与运行的制度体系、标准体系、管理机制和企业人才队伍建设等诸多要素，形成企业大学建设与运行完整的践行体系。

9.2　企业大学的产生与发展

企业大学的发展受到了世界各国企业的高度重视。企业大学为什么会在短时间内发展如此之快的现象，不能不引起人们的关注和思考。尤其是我们国家，当前正处于变革的新时代，企业处于转型和产业结构调整的关键时期，正在由传统企业发展模式向现代企业发展模式转化。在这样重大、重要的变革时代，在现代企业发展模式的运营和发展中，企业大学将会发挥怎样的作用？因此，我们有必要通过对企业大学产生和发展的背景分析，从其产生和发展的规律中，探讨企业大学在现代企业运营中的价值作用。

9.2.1　企业大学是经济转型发展和工业革命的产物

现在我们先不讨论企业大学是什么类型的教育，先把企业大学列入教育范畴，然后我们从教育发生和发展与经济技术发展的关系及规律中，去探讨企业大学产生和发展的真谛，通过本质看现象。

发达国家、发达企业的企业大学的发展，与其国家经济技术发展的大环境有着怎样的关系呢？研究发现，企业大学的迅速发展是国家转型发展过程中，企业发展模式转型和创新的结果。美国等发达国家在 20 世纪 60 年代已经进入经济转型发展的新时代。它们转型的突出特点是，产品模式、技术更新和管理变革同步推进。近几年，大家对德国提出的工业 4.0 即第四次工业革命给予了极大的兴趣和关注。经济技术发展中产生的四次工业革命，都是经济转型发展和技术进步的产物。同时，每次工业革命都加速经济转型和技术更新变化的步伐。

18 世纪中期，随着以蒸汽机为动力的机械业诞生，人们结束了农业经济社会，进入了工业经济社会，产生第一次工业革命。20 世纪初，随着以蒸汽为动力的生产促成第二次工业革命。20 世纪 60 年代末 70 年代初期，随着电子和信息技术的出现，形成了以自动化为生产的第三次工业革命。进入 21 世纪以来，随着信息技术的高水平快速发展，形成了信息技术与传统制造业的物理融合，创造了新的现代制造业，即德国称作的工业 4.0，也称作智能制造的第四次工业革命。研究工业革命的每一次变革，都不难发现，每次变革都伴随着技术、管理、教育培训与人才的跟进与变革。企业大学诞生于 20 世纪 60 年代末至 70 年代初，80 年代至 90 年代达到了发展的高潮期。可见，企业大学的发展与工业革命的推进和进程密切相关，而企业管理变革和人才需求又成为企业大学产生和发展的内在动力。

现在，我们对企业大学发展的分析视角从国外转到国内，探究企业大学发展的根本原因和社会背景。

如果将我国企业大学的发展同国家改革开放的大局联系起来看，可以发现我国企业大学的发展的两个关键节点：

一是改革开放和企业国际化发展的影响。我国 1978 年启动改革开放经济技术发展战略。1998 年，正处于中国改革开放、企业转型发展的攻坚时期，也就是中国加入世界贸易组织（WTO）的前期（中国 2001 年 11 月加入世界贸易组织），为了和国际接轨，我国政府采取多项措施，推进企业现代化和国际化建设，推动企业转型创新发展。恰逢这一时期，中国第一所本土化企业大学春兰集团企业大学诞生。分析发现，国家经济技术发展和企业变革发展的大环境，是企业大学产生和发展的背景，称作企业大学产生和发展的外在推力。我们分析认为：春兰集团企业大学的产生和发展，是我国企业发展模式创新的一个标志，它迈出了我国企业大学建设和发展的第一步，对我国企业大学的发展产生了重要的研究和借鉴价值。

案例　　中国第一所企业大学——海信学院

> 海信集团，是我国青岛企业的明星，成立于1969年，是特大型电子信息产业集团，在中国电子信息百强企业中名列前茅，已形成以数字多媒体技术、现代通信技术和智能信息技术为支撑，涵盖多媒体、家电、通信、智能信息新的产业格局。
>
> 海信集团在全国拥有10个生产基地和38个营销中心，在全球拥有3个海外生产基地和6个海外研发中心，22家海外分公司或办事处，共有员工7万余人。
>
> 随着海信集团的不断发展和拓展，人才发展需求与人才培养能力脱节，成为制约海信集团发展的瓶颈。因此，海信集团决定成立海信学院，于是中国第一家本土企业大学——海信学院于1998年诞生了，海信学院亦称春兰学院。

二是企业在变革发展中的人才需求，是企业大学产生和发展的第一动因。企业的现代化和国际化，只有外在推力是远远不够的，必须有企业的内在动力和实力。外在是变化的条件，内在是变化的根据。美国第一所企业大学和我国第一所企业大学的产生，无论是理论分析，还是实践剖析，都证明企业自身发展需求，是企业大学产生和发展的根本动力。此外，企业发展中的人才需求与变革是企业大学产生的第一动因。由于技术和产品在变革、变化中与人才对接不适，才创造了我国第一所本土化企业大学，并带动了其后的企业大学的创造与发展。经过对我国其他企业大学的分析发现，企业发展中的人才需求仍然是企业大学产生和发展的第一动因或第一因素。至于有人说，企业大学对企业发展而言，具有品牌化效应。研究发现，企业大学对企业发展中的品牌效应，并不是企业大学产生和发展的直接原因，而是在企业大学发展过程中产生的附加效应，或称作附加值。还有人提到，企业大学是企业发展的战略。这种说法听起来很有道理，但无论在理论上，还是在实践上，都违背了企业发展的根本宗旨和企业大学本身的发展规律。因为企业发展客观规律早已告诉人们，经济效益是企业永恒的主题，也是企业发展战略的核心所在。而企业大学是企业经济战略的基础和支柱，是为企业经济战略的实现提供服务的实体部门。分析的结论进一步证实，企业发展需求是企业大学产生和发展的根本动因，也就是说，企业大学只有在服务企业经济效益不断提升的过程中，才能不断发展。这个理论发现的重要意义在于，它为企业大学的功能定位和发展思路提供了理论和实践依据。

案例　◇ 波司登商学院成为波司登品牌发展的支柱 ◇◇

> 波司登集团成立于 1976 年，是我国著名的服装企业集团。该集团发展可分为三个阶段：第一阶段为 1976—1993 年，是企业初创阶段；第二阶段为 1994—2003 年，是企业品牌初创阶段；第三阶段为 2004 年至今，是企业转型发展，由传统企业经营向企业创新经营转化，大力推进品牌建设的阶段。特别是 2012 年初，波司登公司提出了多品牌、四季化和国际化发展战略，并确立了"树百年企业，创百年品牌"的企业发展文化和目标。波司登商学院成为波司登企业品牌发展战略的有力支撑，并取得显著的成效，体现了企业大学促进企业效益不断提升的价值。

9.2.2　企业大学是企业人才成长和培养体系创新的时代产物

研究社会经济发展史发现，从农业经济发展到第一次工业革命，再到今天的第四次工业革命，在几千年的社会经济技术发展过程中，培训伴随着工业革命的发展而发展和变革。就学徒而言，至少经历过古典学徒、传统学徒和现代学徒三个大的阶段。企业的人才培养模式的变革，由企业学徒培训到企业培训中心（就业训练中心），再到现在的企业大学，是企业人才培养体系自我完善的过程和结果。从企业组织结构、产品和技术构成的特性和人才需求的层次性、类型特点来看，企业大学的创建，只是企业自我发展模式的创新和变革，而企业大学的功能不能替代企业学徒培训、技能培训和管理培训的功能。从企业人才成长和培养角度看，企业大学是企业人才培养层次的提升，是将企业的诉求、产品开发同人才培养相融合，是企业实现战略设计、战略发展的更大举措，即人才是根本，人才培养体系是基础。

企业大学的产生和发展体现了企业人才成长和发展的基本规律。如果我们把企业经济技术发展同企业大学发展联系起来，再与社会普通大学对比研究，就会发现：企业人才的使用和培养，企业这个平台是不可取代的，也是最直接有效的，这其中有几个因素值得注意：

（1）普通大学的功能不具有企业个性化服务效能。

普通大学承担着国家科研开发和人才培养的重任。从国家人才战略角度看，这类大学人才培养的特点：一是民族和国家文化的塑造和传承，重在国家和民族的责任精神培育。二是通用能力和核心能力培养，不具有岗位性和企业的个性化。产教结合、工学结合，只是解决学生在学习期间的能力提升的一个节点，是完成学业的一个环节。而且在这个环节中，对于大学生而言，主要是培养学生的基本发展能力，特别是思维能力和解决问

题的能力，具体讲就是形成正确的价值观和发展的思维能力、学习能力。三是人们职业生涯发展的基础能力培养。概括而言，基础性、通用性和发展的专业方向是普通大学的基本功能。这些也正是同职业教育有所区别的根本所在。

（2）企业是员工职业生涯发展的大学校。

企业是员工成长的主阵地、大平台。工作即学习，已经成为人们无可争议的事实。毕结礼同志于 2005 年 1 月 17 日提出的"企业培训中心是企业第一车间"的理念，得到了社会广泛的认可。而这一"车间"，大学是不能取代的，而企业大学则不同。员工的岗位发展和岗位成长，由企业培训中心平台到企业大学平台，对员工个人职业生涯发展而言，拓展了发展的空间，更加有利于员工的综合素质提升和全面发展。企业大学的产生，为员工个人发展的多元化提供了更加科学的成长体系。

（3）企业发展的品牌化和个性化发展需要企业人才的个性化。

从教育培训与企业发展的关系来看，教育培训是企业经济技术发展的基础和支柱，具有服务和引领企业经济技术发展的两大功能，而这两大功能的实现，重在企业员工的能力和人才队伍建设。关于这一点，已形成社会发展的共识。但是，由于企业的组织形式、组织文化和担当的社会责任、任务不同，形成了具有不同个性化的企业。也正是因为这些因素，形成了具有不同活力和发展力的企业，进而出现品牌企业和一般企业的社会分类。经过对企业发展因素的深度分析发现，不同的企业包含着企业不同的人才文化，而人才文化的基础是教育培训的文化、制度和平台体系。一个企业产品的品牌化，只是一种表象，内涵是人才和人才成长机制和体系。如日本丰田汽车公司提出："造人强企"发展战略。通过企业"造人"机制，把潜在的人才转化为企业化的个性化人才。而企业个性化的人才，只有企业自己培养才会使人才的培养和使用更加有效，才能创造个性化的企业，提升企业的创新能力和持续发展能力。

9.3　企业大学产生和发展的价值链分析

企业大学的产生和发展，主要是外在社会经济技术转型发展对企业发展的影响所致，是企业发展的内在需求，而主要动因是人才需求。那么，我们再来分析一下，企业大学的产生和发展，对企业的发展产生了什么样的价值，形成的价值链和附加值是什么，从而发现企业大学生存和发展的价值规律。

当前，企业大学的称谓和功能作用，在理论和实践上都存在分歧。在我国某些企业，甚至将企业培训中心换成企业大学的名字，其内涵没有任何变化，这种对企业大学不负责任的行为和做法，不能不引起某些人对企业大学存在的质疑。他们指出，社会已有那么多大学，还搞什么企业大学，企业培训中心完全可以承担企业培训的功能。因此，回答这个问题，至少要回答企业大学发展过程中的三个现实问题：

一是要搞清楚企业大学存在的不可替代性，企业大学自身特殊的价值作用和价值地位，能否创造不同于企业培训中心和普通大学的价值，推动企业更加科学的发展。

企业大学的不可替代性，主要是企业大学的本质属性决定的，即企业大学首先是企业战略发展的一部分，又为企业的个性化发展提供个性化服务，这一点是大学所不及的。企业大学与企业培训中心相比，是功能的拓展和综合能力的提升，可视为企业培训中心的升级版。企业大学不仅包括员工技能培训，而且将企业员工的各种培训构成体系，为企业发展提供全方位的人才战略服务，而不仅仅是技能培训。这是企业培训中心与企业大学的显著区别。

二是要搞清楚企业大学在企业组织架构中的地位和作用，其功能和工作重心是什么。它同企业组织架构中的相关部门是什么关系，以及在组织运行和组织发展中形成什么样的价值及价值链，从而推动企业大学在组织发展和组织建设中的科学定位，产生更大的有效价值。

从人才强企和人才支撑企业发展战略的视角看，企业大学是企业组织架构中的核心要素，它从企业能力建设的角度发挥其功能作用，在任何时候，企业发展的决定因素是人才，是员工的素质和能力，而企业大学正是企业转型发展中人才需求的产物。

三是要搞清楚企业大学在企业人才队伍建设中，有什么特别的价值作用，优势所在，以及能否构成国家职业教育发展战略中的不可或缺得组成部分，成为国家人才队伍建设的一种模式，列入国家职业教育发展系列。

前面已经多次讲到，企业大学为企业个性化人才提供个性化服务，这是社会公共大学不可取代的，更为重要的是，国家正在实施的以企业为主导的校企合作、工学结合教育发展战略和科技科研创新战略，都与企业大学关系密切。企业大学在国家职业化、专业化和个性化适用型人才队伍建设方面，可以发挥重要的作用。产教融合、工学结合、校企合作人才培养模式，通过企业大的对接，将会使产教融合结合得更加有效。企业大学无论从理论角度看，还是从实践角度看，都应演变成国家培养人才的一种有效模式。

我们从不可替代、组织架构和人才培养模式三个角度分析企业大学存在和发展的价值，发现了企业大学产生和发展的客观性和必要性。企业大学是时代发展的产物，并在服务时代的发展过程中不断壮大，是现代企业发展的一种新的管理模式，是企业人才成长的新平台，具有不可替代性，是推进企业战略性发展的新模式。

9.4 我国企业大学发展的现状与分析

我国企业大学的产生和发展，对促进企业人才强企战略、创新企业发展模式和企业人才成长模式，发挥了重要作用，企业大学发展的实践充分证明了这一点。

为了了解企业大学发展的现状，推进我国企业大学的科学发展和健康成长，我们对企业大学的建设和发展，从发展过程、管理体系、功能定位和内部专业建设等多角度进行了分析，重在发现企业大学发展的经验和问题。

9.4.1 我国企业大学发展的不同阶段

1. 我国企业大学发展阶段

（1）初创阶段（1993年以前）。尽管同时期国外企业大学已初具规模，我国企业培训大多仍停留在培训阶段。直至1993年，摩托罗拉中国区大学成立，让越来越多的企业，特别是大型名企认识到企业大学的重要性，并开始着手构建自己的企业大学。

（2）成长阶段（1993—2008年）。伴随中国经济的快速发展，中国企业逐渐意识到人才培养的重要性。1998年5月，海信集团投资成立中国第一家本土的企业大学海信学院，海尔大学、春兰学院、康佳大学相继成立，标志着中国真正进入企业大学时代。人们似乎找到了能够帮助企业持续发展的工具。尽管有的企业大学已经被后来者所超越，但这些企业大学大部分已经成了中国企业的标杆和典范，他们的探索真正为企业的长远发展找到了一条途径。

（3）发展阶段（2009年至今）。2008年以后，随着互联网经济的快速发展，一大批互联网企业也纷纷建立自己的企业大学。它们更关注企业大学如何支撑企业的快速发展，采用网络学习、移动学习、混合学习等方式。校舍、场地等硬件设施已经不是它们关注的重点，"轻资产"的办学理念为企业大学的概念注入了新的内涵。

2011年7月，以企业大学管理者联盟的成立为标志，国内相继成立了多个企业大学联盟性的民间自发组织。国内优秀的企业大学管理者们在不同的平台上相互交流、沟通、分享、学习。企业大学不仅仅关注本企业的人才培养，而且开始关注跨界的经验和信息。更多的企业大学开始关注企业发展战略和解决企业经营中的问题。企业大学从各自为战的形式向平台型组织靠拢。

2. 我国企业大学发展不同阶段的不同主题

根据企业大学成熟度，可以将企业大学的发展分为四个阶段，分别是培训阶段，聚焦于企业基础业务知识技能的培训；学习阶段，搭建内部学习平台，创建学习型企业；绩效阶段，致力于改进个人、团队、企业绩效，系统设计干预措施；咨询阶段，提炼梳理企业经营智慧，对内对外输出服务管理解决方案。

（1）培训阶段。

培训阶段是企业大学发展的初级阶段。在培训阶段，企业学习与发展系统主要服务于企业业务部门的基本需求，工作内容以技能培训为主，主要通过集中培训等传统的教学手段，帮助企业员工在短期内获得业务知识与技能的提升。

（2）学习阶段。

当企业学习发展体系不断发展，简单的业务培训难以满足企业发展的需求，由点及面，从单一培训到学习氛围的构建，逐渐成为企业对学习发展体系的要求。在学习阶段，关键词已经由"培训"发展为"学习"。顾名思义，培训更聚焦于具体的知识、技能，主要由企业发起，学员被动接受，其过程更多的是学员与讲师的单向连接；而学习则是一个系统工程，员工作为主体，企业提供发展平台，员工之间互动频繁，甚至模糊了学员与讲师的严格划分，真正成为"学习型组织"。

（3）绩效阶段。

在学习阶段，企业学习发展体系仍将注意力主要集中于对"人"的培养，更多体现为对人力资本的投入。而随着体系的不断发展，企业学习体系本身逐渐突破辅助性的资本投入，而发展成为能够帮助企业创造价值的学习资本，其聚焦点直指企业绩效提升。在绩效阶段，企业学习发展体系目标在于帮助企业提升绩效，通过运用科学、体系化的绩效改进工具方法，遵循识别绩效问题、分析绩效差距、设计干预措施、实施绩效改进、评估改进效果的工作逻辑。其干预手段也不再集中于培训、学习等方式，而是引入技能培养、流程梳理、知识沉淀等多种方法。

（4）咨询阶段。

经过前三个发展阶段的积累，企业学习发展体系已经逐步整合企业内部的集体智慧，并可相对系统化地解决企业内部具体绩效问题，已具备开展咨询的基本条件。进入咨询阶段后，企业学习发展体系可以通过企业内部智慧的沉淀，总结提炼相关行业的发展规范，并在企业内外部开展有偿的咨询服务，从成本中心转变为利润中心，可以为企业创造直接的经济价值。

9.4.2　企业大学在企业组织构架中的定位与管理体系分析

企业大学在企业组织构架中的定位与管理机制体系等，对企业大学的发展有着极其重要的作用，它不仅体现出企业的管理文化、决策者的领导风格，还决定着企业大学的发展方向、发展目标及其服务企业发展的效果等，这在我国企业培训中心的发展历程中，有着深刻的教训。可以用一句话概括我国企业培训中心发展的现象："凡是发展好的企业，企业培训工作也非常不错；凡是经营差的企业，几乎不重视企业培训"。而这种现象，与其企业领导和机制关系密切。

当前，我国企业大学的组织构架和管理机制体制主要有以下几种类型。

1. 企业大学校长的选择与定位

企业大学校长的选择与岗位职责定位，是企业的个性化选择，没有统一的规范和规则，从当前看，大学校长的组织定位与岗位职责有这三种类型：

（1）企业一把手直接担任企业大学校长，由一名企业副手担当常务副校长，负责企业大学的全部工作，另有一名专职副校长负责企业大学的日常工作。

（2）由企业副职担当企业大学校长，另外选择一名专职副校长，负责企业大学的日常工作。

（3）由企业大学设专职校长，由企业领导分管企业大学工作，有正职分管，也有副职分管。

2. 企业大学在企业组织管理中的定位

企业大学是企业组织发展和组织管理中的组成部分，关于这一点，没有任何分歧。但在实际运行管理中，又有着某些不同。这些不同，主要体现在两个方面：一是企业大学的功能定位；二是校长的选择与定位。由于这个主要因素，形成了企业大学管理运作的不同类型。

（1）企业战略发展管理型。
（2）企业人才发展管理型。
（3）企业品牌化管理型。
（4）企业管理中相对独立的机构。
（5）企业人力资源下属的实体机构。
（6）其他类型。

3. 优势与问题分析

由于企业大学校长的定位和管理类型不同，形成了企业大学在企业组织建设和组织发展中的个性化风格、特点，从中也发现某些亟需研究的问题。

（1）不同角色校长的利弊分析。
（2）不同管理类型的利弊分析。

9.4.3　企业大学内部管理与管理制度

企业大学内部管理制度，即内部组织架构与运行机制及其部门职能职责定位。

1. 企业大学的总体任务目标定位

企业大学是在经济转型和企业变革发展中诞生的，是企业发展模式的变革与创新，可以说是企业发展造就了企业大学。

案例   ⌒○ 海信学院的目标定位 ○⌒

为全集团在内部培训、管理研究、对外交流和管理推动提供服务。具体是：

——负责实施集团的高层管理培训；

——负责实施中层管理人员和基层专业管理人员培训；

——应集团或成员企业要求开展专项培训；

——对成员企业和集团各部门制定的培训工作提供支持、指导和管理；

——根据各公司制定的培训计划进行评估监督；

——研究集团、成员企业发展中的问题；

——开展企业诊断和管理咨询工作；

——开展与国内外大学的交流工作。

经过对企业大学60年发展和典型案例的分析可以看出，虽然对企业大学的主要任务和目标定位存在分歧，但基本任务和目标定位是一致的，即企业大学是企业人才培养和企业培训事业的支撑和平台。例如：

——长虹企业大学：人才培养是企业大学的根本；

——GE管理学院：管理人员培训，领导力培训，让新员工融入GE文化培训，帮助员工在日常工作中提高效率和各种职业技能培训；

——惠普大学：领导力培训，个性化的专业培训；

——麦当劳汉堡大学：为员工提供系统的餐厅运营管理及领导力发展培训，包括餐厅经理和企业员工两大类培训课程；

——宝洁大学：实施针对新入职的技术人员岗前培训和在岗技术人员的岗位提升培训；

——华为大学：新员工培训、在职员工培训和管理者培训；

——腾讯学院：干部培训、职业培训、新人培训；

——华润大学：领导力培训、职能专业培训、行业专业培训；

——招银大学：领导力提升培训、专业能力提升培训和新员工培训。

从上述对国内外企业大学功能和目标定位的高度概括中可以看出，企业大学的根本宗旨、功能和目标，是建立在企业人才培养基础上的企业发展能力建设。虽然有些企业大学提出了企业战略发展目标、知识管理和研发等功能，但都没有脱离企业人才及其企业能力建设的主题，而且在目标定位上，与社会大学有明显的差别。

　　2. 企业大学的组织架构与职能定位

　　企业大学是企业组织架构中相对独立的实体机构，虽然管理思路和运行模式不同，但基本上都是按照实体运作的模式构建了相应的管理体系、设立了相应的职能管理部门。经过对多家企业大学内部机构及其职能部门现状的分析，不难发现企业大学在管理体系建设和职能部门设置上存在以下共同点：

　　（1）实施院长或常务院长责任制，由副院长分工管理。

　　（2）设立院校综合管理部门和教育培训专业机构，分别实施院校综合管理和教育培训专业管理。

　　（3）在组织机构建设上，某些按照院系模式设置，某些则按照专业部门模式设置，虽然两种设置差别很大，但都是把有利于人才建设和教育培训开展作为根本依据。

华为大学组织架构

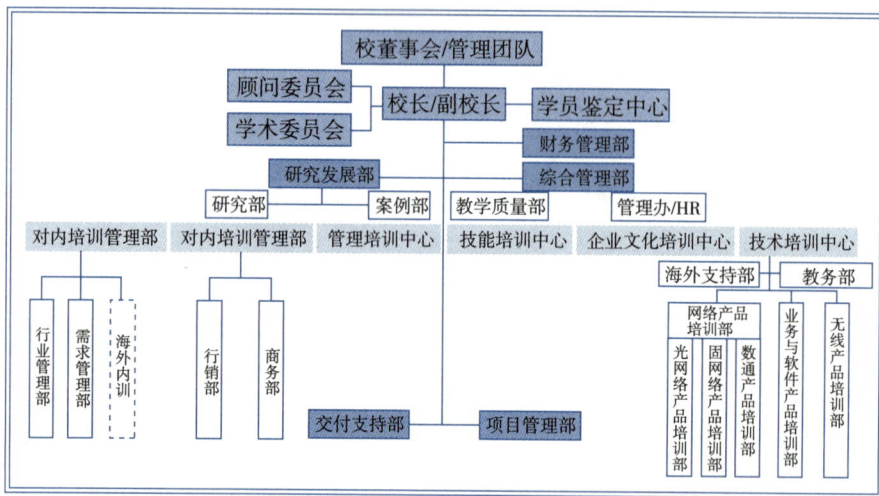

```
                        校董事会/管理团队
        顾问委员会          校长/副校长          学员鉴定中心
        学术委员会                              财务管理部
                   研究发展部              综合管理部
        研究部          案例部    教学质量部        管理办/HR
  对内培训管理部  对内培训管理部  管理培训中心  技能培训中心  企业文化培训中心  技术培训中心
                                                        海外支持部    教务部
  行业管理部  需求管理部  海外内训   行销部  商务部
                                                    网络产品培训部  业务与软件产品培训部  无线产品培训部
                                                    光网络产品培训部  固网络产品培训部  数通产品培训部
                        交付支持部        项目管理部
```

华为大学培养体系

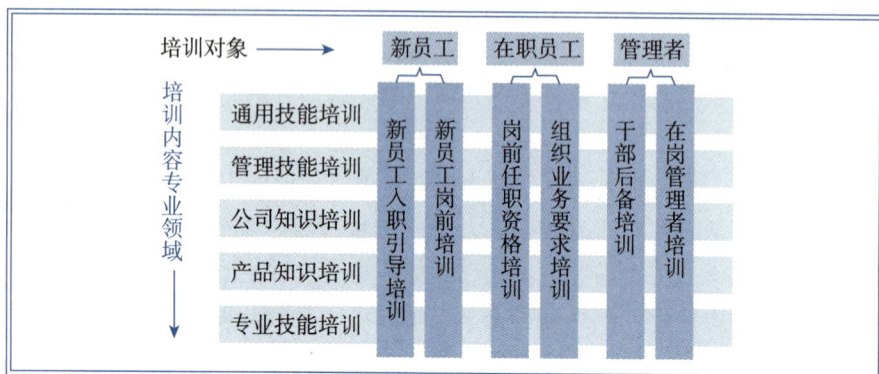

培训对象 →	新员工		在职员工		管理者	
通用技能培训	新员工入职引导培训	新员工岗前培训	岗前任职资格培训	组织业务要求培训	干部后备培训	在岗管理者培训
管理技能培训						
公司知识培训						
产品知识培训						
专业技能培训						

培训内容专业领域 ↓

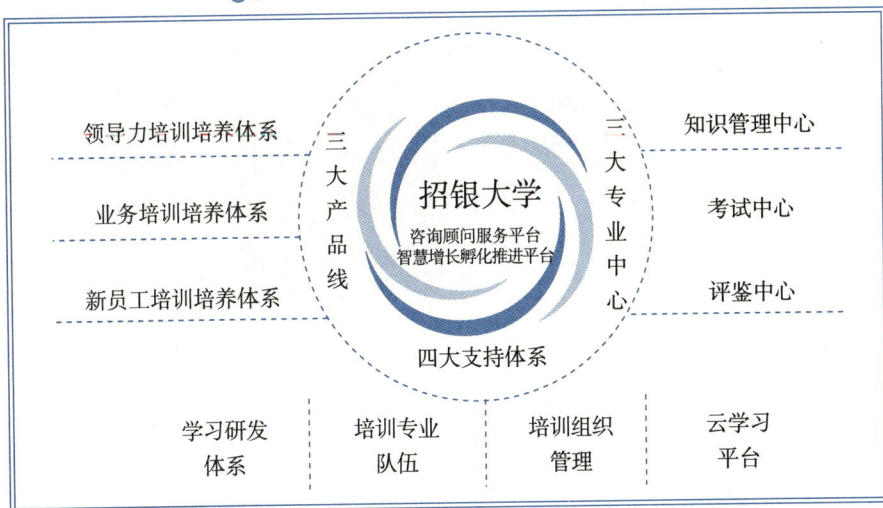
招银大学教育培养体系

领导力培训培养体系

业务培训培养体系

新员工培训培养体系

三大产品线

招银大学
咨询顾问服务平台
智慧增长孵化推进平台

四大支持体系

三大专业中心

知识管理中心

考试中心

评鉴中心

学习研发体系　　培训专业队伍　　培训组织管理　　云学习平台

3. 企业大学内部组织架构的不同类型

（1）职能式。

这是比较常见的组织架构，按照企业大学所涉及的基本职能来进行组织架构设计，通常情况下设有培训服务部、课程开发部、教学管理部、综合办公室、财务部等，再根据每个部门的具体职能设置二级岗位。以中兴通讯学院为例，采用的就是职能式的管理结构，安排专职人员负责前端市场开发、培训实施、技术支持、文档开发等工作。

（2）项目式。

项目式是按照培训内容划分为若干培训项目，如新员工培训项目、管理人员培训项目、客户培训项目类等，每个项目由专门的人员负责完成，如教学人员、课程开发人员、培训管理人员等。除若干项目组外，还需设置专门的职能管理部门对整个企业大学的日常工作进行管理，如综合办公室、财务部等。

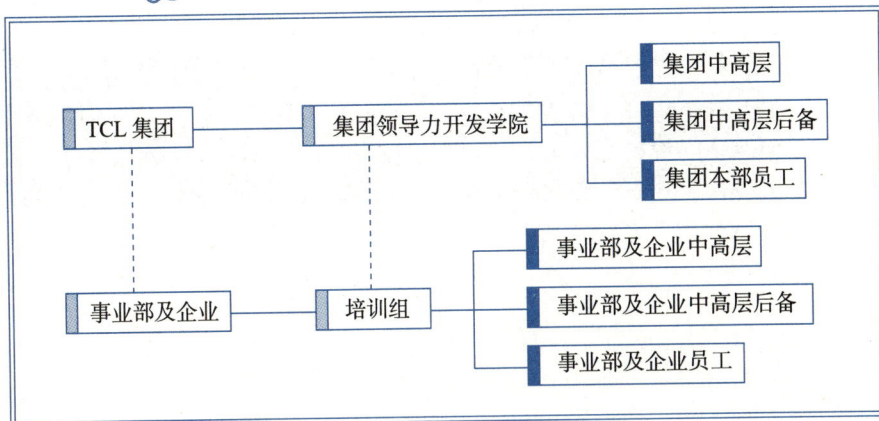
TCL 集团领导力开发学院组织架构

TCL 集团 —— 集团领导力开发学院 —— 集团中高层／集团中高层后备／集团本部员工

事业部及企业 —— 培训组 —— 事业部及企业中高层／事业部及企业中高层后备／事业部及企业员工

奥康大学组织架构

领导力学院	教务管理部 学员管理部 课程研究部 人事行政部	连锁专卖学院
市场营销学院		生产技术学院

4. 关于课程及课程体系建设

在企业大学研究的过程中，发现企业大学的课程及其课程体系建设，比较系统化和体系化，这是企业大学较为明显的特征。其课程体系一般包括三大模块，即领导力提升、岗位专业能力和新员工培训。不仅如此，某些企业大学还设有课程研究开发的专门机构，有很强的专家团队。课程开发的方法和路径，以企业为主，借鉴借力发展为辅。

华润大学人才发展体系

类型	重点学习项目	经典课程
领导力	各专业学院的领导力项目（万家学院：组织发展班；雪花啤酒学院：高层领导力、中层胜任力项目；电力学院：卓越大区总经理项目；健康学院：润药飞翔；金融学院：60/70/80/90班等）	MGL
职能 专业培训	集团各部室主导的只能专业培训项目（财务70班、高级审计人才培训班、战略领导力班、人力资源TOP培训班等）	组织能力的"杨三角"
行业 专业培训	各专业学院的行业培训项目（万家学院：店长培训班；雪花啤酒学院：营销、生产系列技术培训；电力学院：运营、建设、班组长培训；置地学院：工程、物管、设计、商业地产系列培训；水泥学院：P+S系列专业和技术培训；燃气学院：运营、安全输配、营销系列小3C培训；健康学院：任职资格及专业胜任能力培训；金融学院：产融结合班、转世系列专业培训等）	行动学习方法 六顶思考帽 催化师培训 TTT

"华润之道"卓越经理人培训项目
华润大学"未来之星"新员工训练营
华润大学案例开发平台
华润大学I-learning平台

腾讯学院培训体系

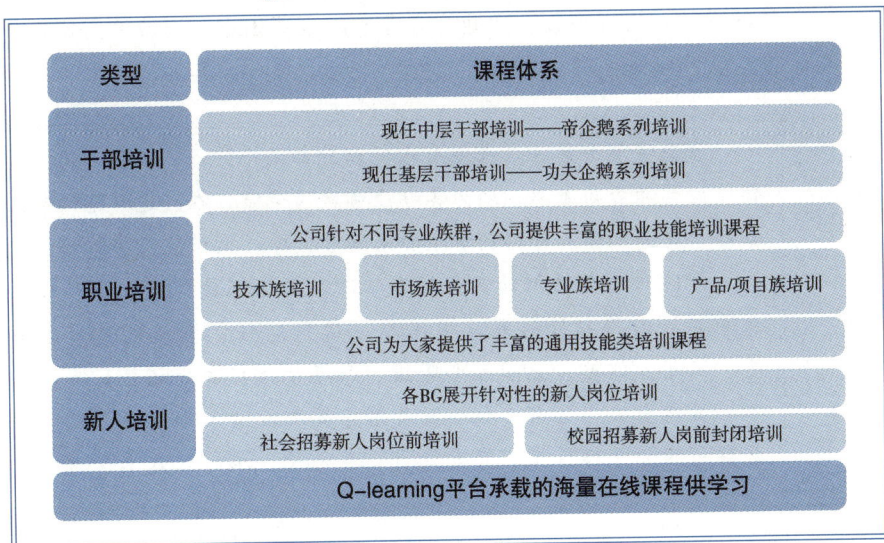

类型	课程体系			
干部培训	现任中层干部培训——帝企鹅系列培训			
	现任基层干部培训——功夫企鹅系列培训			
职业培训	公司针对不同专业族群，公司提供丰富的职业技能培训课程			
	技术族培训	市场族培训	专业族培训	产品/项目族培训
	公司为大家提供了丰富的通用技能类培训课程			
新人培训	各BG展开针对性的新人岗位培训			
	社会招募新人岗位前培训		校园招募新人岗前封闭培训	
Q-learning平台承载的海量在线课程供学习				

百度学院各级员工培养体系

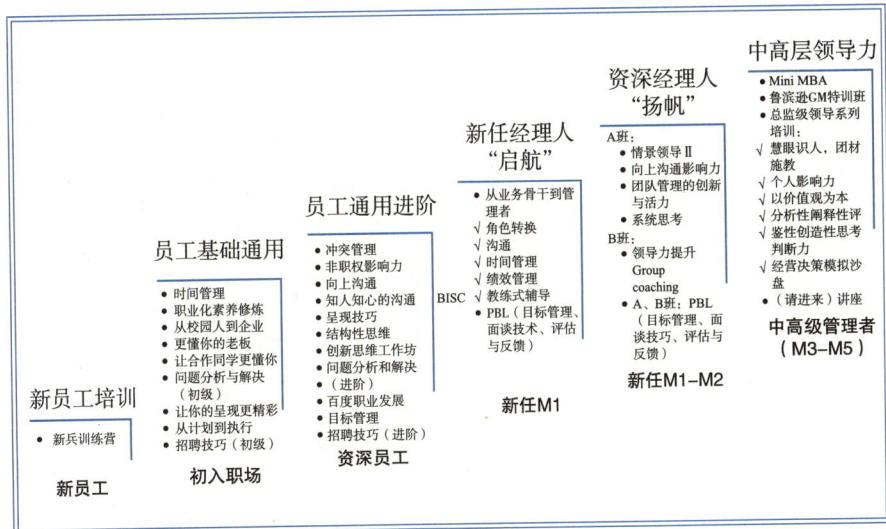

中高层领导力
- Mini MBA
- 鲁滨逊GM特训班
- 总监级领导系列培训：
 √ 慧眼识人，团材施教
 √ 个人影响力
 √ 以价值观为本
 √ 分析性阐释性评
 √ 鉴性创造性思考判断力
 √ 经营决策模拟沙盘
- （请进来）讲座

资深经理人"扬帆"
A班：
- 情景领导Ⅱ
- 向上沟通影响力
- 团队管理的创新与活力
- 系统思考

B班：
- 领导力提升Group coaching
- A、B班：PBL（目标管理、面谈技巧、评估与反馈）

新任M1-M2

中高级管理者（M3-M5）

新任经理人"启航"
- 从业务骨干到管理者
 √ 角色转换
 √ 沟通
 √ 时间管理
 √ 绩效管理
 √ 教练式辅导
 BISC
- PBL（目标管理、面谈技术、评估与反馈）

新任M1

员工通用进阶
- 冲突管理
- 非职权影响力
- 向上沟通
- 知人知心的沟通
- 呈现技巧
- 结构性思维
- 创新思维工作坊
- 问题分析和解决（进阶）
- 百度职业发展
- 目标管理
- 招聘技巧（进阶）

资深员工

员工基础通用
- 时间管理
- 职业化素养修炼
- 从校园人到企业
- 更懂你的老板
- 让合作同学更懂你
- 问题分析与解决（初级）
- 让你的呈现更精彩
- 从计划到执行

初入职场

新员工培训
- 新兵训练营

新员工

5. 关于师资队伍建设

　　师资队伍建设及其师资队伍水平，是企业大学建设和发展的主体、支柱和核心要素。在研究企业大学发展的过程中可以发现，优秀的企业大学与传统的企业培训中心相比，更加重视师资能力提升和师资队伍建设，尤其是重视从企业内部发现、培养和使用师资，并建立相应的教师选拔和培养机制。企业师资队伍来源，大体是外部引进和内部培养，包括内聘、外聘、专兼职等，即使是外部引进的，也要结合企业大学自身的特点进行再培养。从企业大学师资队伍的现状看，企业大学对师资队伍建设的机制更加灵活，有一定的自主权。企业大学选择和培养师资队伍最大的特点，是能够与其企业产业的发展相吻合，把领域内、专业内的专家培养成企业大学的教师，可以更加有效地为企业发展培养出适应岗位的人才。

案例　　○○ 青岛啤酒管理学院师资队伍建设 ○○

青岛啤酒公司师资来源有内部和外部两个方面，以内部为主、外部为辅。内部师资为兼职，均为各专业领域的专家，在经过严格的教师资格认证后，持证上岗。外部师资主要来源于大学、商学院及咨询培训机构。

学院对内部培训师实行动态管理，根据课件开发积分和授课积分建立兼职培训师积分台账，根据积分进行聘任，由低到高分为一星、二星、三星、四星、五星五个等级，每年度根据积分调整星级。

目前全公司已有 1 100 余名优秀员工被纳入师资库，从董事长、总裁到一线骨干操作工，只要你有一技之长，都可以走上管理学院的讲台一展风采。

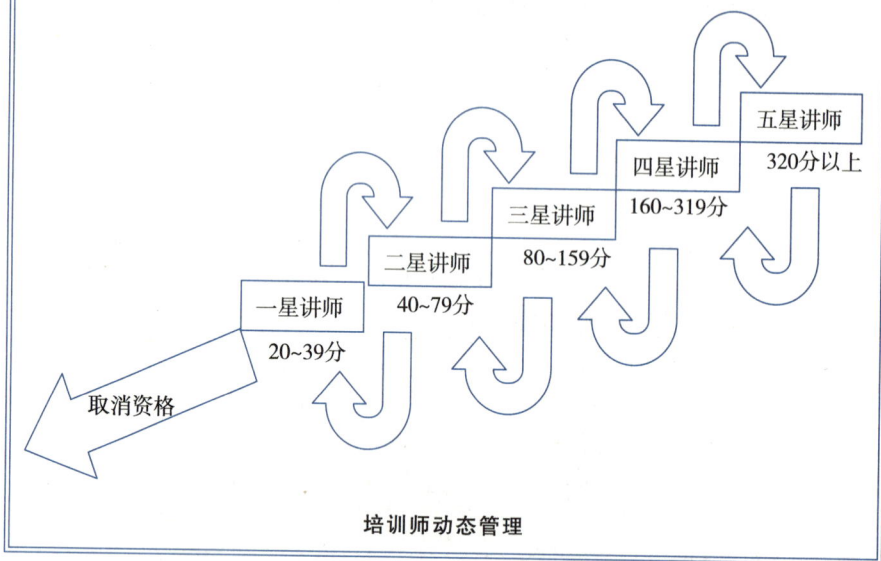

培训师动态管理

6. 关于企业内部管理制度与管理机制

企业大学的内部管理制度和管理机制，由于其管理文化和决策者的指导思想不同，形成了企业大学内部管理制度和管理机制上的差异性，如有的企业大学实施董事会制度，有的企业大学则实施校长办公会制度。有的按照人才类型和层次设立管理职能部门，有的按专业设立专业院系。然而经过分析发现，比较成熟和较为优秀的企业大学，都紧紧抓住企业人才发展目标开展培训，制定的制度和管理机制基本一致，概括起来包括以下几类：

（1）教职员工管理制度与相应的运作机制；

（2）课程开发与课程体系建设制度与相应运作机制；

(3) 教育培训管理制度与相应运作机制；

(4) 标准制定及教学评估制度与相应运作机制；

(5) 经营管理制度与相应运作机制。

7. 企业大学的评价与标准建设

常用的企业大学评价标准有美国 CUX 评价标准、IQPC 评价标准、上海交大海外学院企业大学成熟度模型（CUMMTM）、企业大学 3O 评估模型、全球企业大学评价标准等。前四个我们已在第 6 章中进行了详细介绍。

《全球企业大学评价标准》由亚洲企业大学联合会、科技部中国生产力促进中心协会、清华大学继续教育学院联合发布，旨在填补全球尚无统一企业大学评价标准的空白，联合 17 个国家近 50 位企业大学专家联合制定，评价体系如下：

(1) 企业大学建成：理解企业大学组织及其情景、相关方需求和期望、管理体系范围、构建管理体系；

(2) 企业大学运营：企业业务部门职责、企业大学职责、企业大学相关方、企业大学胜任力保证、企业大学运营系统、学习空间管理、企业大学的关键交付成果；

(3) 企业大学绩效：企业业务和企业大学绩效评估；

(4) 企业大学可持续性：可持续、安全的学习环境。

不同于其他评价体系，《全球企业大学评价标准》结果直接应用于企业内部学习组织发展阶段界定与运营状况评分，发展阶段由低向高包含：培训部、学习中心、企业学习中心、企业学习学院、企业大学，每个发展阶段运营状况又由低到高以 1～10 分评价。

《全球企业大学评价标准》主要特点有：

(1) 首套全球专家联合制定的企业大学评价标准；

(2) 基于 ISO9001：2015 质量管理体系构建，进行企业大学评价与评级工作，系统性与指标完整性较强；

(3) 客观测评企业大学所处的发展阶段与建设运营水平；

(4) 评价体系涵盖企业大学从组建、运营、持续发展各环节，力求全面客观；

(5) 测评工具专业性强，企业具体评价指标应用需要经过培训，测评成本相对较高。

9.4.4　当前我国企业大学发展中的主要问题

从我国 1998 年诞生本土化的企业大学，不足 20 年的发展时间里，企业大学在促进企业人才成长，企业管理模式变革和促进人才强企战略等诸多方面，均发挥了重要作用，成就是显而易见的。但是，也有某些问题值得研究。

1. 从国家层面或说宏观层面上看存在的主要问题

（1）企业大学的发展没有引起国家政府部门的重视，或者说没有引起高度重视。目前，国家没有出台任何指导、规范、支持企业大学发展的政策性文件，在一些综合性文件中，也没有提及企业大学发展的内容。

（2）企业大学发展的理论研究非常欠缺，政府主导的研究和企业大学发展的理论体系处于空白点。社会上虽然有些研究，但研究的深度、高度和广度都十分有限，还不能够成为企业大学发展的理论体系，很难支撑企业大学的科学发展。

（3）国家的产教发展战略还没有形成，人才强企的人才成长制度或机制尚处于空白。因此，企业大学的发展在国家人才队伍发展中的定位还没有提上日程，这是制约企业大学发展的根本因素，也是前两个问题的根源所在。

2. 在执行层面或者说微观层面上看存在的主要问题

（1）对企业大学的认识还不够清晰。对企业大学的概念、内涵、目标和功能定位等界定，存在简单化和复杂化的两种分歧。企业大学的基本特征表述不清晰，没有弄清楚企业大学和企业培训中心两者之间的关系，以及与普通大学的区别，因此，在执行层面上很难发挥企业大学应有的作用。

（2）存在为了企业大学而建起大学的倾向。有的企业大学就是将原来的企业培训中心挂上企业大学的牌子，其内在因素没有任何变化。这种现象对企业大学的发展会产生不利影响。

（3）企业大学自身的能力建设和科学管理水平亟需提高。企业大学是伴随着经济技术发展，由企业自己创建的，具有很强的企业特色和企业发展的自主性。基于企业的特色和自主性，形成了企业大学不同的命运。企业大学的建设和发展与企业领导者文化品质关系密切，企业大学的能力建设如何引起领导的持续关注和支持，是企业大学发展的关键，核心要素是企业大学如何为企业战略发展提供支撑。关于这一点，企业大学的自身能力有所欠缺。

（4）存在企业大学转普通大学模式的倾向。走学历化的办学路子，成为企业的经济部门，严格说来，这种企业大学已经不具有企业大学的性质。

9.5 国外企业大学发展的实践分析

9.5.1 国外企业大学发展现状

1. 国外企业大学发展阶段

纵观国外企业大学的发展历程，从 20 世纪 20 年早期至今，大致经历了以下三个阶段。

第一阶段（20 世纪 20 年代早期）。通用电气查尔斯·斯坦因梅茨博士早在 1914 年就提倡建立企业学校。1927 年，通用汽车创办了通用汽车设计和管理学院（GMI），试图将培训和学习带到工作中来，对美国的"在职学习运动"做出了很大的贡献。这一阶段的培训对象包括企业的全体员工，学院以企业内部培训机构身份出现，几乎不与外界有任何的合作关系。

第二阶段（20 年代后期至 80 年代中期）。随着时代的变迁，企业开始尝试与传统大学合作，共同教育自己的员工，培训与发展的对象扩大到整个价值链的成员，传统的培训体制也发生改变。这一时期，企业大学这一术语逐渐被人们接受。1956 年，全球第一所企业大学——通用电气公司克劳顿管理学院正式成立，标志着真正意义上的企业大学的诞生。

第三阶段（20 世纪 80 年代中后期至今）。企业创建学习型组织的实践风靡全球，企业大学在企业结构中发挥重要作用，为企业战略发展服务，其教育对象包括了整个价值链成员。

在第三阶段企业大学的建立进入高速发展期，以美国为例，从 1988 年到 1998 年短短十年间，企业大学数量由 400 家猛增到 1 600 家，到了 2010 年达到 3 700 家。

2. 国外优秀企业大学经典案例

（1）GE 管理学院。

GE 于 1892 年创立于美国，员工约 35 万人，主营器材、航空、商业等业务，是世界上提供技术和服务业务最大的跨国公司。GE 管理学院（克劳顿学院）创立于 1956 年，是 GE 高级管理人员的培训中心，直属 GE 总裁管理。GE 所有的业务集团都有自己的专职培训人员，管理学院侧重在跨业务领域，除了最重要的领导力培训外，还包括让每位新员工尽快融入 GE 文化的入职培训；帮助员工在日常工作中提高效率的各种职业技能培训，以及为不同客户提供的系列培训项目。GE 管理学院课程分为三类：

1）专业知识类，如财务、人事管理、信息技术等。

2）针对员工职业生涯某一发展阶段而设计的课程，如新经理发展课程、高级经理课程、高层管理人员发展课程等。这是 GE 最有特色的领导力开发体系课程。

3）为推广全公司范围的举措而设置的课程，如六西格玛培训、变革加速进程等。

（2）惠普大学。

惠普（HP）是世界最大的信息科技（IT）公司之一，成立于 1939 年，员工约 32 万人，下设三大业务集团：信息产品集团、打印及成像系统集团和企业计算及专业服务集团。惠普大学设有 9 个学院，包括 1 个领导力学院，8 个专业学院，自 1995 年创建至今，伴随外部市场变化、企业经营重点等持续调整培训重点与培训平台。

（3）麦当劳汉堡大学。

麦当劳是全球最大的连锁快餐企业，1940 年创立于美国，全球员工接近 44 万人。麦当劳汉堡大学（Hamburger University）是麦当劳的全球培训发展中心，1961 年成立，旨在为员工提供系统的餐厅营运管理及领导力发展培训，确保麦当劳在运营管理、服务管理、产品质量及清洁度方面坚守统一标准。

在培训方面，汉堡大学为企业培训和发展一批具有极高忠诚度的优秀人才，以贯彻执行麦当劳的核心价值——"质量、服务、清洁和物超所值（QSC&V）"。汉堡大学每年为超过 7 500 名麦当劳餐厅持有者、餐厅经理和企业员工提供专业课程培训以及学习活动。

汉堡大学提供两种课程的培训：一种是基本操作讲座课程（BOC），目的是教育学员制作产品的方法、生产及质量管理、营销管理、作业与资料管理和利润管理等；另一种是高级操作讲习课程（AOC），主要用于培训高层管理人员，其内容包括 QSC&V 的研究、提高利润的方式、房地产、法律、财务分析和人际关系等。

（4）宝洁大学。

宝洁公司成立于 1837 年，分公司遍布全球 70 个国家，是世界上最大的日用消费品公司之一，主营美容美发、家居护理、家庭健康用品、健康护理等。宝洁大学由全球总部的 GM 学院、全球总部职能部门的职能学院、各大区的宝洁学院和大区的职能学院共同构成。宝洁在全球每个大区都有一所宝洁学院，每个大区中的职能部门都有自己的职能大学。

总部 GM 学院：作为宝洁的总经理学院，其培训对象是各国总经理级及拟提升为总经理的员工，为其授课的大多是宝洁总部的总裁级高管。

总部职能学院：主要担任高级专业人员的技术和专业培训，由全球总部的职能部门组织实施。各大区职能部门的 PE（工艺工程）学院主要针对新入职的技术人员，对于已经工作了 7~8 年的技术人员，则由 TE（高级工程）学院负责更有创造性的提升培训。

大区职能学院：与宝洁学院不同，职能学院则是高度灵活的非正式组织，大部分人员都是兼职，而且学院的名称每年都可能发生变化。

（5）西门子管理学院与领导力中心。

西门子股份有限公司创立于 1847 年，是全球电子电器工程领域的领先企业，业务范围涵盖发电机运输的智能电网、智能电器、医学影像与体外就医等，分支机构遍布全球 200 多国家地区，全球员工 34 万余名。西门子公司奉行"人的能力是可以通过教育和不断的培训而提高的"，它坚持由公司自己来培训和造就人才。西门子管理学院与西门子领导力中心在公司层面负责全球员工学习，其中：西门子管理学院在各分公司所在地设立，为员工和管理者提供所在地的学习机会，定制培训项目与服务，解决组织问题；为某一领域员工提供系统体系性的发展，如销售、项目管理、采购等；西门子领导力中心位于德国总部，帮助组织最高层级领导者应对未来的职责。

3. 国外企业大学政策支持

通过文献查阅、网络信息检索、国外企业大学业内人士访谈、调研，并未发现国外现有直接支持企业大学发展的相关政策，但企业大学会得到教育经费与专业机构等宏观支持。

一方面是教育经费支持，英、美、日等发达国家政府鼓励企业兴办成人教育事业、职工继续参加教育。英国政府曾经规定，岗位培训费用由政府和所在企业共同承担。据统计，美国每年对成人教育和培训的费用约600亿美元，相当于高等院校的经费。日本政府重视职工教育投资，增强本国员工竞争力。20世纪70年代中期，日本企业内部职工教育投资已超同期各类教育经费之和。

另一方面是专业机构支持，国外已发展了一批为企业大学提供专业支持与指导的研究中心、协会组织等。如总部在美国的创新领导力中心（Creative Leadership Center），成立于1970年，提供领导力教育、研究以及咨询的非营利性专业机构，因其研究专业性，被誉为领导力发展与研究领域的"黄金标准"。此外还有人才发展协会（ATD）、国际绩效改进协会（ISPI）等众多行业协会，为企业大学提供相互交流、共同发展的平台，并以行业规范、行业研究等推动企业大学发展。

4. 国外企业大学发展的启示

发达国家企业大学有60多年的发展史，而我国企业大学的发展还不到20年，与发达国家的企业大学在发展时间上不仅晚了40年，在理论体系研究和建设上，乃至在行为设计和运行能力上，都存在一定的差距。通过对国外企业大学的研究发现，美国、英国、日本等国家，已经将企业大学作为企业发展的重要模式，不仅在经营上给予支持，还设立了专门的研究机构、社会组织，为企业大学的发展提供支持，推动企业大学的发展。在企业大学内部，它们的制度体系、运行机制也比较健全，已经成为企业发展的人才战略保障。在我国企业大学发展的近20年过程中，也取得了不少成就，特别是企业大学成立的规模不断扩大，企业建立企业大学的热情比较高涨。从中可以看出，企业大学的发展是企业国际化水平的必然产物，是企业转型发展的支柱，"中国2025工业发展战略"和企业的国际化、现代化，都亟需我国企业大学的发展。深层次的研究还发现，企业大学的发展还有两个重要需求：

（1）企业创新发展和企业人才个性化发展需求；

（2）产教融合培养企业本土化人才，企业学习团队建设的需求。

无论从国家强企战略来看，还是从企业自身发展来看，都必须对我国企业大学的发展进行研究，从理论和实践两个角度，提出企业大学发展的理论框架，建立我国企业大学发展的理论体系，在理论研究的基础上，从国家的角度提出支持企业大学发展的规范和制度，推进企业大学的持续科学发展，使其成为我国人才战略，特别是企业人才培养和成长的重要模式，成为国家人才战略和人才成长的制度框架内的不可替代的组成部分。基于这种思想和思路，人力资源和社会保障部企业大学课题组提出企业大学建设和发展的理论框架和政策建议。

9.6 我国企业大学发展的理论框架

在对国内外企业大学发展实践进行分析的基础上，我们提出推进我国企业大学发展的理论框架，拟在建立我国企业大学建设和发展的理论体系，推动企业大学的科学发展和规范发展。

9.6.1 企业大学的概念与内涵

企业大学是什么，有哪些要素构成，这是企业大学科学建设和科学管理的最基本的理论问题。应当说，当前对企业大学的概念和内涵界定还不是很清晰，目前主要的说法有：

（1）企业大学是企业文化传承的场所，即企业文化之说；

（2）企业大学是企业战略发展部门，即企业战略之说；

（3）企业大学是企业绩效改进的工具，即企业绩效之说；

（4）企业大学是知识管理的平台，即企业知识之说；

（5）企业大学是企业人才培养的平台，即企业人才之说。

由于大家对企业大学的概念说法不一，因此对企业大学的构成因素也存在争议，有些人把企业大学的功能当作企业大学的内涵。我们认为，这些说法不能说是错误的，各种说法都有一定的依据和道理，但都不够全面，没有抓住企业大学的本质属性，即"企业大学"一词中大学前加上企业两字的变化，也就是企业大学"姓企"的这一根本属性所在。"企业"二字规范了企业大学的本质属性，规定了它与社会普通大学的不同性质。至于大学，大家对它并不陌生，是人才成长的平台。据此，对企业大学的概念和内涵进行如下的概括和描述：

企业大学是由企业自主并根据企业自身发展的战略需求建立的以企业人才培养为主导的企业组织架构中的构成元素，是企业人才培养和成长的平台，是企业人才强企战略的支柱。

　　企业大学的内涵是由组织管理要素和业务功能要素两部分构成的。包括企业大学的决策与运行制度及机制，以及与人才培养相关的教学过程要求和教学技术要素，由教学管理人员、教学专业人员和学员三位一体承载企业大学的运作。

　　企业大学潜在的内涵是形成企业持续发展和科学发展动力的发动机、充电器。

9.6.2　企业大学的功能定位与作用

　　企业大学在企业的发展中究竟发挥什么作用，担当什么职责，了解这一点，对企业大学的科学发展非常重要。但在对企业大学的现状分析中，大家对企业大学的功能定位在说法上差异性很大，可在具体的做法中又十分一致，即人才培养。这是企业大学最为直接的功能和作用，也是企业大学生存在和发展的最为重要、最为直接的价值。据此，我们对企业大学的功能定位和作用，进行如下描述和概括。

1. 企业大学的功能定位与直接作用

　　企业大学以倡导和推动企业学习为宗旨、人才培养为己任的重要职责，人才培养是企业大学的基本功能，在人才强企战略的实施中，发挥着重要的不可替代的作用。企业大学的知识库建设、信息化建设和研究开发工作，是人才及人才队伍建设的支柱，是为人才培养助力的，而不是脱离企业人才培养主体功能的其他行为。

2. 企业大学的功能定位与间接作用

　　教育培训、企业人才队伍建设和企业能力建设，是企业大学的基本功能或者说是主要职能，但它更大的作用是人才队伍建设的附加值，我们称之为企业大学的间接功能，具体体现为：

　　（1）以人才队伍建设和人才素质能力提升为支柱，支持企业战略形成及其战略的落地；

　　（2）以人才队伍建设和人才素质能力提升为支柱，支持企业文化建设及其文化建设落地；

　　（3）以人才队伍建设和人才素质能力提升为支柱，支持企业品牌建设及其品牌建设落地；

　　（4）以人才队伍建设和人才素质能力提升为支柱，支持企业潜在能力的开发及其潜在能力转化为岗位能力；

　　（5）以人才队伍建设和人才素质能力提升为支柱，支持企业创新发展及其创新能力不断提升。

　　实践证明，企业的经营和发展，实际上就是企业人才的经营和发展，是企业人才的发展带动企业产品和服务质量的提升。人永远是发展的第一要素，因此，人才强企战略的基础是教育培训，企业大学是通过人才建设

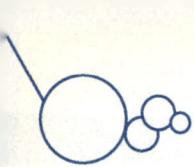

为企业发展提供有效服务的平台，创造人才的附加值，即现在所倡导的人才红利。

9.6.3　企业大学的发展目标和基本职责任务

企业大学做什么，基本目标和基本职责任务是什么，关于这一点，在概念和内涵、功能定位和作用中有所涉及，但只是概括性的描述。因此，企业大学的建设和发展必须将其详细的目标、具体的职责任务描述清楚。我们在研究企业大学发展的现状中发现，某些企业大学将企业人才培养的条件当作企业大学的发展目标来投入，最典型的例子是信息网络化建设与企业人才队伍建设、教学需求脱节，浪费现象严重，而在某些方面投入又显得有些不足，不适应现代教育教学发展的要求，从而影响企业大学目标的有效实现。专家们认为，企业大学的目标可以分为两个层次或两个类别：一是企业大学的职能目标和任务；二是企业大学自身建设和发展的目标和任务。

1. 企业大学担当的企业建设发展的职责职能目标和任务

企业大学的职能目标是：企业人才队伍建设和全体员工的素质能力建设，包括领导力建设、专业技术服务人员能力建设和职工能力建设。

企业大学的职能任务是：

（1）参与企业发展的战略研究，为企业提供战略咨询和人才支撑；

（2）参与企业技术创新研发，为企业转型发展提供新技术应用型人才服务；

（3）参与企业文化与品牌产品建设，为企业提供文化建设、品牌建设相关的培训支持；

（4）参与企业发展规划和年度计划制定工作，提供与企业发展规制、计划相对应的人才培养方案；

（5）为企业发展提供人才队伍建设相应的政策建议；

（6）具体承担企业的人才队伍建设和员工素质能力提升的各项任务。

2. 企业大学自身建设与发展的职能职责目标和任务

企业大学自身发展的职能职责目标是：企业大学自身运营能力建设。这是企业大学能否担当起职能任务的条件和保障，也是企业大学能否持续发展的基础。企业大学自身发展的目标包括软能力建设和硬能力建设两大部分。

企业大学自身运营能力建设的任务是：

（1）企业大学发展的规划与计划制定；

（2）企业大学师资队伍建设与能力提升；

（3）企业大学课程教材开发与建设；

（4）企业大学教学设施与人员能力提升训练条件的构建；

（5）教学规划、质量标准与质量控制规范的制定；

（6）企业大学各相关制度建设及企业文化建设等。

9.6.4　企业大学建设和发展的基本框架要素

前面论述了企业大学是什么、做什么及其核心职能职责，但如何实现企业大学的科学建设与科学运营，更能够发挥企业大学促进企业发展和企业管理战略转型的目标，亟需从理论角度对企业大学的实践模式进行分析，建立企业大学建设和发展的理论体系，创造具有中国个性化的企业大学发展模式。经过认真分析，我们认为，中国式企业大学的建设与发展，应该包括以下基本要素。

1. 企业大学建设与发展的基本准则

分析企业大学建设和发展的现状发现，某些所谓的企业大学，不具有企业大学的根本属性和企业大学的个性化特征，根本不是企业大学。为了规范和科学引导企业大学的健康发展，为国家宏观管理指导企业大学的发展创造条件，专家组对企业大学的建设与发展提出如下基本准则：

（1）企业大学必须是由企业自主投资，并为企业自主创新发展提供人才支持和企业组织运行的构成要素，是企业组织架构中不可或缺的组成部分。

（2）企业大学的建设与发展运营必须服务和服从于企业发展战略的落地，为企业的战略发展提供能力建设和人才发展服务。

（3）企业大学在人才队伍建设和人才培养方面，必须与国家人才发展战略和人才强企战略相吻合，必须贯彻国家相关法律法规。

（4）企业大学必须建立健全内部运行和管理制度，做到依据规范和标准进行管理，实现科学高效运营。

（5）企业大学要有担当国家人才队伍建设、行业人才队伍建设的责任，成为国家人才队伍建设和行业人才队伍建设的有效平台，在校企合作、工学结合和校校合作培养人才中发挥作用。

2. 企业大学的职能部门设置

企业大学的职能部门是企业大学运营的必备元素，实践证明其职能部门设置的科学性与企业大学运营的高效性关系密切。从现状看，企业大学在职能设置方面，差异很大，某些所谓的企业大学在职能部门设置上，完全没有脱离企业培训中心的套路；某些企业大学的职能部门设置虽然有所创新，但仍与企业大学的价值链的实现不相吻合。具体来说，就是企业大学附加值的创造力远远不够，与现有的培训中心的作用差异不大。我们认真分析后认为：企业大学在职能部门设置上，除了常规的职能部门（如财务部门）外，必须强化以下几个部门的设置和部门能力建设，使企业大学产生更大的附加值，以提升企业发展的品牌效应和企业发展的持续创新能力：

（1）研究开发部门（研究开发中心）。研究开发的内容包括企业战略、产业、产品与人才对接发展研发、人才培养标准与课程建设研发、教学技术教学能力提升研发、企业文化与企业品牌建设研发等。研究开发的宗旨是：以研发引领创新，以创新促动发展。

（2）信息与知识管理部门（信息与知识管理中心）。信息与知识管理包括与企业发展相关的各种知识和信息，如知识的加工、归纳与传承、信息的收集加工与应用等。企业大学信息与知识管理的宗旨是：以实现企业发展的信息化和知识性，凸显企业的现代化水平和智能化发展能力。

（3）资源开发与能力建设部门（资源能力建设中心）。资源能力开发与建设，包括政策效能，即外部政策的有效利用，内部制度的高效发挥，还包括标准管理能力、师资教学能力、人力资源开发和师资队伍建设的要素。资源能力开发与建设宗旨是：重在挖掘资源潜能，实现企业大学的效能管理和科学运营。

3. 企业大学的制度要素

没有规矩，不成方圆，企业大学的内部制度建设，是企业大学健康运行与发展的保障，缺一不可。从管理学的角度看，企业大学的内部管理制度主要包括以下几个方面：

（1）事务性后勤管理保障制度。包括校园安全、教职员工日常活动、生活与学习，财务和校园文化等制度。事务性后勤管理制度建设的宗旨是：让教职员工有很好的安全感，能够在优雅的环境中快乐地生活、工作和学习，体现企业大学人本管理的思想和学习型企业大学的建设与发展的宗旨。

（2）教学与专业能力建设制度。包括教学标准、教材及课程教材体系开发与建设、教学技术和教学方法建设，还包括校企合作、多元合作教学制度等。教学与专业能力建设制度建设的宗旨是：提升人才培养的针对性和有效性，确保教育教学的规范性和专业化水平的不断提升，能够与时俱进地为企业的战略发展提供具有职业化水准的专业型人才，使人才队伍建设能够做到与时俱进地适应企业建设与发展的需求。

（3）日常运营管理规范制度。日常运营管理规范制度包括考勤、会议、监督评估等制度，如董事会、监事会制度。日常运营管理规范制度建设的宗旨是：提升运营效能和效果，降低风险和管理成本，实现效能管理，提升企业大学的综合实力。

（4）人力资源开发管理与动力提升制度。包括教职员工的聘任、考核、晋升制度，教师学习进修制度，报酬与奖励制度。人力资源开发管理与动力提升制度建设的宗旨是：提升员工自主关心企业大学发展的自觉性，形成独特的企业大学文化和精神，不断激发企业大学持续发展的动力源。

9.7　企业大学建设与科学发展的几个关键要素

企业是国家经济技术发展的命脉，是国家经济建设和经济发展的基础和支柱，而企业大学又是国家经济转型发展、企业技术转型发展的产物，形成了企业大学生存和发展的特殊价值。因此，助推企业大学的发展，已经成为国家经济技术发展十分重要的战略决策问题。

9.7.1　国家对企业大学的重视是企业大学科学发展的重要因素

企业大学在我国发展还不足 20 年的时间，但企业大学发展对企业发展的价值已经显现，对国家的人才队伍建设也产生了非常重要的积极作用。但从目前看，企业大学的发展仍处在自发的、很不规范的阶段，国家还没有出台任何相关的政策支持和制度规范给予科学引导。发展水平不一，差异较大，极不利于人才发展的标准化和国际化发展走向。当前，国家如何扶持、规范、评价企业大学的发展，已成为国家推进企业大学发展，发挥企业大学在人才队伍建设中有效作用的关键因素。

国家应在企业大学发展中发挥重要作用，理由包括以下几个方面：

1. 发展企业大学是国家不可推卸的责任和职责

国家实施的人才发展战略和人才强企战略，企业大学已经和正在发挥重要的作用，国家扶持和支持企业的现代化发展，应该把企业人才队伍建设放在首位，而企业大学在企业人才培养方面，有着不可替代的作用，国家应当把企业大学作为企业人才培养的主阵地加以扶持，推进发展。

2. 企业人才是国家人才队伍建设的重要组成部分

在国家人才规划中，企业人才是人才队伍建设的重要组成部分。从这个意义上讲，企业大学不仅仅是为企业自身发展培养人才，也是为国家人才队伍建设培养人才。国家人才队伍建设，在承认企业人才培养个性化特色的基础上，提出国家人才队伍建设的培养标准和评价标准，实现企业人才国际化水平的对接。而这个对接，仅仅依靠企业是不能完成的。应该是而且必须是国家行为。

3. 企业大学的诞生是国家人才培养体系完善的必然，也是实现职业教育发展以企业为基础的必然

国家早已明确提出以企业为基础的人才培养与成长战略，不仅仅是技能型人才的培养要以企业为基础，技术管理等创新型人才的培养也要以企业为基础。而企业大学正是这一基础的平台。企业大学的特殊功能，将科研开发、人才培养和使用有机地结合为一体。此外，企业大学与社会大学以及科研机构实现互补性结合，为企业的科研和人才培养提供支持，企业

大学是校企合作、工学结合的有效支柱。

9.7.2 课程教材开发要素

课程教材开发与建设，是企业大学最核心的技术内涵，无论办什么类型的学校，培养什么类型的人才，课程教材都是最基本的，也是最重要的要素。

1. 开发建立课程标准

构建结构化企业岗位人才能力标准，然后将岗位能力标准转化为课程标准，以课程标准作为依据，开发与员工岗位胜任能力相适应的课程体系，使课程体系做到员工能力提升全覆盖，并为员工的终身职业培训和职业生涯发展提供课程支持。

2. 开发具有企业本土化特色的教材

教材是人才培养和人才成长的重要工具，是企业大学自身能力建设和提升的重要元素。教材开发要注意三个节点：

（1）与企业大学的课程标准对接，以学以致用为基准；

（2）凸显工学结合、工作即学习的特征，重在实践性；

（3）开发多元化教材，同学员的学习特点、教学方法密切关联。

9.7.3 企业大学建设与发展的标准建设

标准建设是企业大学品牌化、规范化和科学化发展的尺度。没有标准就没有优差之说，也没有质量可言。标准是企业大学科学发展，质量发展的纲领，必须高度重视。

就企业大学建设与发展的标准而言，应该分为内外标准两个部分，即企业大学建设和发展的国家标准和内部自身建设和发展的企业标准。

1. 企业大学建设和发展的国家标准

（1）企业大学建设与发展的宗旨、原则；

（2）企业大学建设与发展的职责任务；

（3）企业大学建设与发展的目标要求；

（4）企业大学建设与发展的内部管理细则；

（5）企业大学与国家相关法律及相关要求准则；

（6）企业大学的业绩指标标准。

2. 企业大学建设与发展的内部标准

（1）教职员工聘用与晋升标准；

（2）管理制度与流程运作标准；

（3）与人才培养相关的教学技术标准（包括理论、方法与技术）；

（4）训练与设备配备、使用相关标准；

（5）内部考核、使用与待遇相关标准；

（6）企业大学业务部门的考核标准与指标。

9.7.4　企业大学的文化建设与价值评价体系

企业大学的文化建设是企业大学最高境界，是企业大学的品牌和核心价值所在，更是企业战略发展和品牌化建设的关键因素，是企业提升内涵发展的核心节点。而企业大学的价值评价体系及其内容，是企业大学极为重要的专业能力建设，主要包括以下内容要素：

（1）相互尊重的员工之间、上下级之间的赏识文化建设；

（2）支持和鼓励创新文化，创新激励制度建设；

（3）培育骨干，发挥正能量示范效应在企业大学发展中的效能作用；

（4）大力推行职业素质教育，将企业大学办成创造和传承企业文化的平台，让企业文化渗透于企业发展的每个环节、每个节点之中，成为企业品牌建设的核心内涵；

（5）让绩效改进技术成为把脉企业大学，创新企业管理的有效技术工具，促进企业不断地创新发展；

（6）创新文化、创新能力和创新制度建设。

9.8　促进企业大学科学发展的几点建议

经过对企业大学的实践进行深入分析研究后，我们认为，企业大学是人才培养的一种新型教育培训模式，是职业教育、职业培训的创新发展，更是职业教育、职业培训在为经济技术发展、企业职员职业生涯发展的服务中自主发展完善的结果。它是大学但不同于社会大学，它的企业本质属性和为企业服务的个性化特色十分明显，承担了现有企业培训中心的培训任务，但又不同于现有的企业培训中心。它同企业培训中心相比，具有很强的战略研发、品牌效应和人才培养的高端化和全面化。企业大学实现了引领企业人才培养的创新，优秀的企业大学将企业战略发展、技术产品创新、企业转型发展同人才培养紧密连在一起，这是现有的培训中心所不能实现的。

总而言之，企业大学是其他教育培训模式所不可替代的现代企业发展的人才培养模式。因此，建议国家政府相关部门高度重视企业大学的发展，并列入国家人才培养的序列，使之成为国家职业教育、职业培训的重要组成部分。具体建议如下：

（1）对企业大学的发展现状进行全面调查分析，总结经验，发现问题。建议从政府层面上，并由政府相关部门牵头，组织企业大学发展调查组，在调查分析的基础上，向政府提交企业大学发展报告，作为政府制定指导或引导企业大学发展制度、政策建设的基础信息资料。

（2）国家在制定人才培养和职业教育发展制度、政策时，将企业大学作为人才培养和职业教育培训的一种类型列入范围中，让企业大学享受国家相关政策的支持，并在相关法律中确立其地位。

（3）国家相关政府部门应把企业大学的发展列入其职能职责，明确相应的管理机构、职能。建议在政府指导下，组建国家权威的企业大学发展组织，规范企业大学发展。

（4）国家应加强对企业大学发展的能力建设，在资源、信息技术和人才方面给予高度关注，建议建立职业化的企业大学师资队伍，为国家人才强国、人才强企战略提供保障。

（5）开展企业大学发展的全面研究工作，创建企业大学发展的理论体系和制度框架。

下篇：实践篇

10.1　强化企业大学的运营与管理

随着招银大学从培训阶段、学习阶段、绩效阶段到咨询阶段的不断发展，教育培训在企业中的地位和作用不断提高，培训运营管理由粗放到集约、由传统的办班管理向价值管理变革和转型。招银大学运营管理经历了四个发展阶段：第一是事务管理阶段。培训以业务知识与技能为主，无正式的组织学习部门和培训管理岗位，培训管理以基础行政管理为主，主要依靠经验，相对分散，如传统办班组织、后勤服务、文档管理等。第二是项目管理阶段。主要培训业务知识与领导力等内容，建立总、分、支三级培训体系，设置专职培训管理岗位，培训从需求调查、计划制定、培训实施、培训评估、培训管理制定与执行、经费管理等开展项目、流程化运营，管理逐步得到规范和统一。第三是资源管理阶段。设立独立的学习管理部门，注重培训管理效能，关注培训的投入与产出，对培训资源如项目、师资、教材、费用等实施统筹、整合、集约化管理。第四是战略与绩效管理阶段。围绕招商银行发展战略，创建招银大学，探索建立矩阵式培训组织管理体系，以人才培训培养、绩效改进为核心，以"领导力培训培养体系、专业条线培训培养体系、新员工培训培养体系"为载体，实施企业大学运营管理模式，建立专业条线培训学院，开展培训效能管理与考核、员工培训满意度分析和培训六级评估等，探索培训对企业的价值。

10.1.1　招银企业大学的管理架构与制度

1. 招银大学的管理架构

招商银行自 1998 年建立了"集中管理、分级负责"的总、分、支行三级培训组织管理体系以来，该组织管理体系已成功运作十年有余，经多年实践，已较为成熟。其中，一级培训由总行部室主办，对象以总分行业务骨干和管理骨干为主；二级培训由分行部室主办，对象为分行业务人员和管理人员；三级培训由各基层单位主办，面向所辖员工的业务知识和业务技能等培训。综合来看，三级管理体系职责划分清晰、人员配置相对到位、培训资源丰富，各级培训管理部门均能较好地推动本职工作。全行教育培训工作以此为载体，保证了全行业务运营的正常开展。

但是，随着招银发展战略的调整和经营环境的变化，业务条线管理不断强化，总、分、支行三级培训组织管理体系面临着诸多挑战，要求培训管理从"职能主导"向"功能主导"转变。在计划制订上，要进一步提高针对性、科学性和合理性；在管理上，要进一步加强流程化和规范化，重视培训内容、形式、师资等设计；在效果上，要进一步探索培训效果的评估，关注培训成果的转化；在资源整合上，要进一步整合培训资源，提升资源集约化管理。为适应这种变化，招银大学创建并逐步完善了矩阵式培训组织管理架构，如图 10—1 所示。

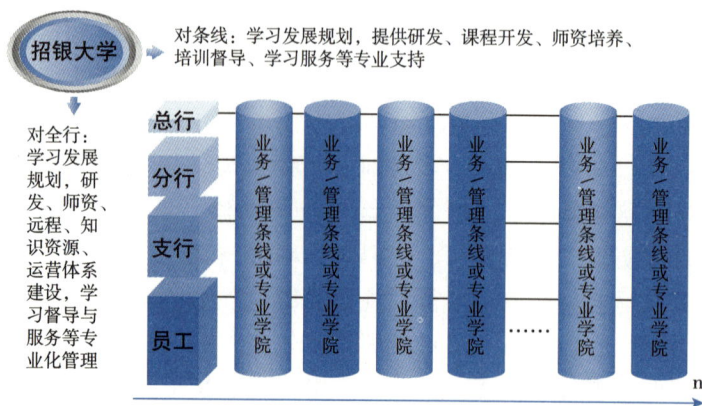

图 10—1　招银大学矩阵式培训组织管理架构

矩阵式培训组织管理架构：一是突出招银大学总部研发平台的作用，统一开展战略、品牌、制度文化等管理建设，协调各业务条线开展员工学习发展规划，集中开展培训项目、课程、师资等教学研发工作，以及管理督导全行培训工作，提供专业的学习服务与支持。二是突出专业条线与管理层级培训职能的并行，横向层级的总分支行以领导力、管理理念与管理技能、企业文化、职业道德教育培训为主；纵向条线培训以业务发展和员工职业发展为基础，以岗位素质要求为标准，以岗位专业资格认证和职业晋升考核管理为主。同时充分发挥横向层级培训有利于整合培训资源、提升资源效能、有效推动培训管理的流程化和规范化的优势，以及纵向条线培训有利于将战略地图迅速地转化为学习地图，将企业绩效、员工发展和学习地图直接关联的优势，进一步明确条线与管理层级的职责边界，强化协同合作，大幅整合培训资源，减少无效培训。

2. 招银大学的管理制度

随着组织管理架构的日益完善，招银大学逐步建立起较为全面科学的制度体系，主要围绕人才培训培养、培训组织管理、培训服务与运维三个方面出台了一系列配套管理制度与措施，其中：

在人才培训培养方面，制定出台了招商银行"131"人才工程业务专家培养工作指引、员工培训培养工作实施细则、重要岗位继任人管理办法、各条线/业务序列聘评与管理办法、岗位资格管理办法、新员工入行培训指引等；在培训组织管理方面，先后制定了教育培训管理规程、兼职教师管理办法、辅导人管理办法、培训评估管理办法、培训合同签订管理办法等；在培训服务与运维方面，制定了培训基地服务管理办法、培训经费核算与管理办法、培训环境管理办法、远程视频会议管理办法等。

科学的制度体系有力地推动了全行教育培训工作向体系化、专业化和集约化方向发展，为招行人才队伍的培训培养奠定了坚实的基础。同时，近年来，招商银行在激烈的市场竞争形势下鲜明地提出了新的战略目标和转型方向，即"打造轻型银行"。要实现"轻资产、轻管理、轻文化"，需要"轻"的管理模式来支撑，招银大学以此为契机，以创新为灵魂，以专业为基石，以效能为目标，努力推动培训管理与运营向标准化、流程化、效能化、智能化等方向发展，推进企业大学的快速发展。

10.1.2　培训运营标准与流程化管理

流程与标准为科学管理奠定了基础，为管理的统一、简化、协作、高效、最优提供实现的可能。招银大学在推进培训运营管理过程中，结合自身定位与发展，注重标准与管理流程，不断探索与研究，逐步建立起全流程标准化管理模式。

一是搭建培训运营 SNPE 管理框架，即体系与角色、培训需求、规划实施、效果评估，提供规范统一的管理思路、目标与流程、工具与方法，确保培训运营标准化。

二是确立培训计划制订标准。以"合纵连横、资源整合、突出重点、关注效果"为原则，设计计划制订"需求分析、重点锁定、项目初拟、统筹整合、提炼确定"五步法，以提高培训计划制订的有效性、科学性。

三是实施重点培训项目的"一个流程、一套工具、一项成果"的标准运营管理，制定规范性操作手册，明确各项管理动作，开展项目管理认证培训，确保培训项目的效果。

四是日常培训班实施"3—10"管理流程，设计并提供了 14 个管理工具和表格，强化培训审批管理，建立审批辅导制度和开班辅导机制，建立培训管理数据库，优化培训报表和方法，运用月度报表、二次管理培训、师资库管理、培训档案管理等手段，统一工具、简化环节、突出关键，提升管理效率与质量。

10.1.3 培训运营的效能管理

企业教育培训的发展趋势和关键集中体现在战略定位、整合能力和运营能力，其中培训运营能力作为企业大学持续发展的重要组成之一，一般在企业发展初期，培训运营管理的核心是数量与规模，衡量标准是实施数量；快速发展时期，培训运营管理的核心是沉淀方法，衡量标准是研发能力和培训效果；成熟发展时期，培训运营管理的核心是产生绩效，衡量标准是投入产出相关指标。招银大学自成立以来，一直关注培训投入与产出，并将"经营"理念植入教育培训工作，努力研究分析培训对企业的价值与绩效，通过"数据挖掘"的方法来诠释招银大学教育培训的管理效能与成果，探索建立效能管理指标，创新开发培训运营管理的新方法和新技术。

1. 培训效能管理指标

突破传统管理理念，将培训视为资源进行开发与管理，探索确立"四维度"（效能、质量、参与度和专业度）、"六指标"（人均课时成本、费用投入产出率、培训满意度、培训班效果、学习参与度、培训工作专业度综合评价）的效能管理指标，尝试精细化管理测算，为未来培训战略资源投入产出分析、成本内部计价等迈出扎实的一步。

2. 培训效能管理技术

打破传统的培训管理方法，提升培训管理的科学性和先进性，将数据管理思维贯穿培训管理工作。

（1）数据管理金字塔模型。

招银大学重视并研究教育培训活动中发生的各种数据的背景、属性、频率、功能等，收集记录，力求还原培训活动的客观事实，整理分析，提炼归纳，深入挖掘反映学习的价值与员工成长的内在规律，探索建立了"基本数据—管理数据—效能数据"的数据管理金字塔模型（见图10—2），并运行于日常的培训管理，逐步形成一套独特的组织管理之道。其中：

基本数据以"客观"为主线，详细收集、记载培训活动产生的各种数据，用于呈现客观事实。

管理数据以"管理"为主线，对基础数据进行加工，分类、分群、分属性进行整理、统计与分析，找寻问题，找出原因，提出改进方法，是管理提升的有力支持。

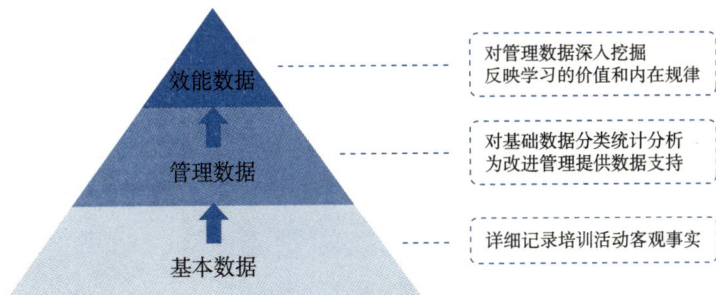

图 10—2 数据管理金字塔模型

效能数据以"价值"为主线，通过多维度、多视角、多层面的数据挖掘，研究学习行为的特点，让学习价值在数据深处的"秩序、关联、规律"浮出水面，科学反映学习对企业的价值、对员工的价值。

（2）员工培训满意度测评模型。

深化培训管理，必须在掌握一手数据的基础上，用专业的方法进行分析，以全局的视角加以解读。对于企业员工的学习发展而言，没有哪个指标能像培训满意度这样，能够一针见血地真实反映培训管理的水平。像IBM、通用、索尼这样的商业巨人，不但拥有非常高的客户满意度指标、品牌知名度指标、财务指标，也同样拥有非常高的员工满意度和培训满意度，正是这些企业生态系统指标维系着商业巨人的基业长青。培训满意度体现了员工通过对企业培训可感知的效果与他的期望值相比较后所形成的感觉状态，是员工接受企业培训的实际感受与其期望值比较的程度，即员工培训满意度＝实际感受/期望值。

招银大学通过对不同群体的深度访谈，本着以员工为核心，研究培训活动中不同对象、各个环节的作用，基于员工学习地图，强调培训绩效的环境因素，强调不同部门各司其职，研究设计了以培训制度与氛围、培训规划与设计、培训实施和培训效果四模块的员工培训满意度测评模型（见图10—3）。

图 10—3 员工培训满意度测评模型

自 2011 年开展全行培训满意度测评以来，员工参与度越来越高，培训满意度也持续提高（见图 10—4）。同时，多维度、多类别、多层级的数据分析结果，为培训管理行为改善、培训效果提升提供了客观、真实、具针对性依据。

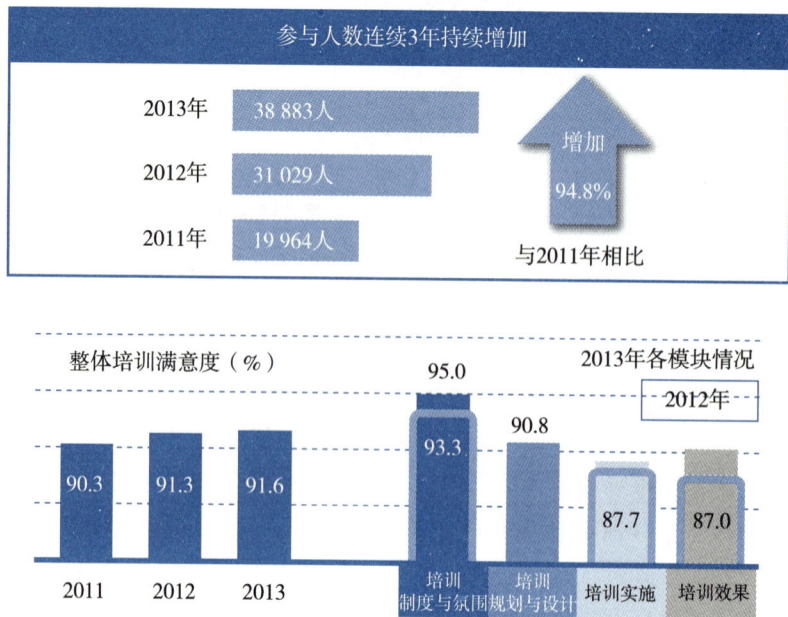

图 10—4　员工参与度与满意度变化情况

（3）招银大学六级培训评估模型。

作为传统的"成本中心"，如何用数据说话，客观呈现培训对于企业的贡献和价值，并以数据作为仪表和导航，持续改进和提升企业培训的效能，是每一个培训组织都面临的问题。对此，招银大学也不例外，经过持续的研究与实践，逐步建立起了具有招行特色的招银大学六级培训评估模型（见图 10—5）。将数据化思维贯穿在每一级效果评估当中，强调数据收集的完整性和多样性、数据分析的科学性，用数据客观评价、评估不同培训活动的成效与价值。其中：

第 1 级评估：关注学员对于培训的投入程度。它是培训有效性的开始，没有学员的热情投入和参与，培训无从开始，更谈不上效果。

第 2 级评估：关注学员对培训的感受。学员主观对于培训内容、培训方式、教学水平、组织管理等的感受程度。

第 3 级评估：关注学员的学习掌握度。对于学员通过培训获取知识程度的检测，也是老师在课堂现场对学员学习表现的评估。

第 4 级评估：关注培训对于员工实际行为带来的改变。"学会"不等于"会用"，第 4 级评估将焦点投放在员工的工作场所，评测学员把培训中的所学应用到工作中的程度。

第 5 级评估：关注工作绩效的改进与影响。将培训与业务指标直接挂钩，分析培训对业绩提升的作用。

第 6 级评估：关注培训的投入产出情况。体现培训价值，评估培训对于企业真正的贡献值。将培训信息数据化，将培训数据转化为货币价值，分析培训的 ROI（投资回报率＝项目利润/项目成本）。

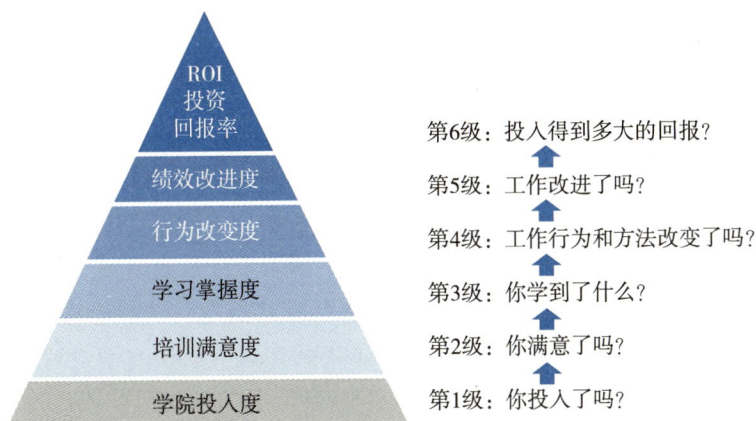

图 10—5　招银大学六级培训评估模型

以数据为核心的效能管理是传统培训运营与现代培训运营的显著标志。这种基于数据、模型的管理理念，渗透着科学管理与行为管理的思想精髓。其本身既是提升效率的关键技术手段，也是管理理念是否先进的衡量标准。理解数据、应用数据、相信数据，招银大学会持续以"数据"驱动管理行为的转变，实现管理运营的价值。

10.1.4　培训运营的智能化管理

利用现代通信与信息技术、计算机网络技术、行业管理技术等汇集开发管理平台，根植于企业的经营管理体系中，保持管理运行的先进性、科学性、共享性和便捷性，避免企业管理臃肿、内耗和故步自封，提升管理效能和竞争力，是企业管理实践要务之一。招银大学依据管理职能定位和发展目标，紧跟时代节拍，吸取互联网"开放、平等、协作、分享"的思维与力量，基于云平台、移动互联网技术，变革传统的企业教育培训运营模式，依托招行"云学习平台"开发在线管理平台和手段，逐步搭建全方位的电子化管理架构，力求培训管理"轻运行"。

1. 移动学习平台

推行指尖上的学习管理，推动学习培训的扁平化、便捷化、普及化和共享化。运用招银大学微信平台、移动 APP 实施培训班日常管理，从培训信息发布、报名审核、学习辅导、培训效果评估等实现点到点的管理与服务，及时制作并推送微课程、微知识点，帮助员工随时随地地取阅和学习，满足员工个性化学习需求，实现指尖与屏幕之间知识自由快捷的传递。

2. 学习管理系统

学习管理系统是招银大学实现培训运营轻管理的最重要的管理系统。它以员工为基点，研究成人学习心理，开发汇集培训运营管理体系、学习资源体系、员工自主学习体系、远程技术体系等综合性学习管理平台，通过智能化的运营管理平台引导员工学习行为，及时收集学习需求，分析员工学习活动变化规律，研究员工学习行为、学习效果、人才培养与组织绩效改进之间的内在关联，通过对各项学习活动实现在线的流程管理、知识管理、数据管理、档案管理等，提高培训运营管理的专业化水平和质量。

3. 考试中心

考试中心的建设是招银适应业务发展、提升员工专业能力、打造轻型银行的一项重要举措。考试中心以落实人才培养、绩效提升为核心，依托专业岗位资格管理体系，通过建立考试制度、试题仓库、数据分析管理、平台开发等，以考试的方式对员工的知识与技能水平进行评价和区分，确定员工是否具备任职相应岗位所应该具备的知识与技能，为员工能力提升、职务聘任、岗位调整、薪酬确定和业务授权等提供依据，也为教育培训工作的改进提供有效信息。未来的考试中心将会是一个组织运营高效的中心、业务知识汇集提炼的中心、考试数据管理与挖掘的中心。该项工作的推动与实施，对强化人才的培训培养、规范招银人才选拔机制、提升员工队伍整体素质、强化岗位培训工作的针对性与有效性具有积极意义。

10.1.5 培训管理者的培训培养

1. 培训管理职能转变

培训管理人员在企业中是一个特殊而重要的角色，随着企业经营发展的变化，企业教育培训职能的演变，其作用和地位不断强大，培训管理人员这一角色也发生着越来越深刻地变化（见图10—6）。

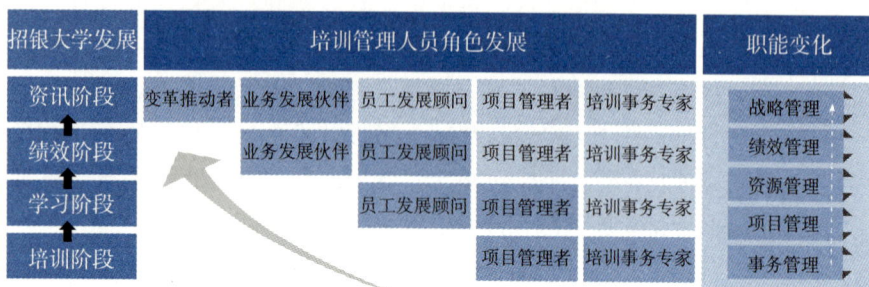

图10—6 培训管理人员角色变化

伴随招银大学的发展历程，从培训阶段、学习阶段、绩效阶段到咨询阶段的快速发展，培训管理不再局限于"培训事务专家"的烦琐工作中，不再局限于传统的培训运营模式，不再停留在如何把培训课程组织好的服务层面，培训管理的职能也随之从事务管理向项目管理、资源管理、绩效管理、战略管理方向发展和演变。培训管理人员经历着从传统培训运营到评估管理、效能管理、价值管理的跨越，并积极地向员工发展顾问、业务发展伙伴、变革推动者职能角色转型，因此对培训管理岗位人员的素质能力提出了更高、更专业的要求。

2. 培训管理岗位素质能力要求

素质能力要求是达到岗位要求并取得成功和发展所需的知识、技能、能力与行为。结合招银大学近七年的探索实践，我们发现，优秀的企业大学需要持续培育三种方向性专业能力，即把握企业发展战略的能力、熟悉企业核心业务的能力、精通人才学习发展的能力，具备这三个层面的业务能力，企业大学才能真正将教育培训渗透到企业经营发展中，才能搭上企业律动的脉搏，为组织与员工绩效的提升提供有力支持，才有创造培训价值的空间和可能。同时，2013 年 ASTD 研发并改进了培训管理专业人员岗位胜任力模型，通过对培训管理岗位关键任务、岗位关键成果梳理，对培训管理专业人员的能力素质进行了重新定义（见图 10—7），其中包括了 6 项通用能力和 10 项培训领域需要具备的专业能力，清晰明确地提出了专业能力要求。不难看出，ASTD 所提出的权威性的岗位素质能力要求，正是对招银大学所提出的必须培养的三个方向性业务能力的诠释。

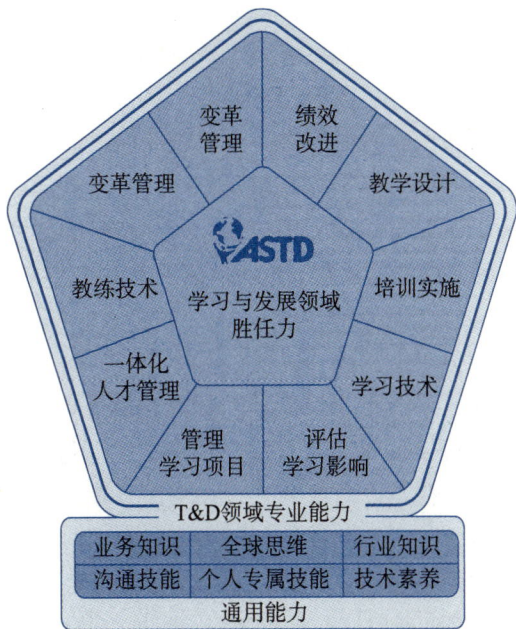

图 10—7　培训管理专业人员能力素质

综合企业大学需要持续培育三种方向性专业能力，以及 ASTD 提出的培训管理专业人员岗位胜任力模型，依照招银大学培训管理职能的发展与转变，我们认为培训管理人员必须具备通用能力、专业能力、管理能力和战略能力这四项能力，并在不同的职能阶段有着不同的核心能力要求（见图10—8）。

角色	职能	核心能力要求			
		通用能力	专业能力	管理能力	战略能力
变革推动者	战略管理 ▶				企业战略 变革思维 创新思维 培训管理者战略思维 ……
业务发展伙伴	绩效管理 ▶			培训体系规划 领导力 团队管理技能 绩效改进技术 业务发展规划……	
	资源管理 ▶				
员工发展顾问	项目管理 ▶		培训需求与计划 教学规划与发开 教学技术 行动学习技术 项目管理……		
培训事务专家	事务管理 ▶	培训运营与管理 基础业务知识 结构化思维 沟通技巧……			

图10—8　培训管理人员必须具备的能力

其中事务管理阶段重点要求的是培训运营与管理、沟通技巧、银行基础业务知识等技能要求；项目管理、资源管理阶段在此基础上，重点提出的是培训体系需求与计划、教学技术、教学规划与研发、项目管理等能力；绩效管理阶段，则重点在培训体系规划、领导力、团队管理能力、绩效改进技术、银行核心业务等能力要求；到战略管理阶段，作为变革推动者更需要掌握的是企业发展战略、变革思维、创新思维与能力等。

3. 培训管理人员的培训培养

依照培训管理人员的职能发展，培育专业化的培训管理队伍，招银大学结合自身的发展状况和发展规划，通过加强"组织与队伍建设、培训与培养、激励与考核"三个方面的措施，落实和推动对培训管理队伍的能力培养。

（1）加强组织与队伍建设。招商银行于2008年成立招银大学，同时设立教学研发、培训管理与督导、平台开发等业务部室，快速配备各类专业人员，深化招银教育培训职能，并逐步在总行各业务条线、各分行设立培训管理岗位，甚至设立培训管理业务室，逐步建立起一支数量相对充足的培训管理队伍。

（2）加强培训与培养。充分运用培训手段，提升培训管理队伍的专业化能力。一是开展通用技能普及培训。利用在线学习方法，开展沟通技巧、结构化思维、时间管理等技能学习，帮助改进工作方法，提高工作效率。二是定期组织培训管理技能培训，开展培训组织管理、项目管理、考核评估、企业战略等专业技能培训，组织业务部门与培训管理部门进行研讨，了解业务发展与人才发展需求，强化培训管理的针对性。三是加强教育培训专业资质认证。开展讲师、测评师、行动学习催化师、管理教练、绩效改进顾问等专业资质的培训与认证。四是加强学习交流，建立交流分享平台，如招银大学移动 APP、微信平台，及时分享资讯、传播教育培训先进理念与技术、交流先进的管理实践与经验，促进培训管理队伍的学习提升和凝聚力等。

（3）加强激励与考核。一是探索培训管理人员的培训培养体系及认证体系，研究设计培训管理人员发展通道与学习规划；二是建立考核制度，依据培训管理效能、质量、参与度和专业度四个维度，制定考核指标与标准，如培训计划完成率、培训督导与管理质量、师资管理质量、员工培训满意度等，并纳入年度绩效管理考核中；三是定期指导与反馈，通过对培训管理工作的抽样调查与现场检查，及时反馈与辅导，提供专业支持与帮助。

10.2　强化学习平台建设

10.2.1　招银企业大学的学习平台体系架构

利用云计算技术和移动互联技术，整合内、外部资源的持续研发、改进和推广应用，丰富培训和学习模式，拓展学习渠道和内容，降低培训与学习的成本，实现培训与学习的多元化（见图 10—9）。

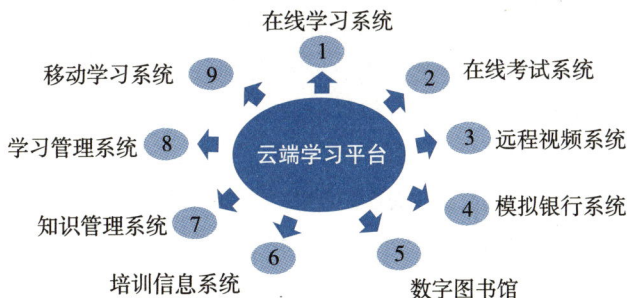

图 10—9　招银大学云学习平台总览图

1. 在线学习及学习管理系统

招银大学将成熟的 IT 技术创造性地应用于全行各级学习管理系统（Group Level Learning Management System，GL-LMS）的研发，将狭义的在线学习扩展到在线和面授培训与学习的整个过程，有效地支持了全行的培训与学习活动，提升了员工的学习体验、主动学习和自我管理的积极性。系统主要功能包括：

（1）核心的学习功能。包括需求管理、活动管理、策略管理、内容管理。需求管理，即结合全行各级战略目标的变化，通过组织、岗位、能力和技能体系来识别、设计学习需求，使得员工学习目标与技能目标相匹配。活动管理，即将课程学习划分为正式、非正式两种学习活动，根据需要管理学习活动的属性（包括 26 个方面、40 个要素），自动记录每项学习活动的设计开发、授权分配、学习执行、跟踪反馈。策略管理，即灵活制定学习策略，支持混合式学习。内容管理，即采用学习社区等方式，面向全员开展内容管理和信息交流，并内置一套将信息或知识层面的内容转换为学习内容的工具和管理机制。

（2）扩展的学习功能。包括与学习有关的目标管理、组织管理、绩效管理，以及员工个人职业生涯规划。目标管理是将组织目标分解为部门、团队及个人目标，自动连接组织目标与个体学习目标，更好地支持各级战略目标的实现和更新。组织管理，充分地满足全行的学习要求，各级经理可部署、调整本团队的学习架构。绩效管理，与绩效管理系统实现对接，分析绩效数据内容，制定学习需求和开发学习内容，又将学习成效反馈导入绩效系统，作为绩效评估的数据。职业发展规划，即通过一系列的数据分析，为员工描绘清晰的职业发展路线，协调组织与个人的发展，为每个将来可能晋升的岗位提供匹配的学习资源和学习活动。

（3）报表功能。介于核心功能与扩展功能之间，量化管理学习活动，为经理与员工提供可视的统计信息服务。

2. 在线考试系统

采用先进的云计算技术开发，模块化、组件化、跨平台的架构设计，集信息发布、FAQ、人员管理、报名管理、题库管理、试卷管理、考试管理、问卷管理、权限管理、系统管理等功能模块，全面满足公司考试、竞赛、测评、调查、分析等复杂需求。支持 5 000 人同时在线考试，确保大规模、高难度考试类应用的实现。

系统与招行一事通实现对接，员工登录系统进行答题的过程全程动态监控，包括登录 IP 地址、网络状态、当前得分等。在考试过程遇到特殊情况，可通过远程方式处理延时、锁定 IP、发送消息、强行收卷等。为防止作弊，系统设计了十多种防作弊组合，包括试题和答案随机、单道答题时间限制、屏幕切换限制等。在 2011 年系统升级改造后，增加了考试时段间隔限制、卷库随机等，大大提高了考试应用的多样性。同时在报表部分增加了个人技能分析报告图形、试题知识点分析等。

3. 知识管理系统

招银大学以知识管治和 IT 治理的双维视角，从顶层设计开始，聚焦于解决招行中长期知识管理问题，研发的知识管理系统包括公共知识库、专业知识库、知识专家、知识问答、知识引擎、知识分类、知识地图等功能模块。对于公共知识库，主要由招银大学统筹，各业务线条配合；在专业知识库建设方面，由业务部门主导，招银大学给予指导和配合；知识管理平台由招银大学统一规划，服务于各个业务线条（见图 10—10、图 10—11）。

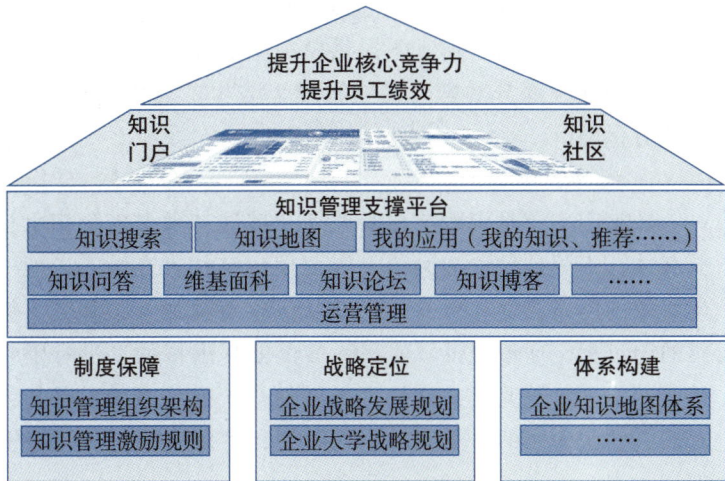

图 10—10　招银大学知识管理体系架构

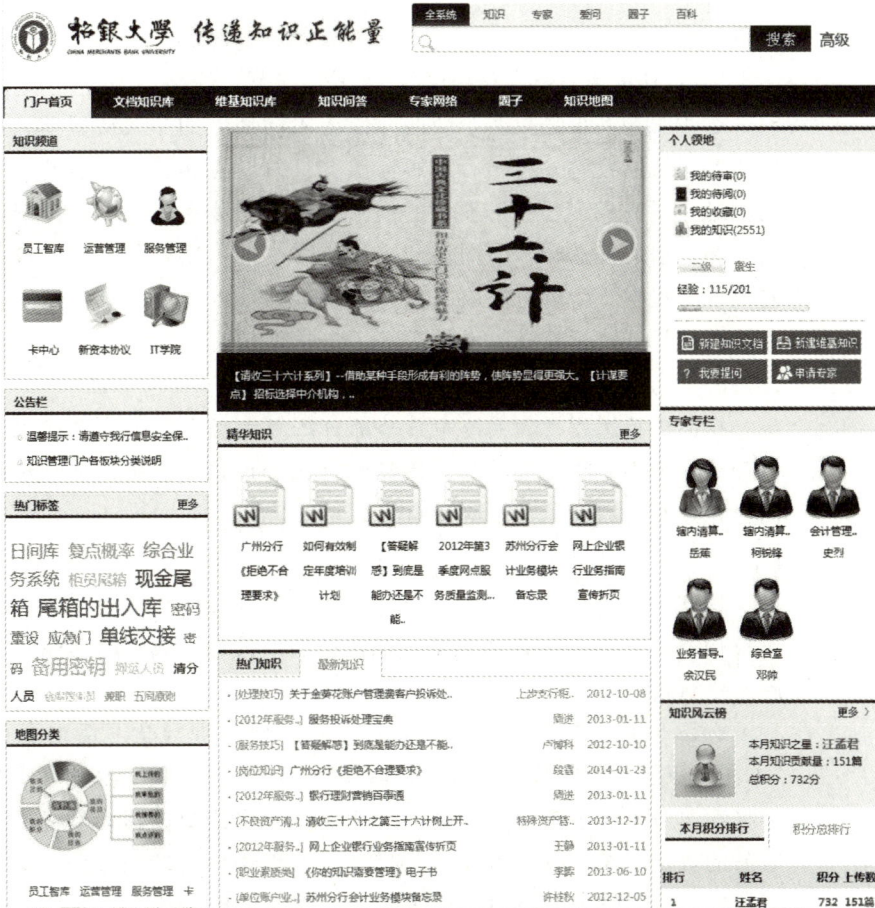

图 10—11　招银大学知识管系统界面

4. 模拟银行系统

所谓"模拟银行系统"，是搭建一个独立于招行 IT 生产环境的系统，为新员工、新机构、新业务提供模拟实战操作服务。该系统具有真实生产环境中的绝大部分功能，但在物理上与生产环境完全隔离，操作无风险，安全有保障。

5. 数字图书馆

数字图书馆是用数字技术处理和存储各种资料的图书馆。它把各种不同载体、不同地理位置的信息资源用数字技术存贮，以便于跨越区域、面向对象的网络查询和传播。它涉及信息资源加工、存储、检索、传输和利用的全过程。通俗地说，数字图书馆就是虚拟的、没有围墙的图书馆，是基于网络环境下共建共享的可扩展的知识网络系统，是超大规模的、分布式的、便于使用的、没有时空限制的、可以实现跨库无缝链接与智能检索的知识中心。

招银大学数字图书馆的建设可有效提高员工的学习能动性，有利于员工综合素质的提升，是公司打造学习型组织的基础性建设，是培训方式的有效补充。

6. 远程视频系统

远程视频系统是指两个或两个以上不同地方的个人或群体，通过传输线路及多媒体设备，将声音、影像及文件资料互相传送，达到即时且互动的沟通，以完成会议或培训目的的系统设备。该系统是一种典型的图像通信。在通信的发送端，将图像和声音信号变成数字化信号，在接收端再把它重现为视觉、听觉可获取的信息，与电话会议相比，具有直观性强、信息量大等特点。远程视频系统不仅可以听到声音，还可以看到会议参加者，使每一个与会者确有身临其境之感。

招商银行远程视频系统遍布全部分行及大部分网点，形成以总行、分行和支行为中心的，集中与分散相结合的会议培训模式，视频清晰，可双向交流互动，提高了会议培训的效率。

7. 移动学习系统

移动学习（M-Learning）是指在终身学习的思想指导下，利用现代通讯终端，如手机、PDA 等设备（通常不包括具备无线上网功能的笔记本电脑）进行远程学习。

2013 年移动学习平台的研发和推出，使培训与学习活动真正脱离了"水泥＋鼠标"的时代，进入了"拇指"——移动互联学习新时代。招银大学移动学习系统主要由微信端和 APP 端两部分组成。移动学习系统基于云服务的解决方案，以 APP 客户端为主、公众微信为辅的方式，实现两者交互推广，达到学习资源的无限共享，从而逐步建立起"以学员为中心，全方位多渠道"的新型学习平台（见图 10—12）。

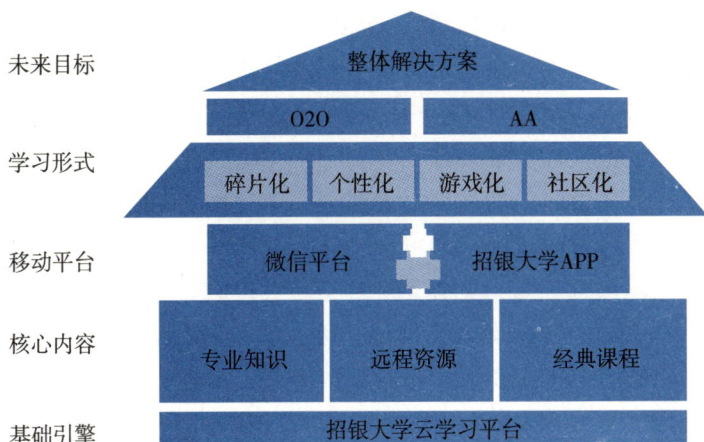

图 10—12　招商银行移动学习体系架构

移动学习 APP 作为招行移动学习的门户之一，提供包括培训信息、学习资料、电子书籍、移动课件等学习内容，是全行员工的移动学习中心。未来该系统将开放分级管理权限，供各分行（条线）同时上传、下载学习内容，同时对接知识管理系统、数字图书馆、一讯通等平台，帮助员工在移动端实现"一站式"的学习体验。

10.2.2　招银企业大学的学习平台实施运营策略

招银大学学习平台的实施与推广，经历了由最初在线学习 1.0 到 2.0 的转变过程（见图 10—13）。

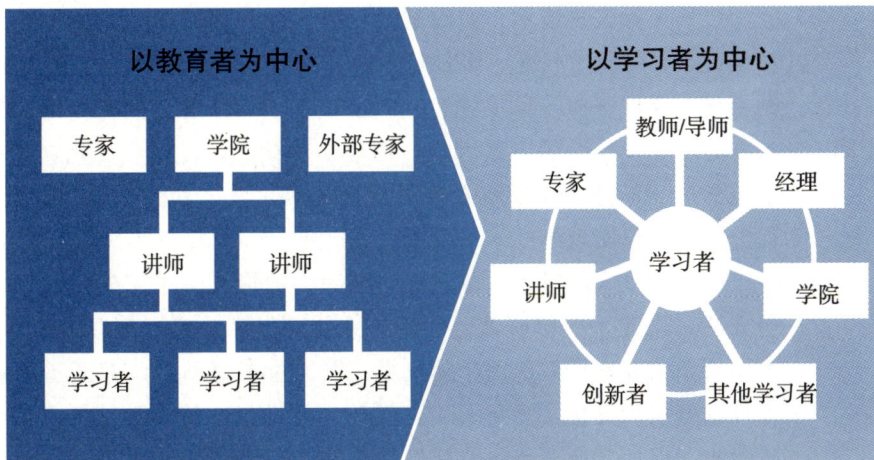

图 10—13　在线学习转变过程

在线学习（E-Learning）1.0——教育者在门户式网站上提供学习资源和讲授精品课程，其特点是：以传授知识为主；以教育者为中心；以呈现学习资源为主要特征；以网上课件、考题、学习资料、讲授、辅导、培训为表现形式。

在线学习（E-Learning）2.0——学习者在学习平台上提交学习作业、讨论交流学习内容，其特点是：以主动探究为主；以学习者为主体；以在网络平台上讨论、交流为主要特征；以自主探究、晒作业、互动、互助、过程评价为主要表现形式。

1. 以员工学习体验为中心，在全行推广在线学习平台 2.0

招银大学新一代学习系统集学习管理、在线学习、资源整合等功能为一体，实现学习活动体系化、运营规范化、课程专业化、管理数据化，具有集团化、标准化、集成化、开放性、灵活性、延展性等特点，可覆盖集团各单位和广义员工，包括海内外分支机构、关联公司的学员、学员上级及学习管理人员。2.0 系统实施推广图如图 10—14 所示。

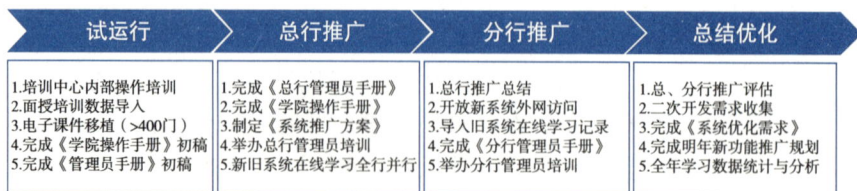

试运行	总行推广	分行推广	总结优化
1.培训中心内部操作培训 2.面授培训数据导入 3.电子课件移植（>400门） 4.完成《学院操作手册》初稿 5.完成《管理员手册》初稿	1.完成《总行管理员手册》 2.完成《学院操作手册》 3.制定《系统推广方案》 4.举办总行管理员培训 5.新旧系统在线学习全行并行	1.总行推广总结 2.开放新系统外网访问 3.导入分行在线学习记录 4.完成《分行管理员手册》 5.举办分行管理员培训	1.总、分行推广评估 2.二次开发需求收集 3.完成《系统优化需求》 4.完成明年新功能推广规划 5.全年学习数据统计与分析

图 10—14　2.0 系统实施推广图

（1）先行变革理念，分步推广平台。招银大学专业团队根据银行战略需要，从改变理念、技能和方法做起，不仅学习、运用先进的技术，更重视学习、传播先进的学习及管理理念，以此带动其他部门和员工学习理念的逐步改变，逐渐释放公司先进的产品、技术、渠道等资源的潜在价值。

（2）用好先进技术，实施重点突破。深入把握学习技术的规律，针对在线同步学习具有快速、多种技术融合的特点，在推广时先营造学习氛围，利用现有课件资源与异步学习、面授培训活动结合。同时，把握员工"参与、分享、互动"的心理诉求，构建学习社区，促进个性化、协作化、互动化学习。不将 2.0 停留在概念层面，而是将之作为引导员工自主学习、促进学习价值实现的技术手段。

（3）招银大学搭台，条线部门唱戏。招银大学采用先进的理念、技术与方法，构建了包括资源、制度、系统、保障、流程等在内学习大门户、大平台、大仓库，并善用激励技术，以岗位资格认证、双通道职业发展等工作的开展为契机，强化员工内在的学习动机，使考学结合、工学结合真正落地，促使各业务条线及其员工真正成为登台演戏的主角。

（4）以体验为中心，变革学习模式。将先进的学习理念、技术充分有机地整合到学习系统中。统一的学习门户推出后，公司学习不再停留在正式与非正式学习、混合学习、碎片学习、嵌入学习等概念层面，而是通过无处不在、"润物细无声"的方式为企业培训与员工学习带来了全新的变化，达成了员工有兴趣学、学有成效、促进发展和转型的效果，最终达到变革公司学习模式的目的。

2. 配合全行数据大集中的策略，集中运营、管理学习平台

集中部署应用服务器和内容服务器（数据仓库），采用灵活的分级授权的权限分配，满足各级机构的分级管理需求。制定了包括在线学习、在线课程开发、功能权限分配、模拟银行培训环境、机房、服务器建设和维护等运营管理办法。

3. 基于学习平台的课程体系建设

招银大学采用科学的方法、工具采集、分析、确定学习需求，加大课程、知识库存等资源建设力度。

（1）基于各级单位和员工发展目标的需求管理。当各单位的战略、绩效、能力目标发生变化后，与每个岗位相匹配的能力、技能要求均可能发生变化，这些变化是银行培训与学习需求的主要来源。为实现学习目标与技能目标的匹配，学习管理系统通过线上、线下调研或调查，从组织、岗位、能力、技能等多维度识别、设计个性化与综合化相结合的学习需求。学习活动组织单位根据管理的需要，在系统中调查年度培训需求，学习活动所需要的课程、师资、实施形式等。基本管理流程为：需求调查准备；实施需求调查；分析调查数据；生成培训计划；组织培训活动；培训效果评估。

（2）基于为"泛在"学习活动提供知识资源的课程库管理。招银大学的课程库管理包括课程体系管理、课程内容管理两大部分。课程体系由岗位学习课程体系、学习项目课程体系、通用技能课程体系和其他课程体系组成。课程内容部分每门课程包含教材、课程大纲、标准 PPT 课件、讲师手册、学员手册、试题库、案例库和其他文档等内容。课程内容管理包括创建课程、信息维护、审核发布及课程评价四个标准流程。

4. 新技术、新模式与学习平台的结合、探索与应用

在实施与推广学习平台过程中，招银大学结合具体情境，积极探索新技术、新模式的应用。

（1）移动互联网技术。开发移动学习客户端，从系统开发、内容建设和运营推广三个方面构建 M-Learning，并配套应用公众微博、微信。

（2）Web2.0 技术架构。以学习者为中心，促进学习价值的实现。

（3）虚拟教室技术。

（4）社区化学习技术。深入实践和推广线上社区学习小组。

（5）标准化、开放的技术管理。系统支持符合 ISO10015 的培训管理过程，支持 J2EE 架构，支持 AICC、SCORM1.2、SCORM2004 等国际标准的课件，也能良好支持非标准课件（URL、视音频、流媒体等），支持业界标准的软件接口和数据接口标准，并且可支持与业界主流的标准虚拟教室软件进行集成。

（6）实现多"域"管理功能。支持总部统一标准的学习管理框架，同时支持实现多个不同分支机构的不同业务需求，各级单位根据业务实际独立进行日常管理和运作。

（7）兼容多种操作系统和多样化协议。同时支持部署于目前业界各类主流的商用操作系统平台上，包括 HP-UX、IBMAIX、Windows、Linux，可为 HTTP、TCP/IP、XML。支持 Web Services 提供接口被其他系统调用。

（8）大数据分析应用技术。一是兼容多种数据库，支持目前业界主流的商业数据库平台，包括 Oracle、DB2、SQLServer。二是兼容多种数据格式的相互交流，包括 Word、PDF、RTF、CSV。三是运用数据挖掘技术，分析员工学习需求、行为等信息，为提升培训与学习绩效提供数据支持。

10.2.3　招银企业大学学习平台未来的规划

按照招银大学新的五年发展战略规划，继续以学员为中心，因学员而变，植根于招行的文化土壤之中，深入理解战略，融入业务发展，服务员工学习与成长，深入打造国内企业一流、达到国际先进水平的云端学习门户，成为银行二次转型、管理变革、研发创新的智库，驱动专业能力、创新能力、领导能力的提升。

1. 基于移动学习趋势的平台规划

（1）智能推送。大数据时代数字化的学习资源将呈现爆炸式的增长，面对海量的学习资源学员如何选择，或者如何向学员推送合适的学习资源将成为未来面临的主要问题。基于大数据的挖掘和分析，可以精细分析学员的学习风格、特点和现状，为学员主动推送合适的学习资源，相关的技术、方法和机制需要我们在未来展开研究。

（2）高效学习。未来的学习平台应该具有自学习能力，具有知识间的逻辑交互性，能自动增长解决问题所需的知识，生成学习资源，这样的学习系统能和学员一同成长，前人的学习经验可以积累下来，准确解答后面学习者的疑问，准确、迅速、不知疲倦地指导和验证学员的学习。解决问题时不受时间空间的限制和周围环境的影响，能汇集多领域专家的知识和经验，以及支持学员相互协作，解决重大问题。

（3）实时交互。未来学习平台的设计，具备对话式、互动式、竞技式等交互方式，能够积极响应学习者的需求，调动学习者的积极性。基于 4G 支持下的应用，能够保障学习者与教师及学习者之间的实时交互，支持个性化学习，在了解学习者的相关特征后，呈现不同的学习资源，追踪学习记录或进程，自动收集、分析学习者移动学习行为的特点，建立起学习者个性化学习发展模型，并基于该模型实施个性化指导。

促进情境学习、社会性学习和非正式学习的综合应用。学习者在真实的问题情境或工作情境中进行学习，根据情境为学习者提供学习资源。极强的交互能力有利于形成移动学习共同体，使学习越来越具有社会性。移动学习系统能够为学习者提供立即应用到实践中去的知识和技能，不仅能辅助课堂教学，而且支持户外学习，促进非正式学习的发展。

当然，单单有学习系统的支持是不够的，移动学习资源在其中发挥着更加重要的作用。未来移动学习的资源的开发将遵循适合、零散、简单、少输入、短文本、多级联的原则。这些主要是鉴于学习者的特殊性、学习时间的相对不完整性而决定，对便携简单等都提出相对较高的要求。

2. 基于大数据分析的平台建设

建设基于大数据分析的学习平台，通过对学习大数据的获取、存储、管理和分析，给公司培训与教育工作提供数据化决策方案。招银大学的学习平台在这方面的具体规划和应用为：

（1）采集学员与学习平台的交互数据，包括回答正确率、回答问题花费时间、请求帮助的数量和性质，以及错误回答的重复率等，这部分数据可以是课程层面的、学习单元层面的或知识点层面的。通过数据挖掘和分析，构建学员知识模型，然后通过自动或人工反馈，为学员在合适的时间，选择合适的方式，提供合适的学习内容。

（2）采集学员在学习平台中花费的学习时间、完成课程学习情况、线上或线下考试成绩、在课堂或面授中学习行为变化情况等数据，探索学员学习行为与学习结果的相关关系，最终构建学员学习行为模型。

（3）采集学习平台中学员相关数据及线下学员基本信息数据，通过数据挖掘和机器学习算法，构建学员个人学习档案，分析学员的学习特征，对具有相同学习特征的学员进行聚类和分组，最终为不同类型的学员提供个性化的学习环境，促进学员有效学习的发生。

（4）通过对教育大数据的挖掘和学习分析，对公司现有专业知识模型进行重构，探索课程、学习单元和知识点的学习内容组织方式与学员学习结果之间的相关关系。

10.3　强化师资培养

10.3.1　招银企业大学兼职教师培养的三个阶段

自 2001 年以来，招银大学不断探索兼职教师专业化管理，经历了 2001—2007 年的粗放型管理阶段、2008—2010 年的规范化管理阶段、2011 年至今的精细化管理阶段（见图 10—15）。

2001—2007年	2008—2010年	2011—2015年
粗放型管理	**规范化管理**	**精细化管理**
➤ 2001年8月10日发布《招商银行总行兼职师聘任与管理办法》 ➤ 2005年5月12日聘任我行首批兼职教师 ➤ 讲课就发聘书，仅针对总行部门	➤ 师资体系成为招银大学四大支柱体系 ➤ 2008年10月27日发布《招商银行兼职教师管理办法》 ➤ 全行统一选聘，教师持证上岗 ➤ 截至2010年底，共选聘2 930名兼职教师	➤ 2011年运用考核体系开展全行兼职教师定级考核，核定2 081名 ➤ 细化5级发展通道，量化详细任职资格 ➤ 2013年发布《招商银行兼职教师管理办法（第二版）》 ➤ 固化"选用育考留"五步管理体系

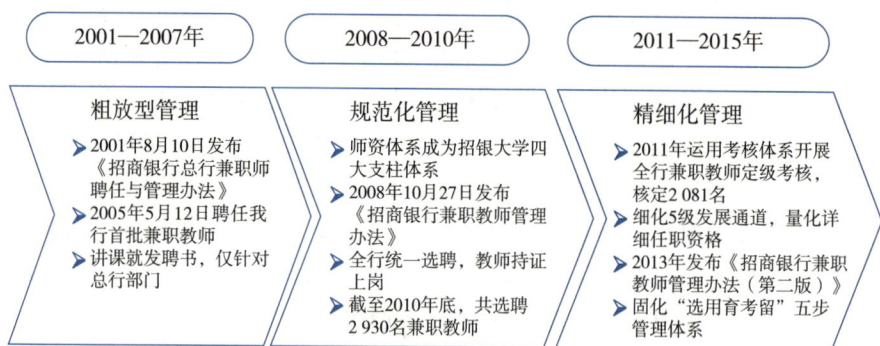

图 10—15　招银企业大学兼职教师培养的三个阶段

1. 粗放型管理阶段

在粗放型管理阶段，讲课即发聘书，仅针对总行部门。

2. 规范化管理阶段

到规范化管理阶段，全国统一选聘，数量逐年递增。2008 年初，招银大学就制定了全行兼职教师队伍建设三年规划。

（1）兼职教师角色定位。兼职教师既是招商银行的业务和管理骨干，也是招商银行的"知识讲解者"、"文化宣导者"、"学习推动者"，在促进招商银行管理提升、业务开拓、文化凝聚等方面发挥积极作用，是招商银行教育培训体系的教学中坚力量。

（2）兼职教师队伍规模。根据国内外优秀企业内训师队伍建设的经验，考虑到招商银行仍处于快速发展阶段，面临着管理提升和业务创新的需要，以及大量新员工加入等因素，培训任务将是非常繁重的。为保障培训项目的顺利实施，将建立一支人数稳定在 3 000 人左右的行内兼职教师队伍。

（3）兼职教师分级管理。根据授课范围的不同，全行兼职教师按总、分行两级模式实行管理。其中，总行统一管理的兼职教师约为 600 人，由招银大学在全行范围内组织选拔，负责按照总行统一安排在全行范围内开展培训；分行自行管理的兼职教师约为 2 400 人，由各分行按照总行统一安排在所辖员工范围内组织选拔，负责在本行范围内开展培训。

（4）兼职教师统一选拔。总行管理的兼职教师选拔分三步进行：第一步，通过个人申请和单位推荐相结合的形式，推选出全行兼职教师候选人，其中总行各部门在推荐由总行统一管理的兼职教师人选时，不仅仅限于本部门的员工，还可包括本专业条线的员工；第二步，由招银大学组织专家小组对候选人进行考核评选，拟定兼职教师名单；第三步，招银大学将由专家小组选定的兼职教师名单报行领导审定后，发聘书正式聘用。各分行管理的兼职教师选拔可以参照总行的做法进行。

（5）兼职教师技能培养。对总行统一管理的兼职教师，招银大学不定期组织开展教学技巧培训、同业参观、业务交流和教学实践活动，同时，要求其返回所在单位组织分行自行管理的兼职教师开展教学技巧二次培训，以提升整体教研能力。

（6）兼职教师考核激励。总行管理的兼职教师实行聘任制，任期为三年，任期内积极承担培训教学、教材和试题编写等工作。招银大学对总行管理的兼职教师每年的工作情况予以考核。考核合格者，给予一定物质的、精神的或培训奖励，连续三年均为合格者，任期满后方可继续聘任。全行兼职教师考核激励办法由招银大学制定。各分行管理的兼职教师考核办法由各分行参照总行的办法自行制定，报招银大学备案。

3. 精细化管理阶段

2011 年至今为精细化管理阶段，兼职教师定级考核，动态调整。科学合理的考核管理是发挥兼职教师效能的"利器"。针对招商银行兼职教师队伍分布广、能力差别大的特点，原有两级管理（总行统一管理和行部自行管理）已无法提供兼职教师晋升发展通道，有效激励兼职教师发挥效能。为此，从 2011 年开始招银大学将兼职教师序列优化为助理讲师、讲师、高级讲师、资深讲师、特级讲师 5 个递进级别，同时自主研发设计了知识、技能、态度 3 个维度、9 项指标的考核体系，每两年组织开展全行兼职教师考核工作，并根据考核结果进行淘汰、留任及晋升。

10.3.2　招银企业大学兼职教师培养的制度框架

1. 五级晋升通道

（1）兼职教师的基本条件。

大专以上文化程度；行龄 1 年以上；工作表现突出，在业务或管理上能起到表率作用；乐于分享，具备良好沟通表达能力。

（2）基础教学资格兼职教师的聘任资格。

1）助理讲师聘任资格。

相关领域 1 年以上工作经验；熟悉相关业务和教学内容；选聘前 12 个月授课 5 课时以上，满意度 80％以上。

2）讲师聘任资格。

担任助理讲师 1 年以上；精通本职工作，具备良好教学技巧；选聘前 12 个月授课 10 课时以上，满意度 85％以上。

3）高级讲师聘任资格。

担任讲师 1 年以上；全面掌握相关业务，能够独立编写培训教材；选聘前 12 个月授课 20 课时以上，满意度 90％以上。

4）资深讲师聘任资格。

担任高级讲师 2 年以上；精通相关领域知识技能，能开展案例开发及案例教学；选聘前 12 个月授课 40 课时以上，满意度 95％以上。

5）特级讲师聘任资格。

担任资深讲师 3 年以上；擅长解决相关领域各类疑难，较高的课程设计及演绎能力；选聘前 12 个月授课 40 课时以上，满意度 95％以上。

（3）聘任兼职教师的专业教学资格。

已获得基础教学资格 2 年以上；擅长学习与发展领域相关专业技能，包括领导力测评、行动学习等；选聘前兼职教师考核结果为"良好"以上；选聘前 12 个月授课 20 课时以上，满意度 90％以上。

2. 师资管理制度

为适应兼职教师队伍发展现状，满足兼职教师队伍管理需要，结合培训学习发展趋势和招商银行教育培训发展规划，招银大学于 2013 年发布了《招商银行兼职教师管理办法（第二版）》（见表 10—1）。全面梳理了兼职教师"选用育考留"五步管理法，规范了兼职教师选聘、培养、管理、考核、激励、发展等各环节的要求和流程。优化制定兼职教师五级管理体制，细分兼职教师资格进行分层分类管理与培养，为兼职教师提供清晰的学习发展路径，兼职教师可以根据自身需要进行成长规划。同时，明确了各级培训管理部门职责和权限；加强培训管理部门对兼职教师的日常管理；新增对兼职教师晋级、降级、续聘和解聘的规定；进一步完善兼职教师考核和激励措施。

表 10—1 《招商银行兼职教师管理办法（第二版）》

第一章　总则	第一条　意义；第二条　目的；第三条　范围；
第二章　聘任资格	第四条　基本条件；第五条　基础教学资格；第六条　专业教学资格；
第三章　选聘	第七条　职责分工；第八条　范围；第九条　要求；第十条　流程；第十一条　特殊贡献人员
第四章　培养	第十二条　方式；第十三条　专项培训；第十四条　课程认证；第十五条　教学实践；第十六条　自学提高；
第五章　管理	第十七条　分工原则；第十八条　职责细分；第十九条　管理方式；第二十条　原则和流程；
第六章　考核	第二十一条　职责分工；第二十二条　考核指标；第二十三条　考核流程；
第七章　激励	第二十四条　主要措施；第二十五条　物质激励；第二十六条　精神激励；
第八章　发展	第二十七条　晋级；第二十八条　降级；第二十九条　续聘；第三十条　精神激励；
第九章　附则	第三十一条　细节制定；第三十二条　解释权利；第三十三条　实施时间。

为有效落实《招商银行兼职教师管理办法（第二版）》的有关规定，各行部依据自身实际情况制定管理细则。组织开展年度"优秀兼职教师"、"优秀教材"等评选活动，授予荣誉称号和颁发荣誉证书，并通过各级内、外宣平台，组织对优秀兼职教师进行宣传表彰，给予优先外部培训、学习、交流的机会。

招银大学组织和要求各行部组织兼职教师开展各类专项培训，包括课件制作、授课技巧、案例开发、课程开发及其他专业教学技术培训等；为兼职教师提供教学实践机会，支持兼职教师参与各类业务及管理类培训教学；积极组织兼职教师间的分享和交流活动，提供相关学习资讯和学习资源，以提高兼职教师的理论和实践水平；认真做好兼职教师教学记载，为兼职教师建立管理档案。

10.3.3　招银企业大学兼职教师培养与使用的具体做法

1. 兼职教师五步管理法

五步管理体系规范了兼职教师生涯的各个环节，其中"选"即统一选拔聘任，"用"即灵活高效使用，"育"即分层分级培养，"考"即严格考核激励，"留"即优劣动态调整。

（1）统一选拔聘任。

2008 年，招银大学制定统一选拔标准，组织全行统一选聘，并根据授课范围和授课水平的不同，按总、分行两级模式实行管理（见图 10—16）。近几年，经过四批选拔、定级考核、动态调整，已选聘兼职教师 2 000 余名。

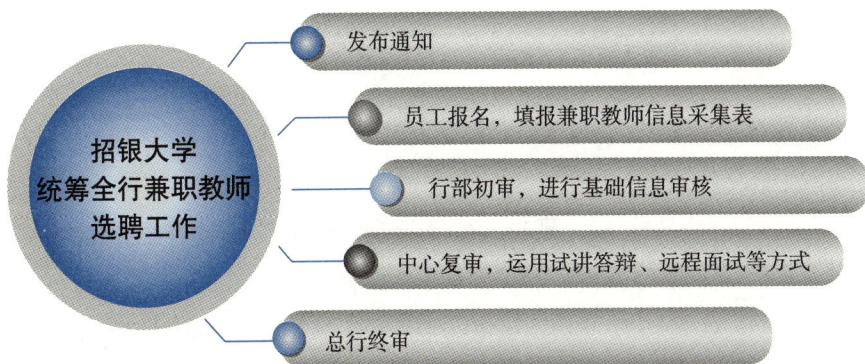

图 10—16　招银大学统筹全行兼职教师选聘工作

2011 年，针对招商银行兼职教师队伍分布广、能力差别大的特点，将兼职教师资格分为基础教学资格（助理讲师、讲师、高级讲师、资深讲师、特级讲师五级）和专业教学资格（认证讲师、测评师、催化师、绩效顾问等）两类（见图 10—17）。

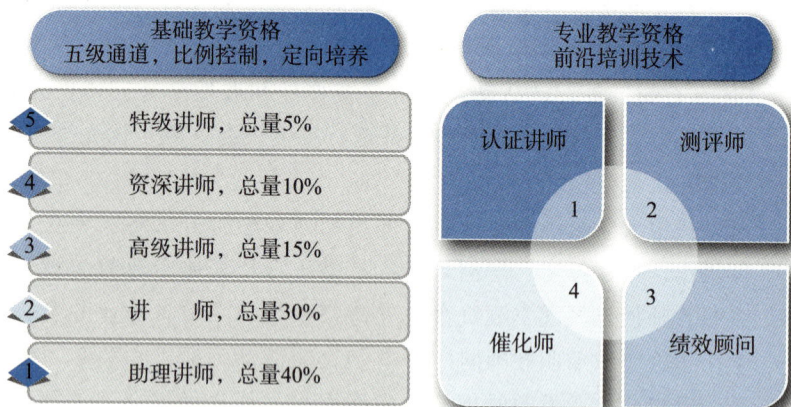

图 10—17　兼职教师资格分类

基础教学资格
五级通道，比例控制，定向培养

5　特级讲师，总量5%
4　资深讲师，总量10%
3　高级讲师，总量15%
2　讲　　师，总量30%
1　助理讲师，总量40%

专业教学资格
前沿培训技术

认证讲师　1
测评师　2
催化师　4
绩效顾问　3

（2）灵活高效使用。

1）全面参与各项教学活动。

所有兼职教师在出色完成本职工作的同时，提炼管理和业务精髓，以教案编写、教材开发、实施教学、组织学习等方式传播文化与知识，分享智慧与经验（见图10—18）。近两年数据显示，在一级培训中兼职教师授课占比 42.26％，二级培训中占 78.25％；1 500 余名兼职教师参与全行 150 门教材开发。

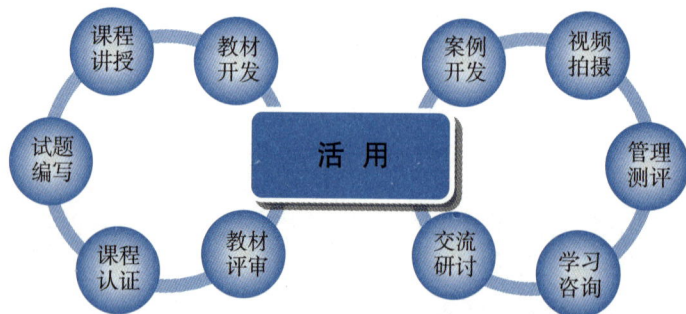

图 10—18　兼职教师全面参与各项教学活动

2）品牌课程师资认证模式不断推广。

自 2010 年开始，招银大学启动了品牌课程师资认证模式。运用品牌课程师资认证三段九式，培养 80 多名品牌认证讲师。通过严格培训认证后，每位认证讲师都具备独立授课能力，有效降低相关培训成本，不断提高培训效果。

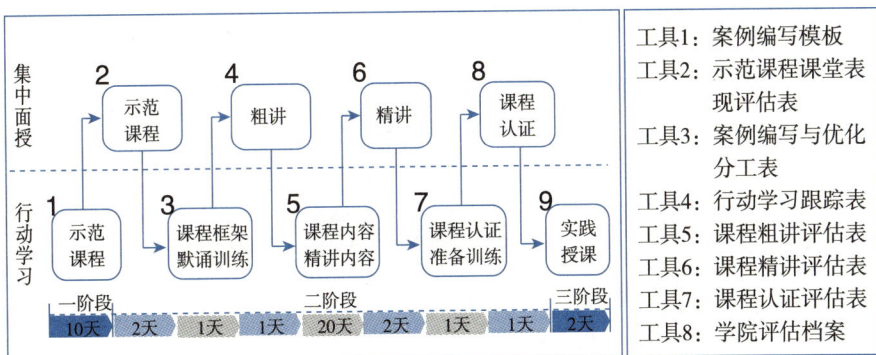

图 10—19　品牌课程师资认证三段九式

（3）分层分级培养。

针对性的培训是提升兼职教师教研水平的有效手段。根据助理讲师到特级讲师不同级别兼职教师素质要求，匹配了《PPT 设计与呈现》、《TTT 授课技巧》、《课程设计与开发》等品牌认证课程和电子课程，帮助兼职教师提高教学技能。同时，逐级培养授课讲师、课程开发师和学习咨询师，使得兼职教师真正成为业务伙伴，推动学习创造价值（见图 10—20）。

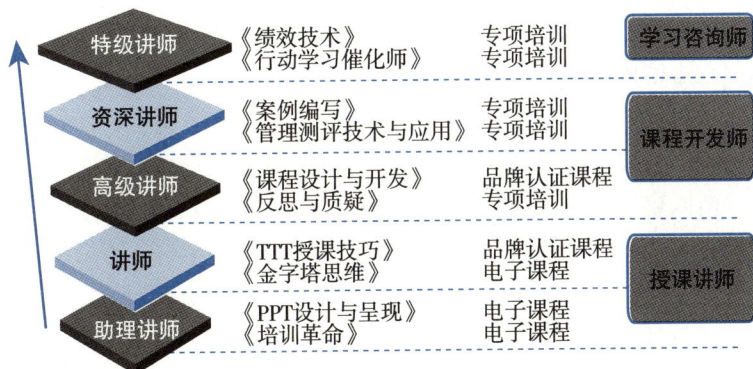

图 10—20　分层分级培养

（4）严格考核激励（见图 10—21）。

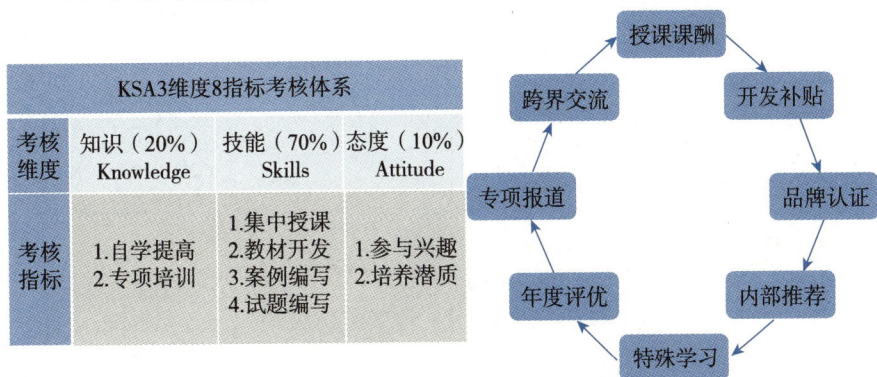

图 10—21　严格考核激励

（5）优劣动态调整（见图10—22）。

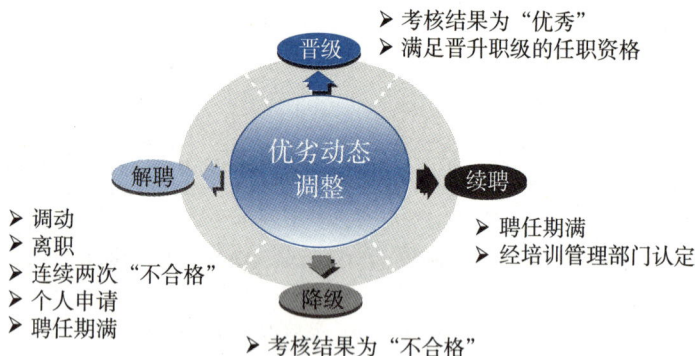

图 10—22　优劣动态调整

2. 兼职教师人才盘点体系

（1）兼职教师素质模型。

能力模型是指导和衡量兼职教师能力水平的标准，应用于兼职教师的定位分级、考核、培养和使用。

依据招商银行兼职教师典型工作任务，我们设计了有意愿、懂专业、善讲师三大能力簇、10个能力指标的兼职教师能力模型。此外，每项指标均有清晰、量化的能力描述。

（2）盘点评估体系。

兼职教师人才评估体系包含2大维度、5项指标、12个评分项：其一，活跃度，是指教学实践活跃度和学习成长活跃度；其二，契合度，是指专业水平、教学资历和教学实践水平。

为保证全行兼职教师队伍各职级分布的合理性，原则上，助理讲师比例不低于40%、讲师比例不高于30%、高级讲师比例不高于15%、资深讲师比例不高于10%、特级讲师比例不高于5%。

（3）盘点评估步骤。

兼职教师人才盘点分为建立模型、盘点现状、发展建议、培养与任用四个步骤（见图10—23）。

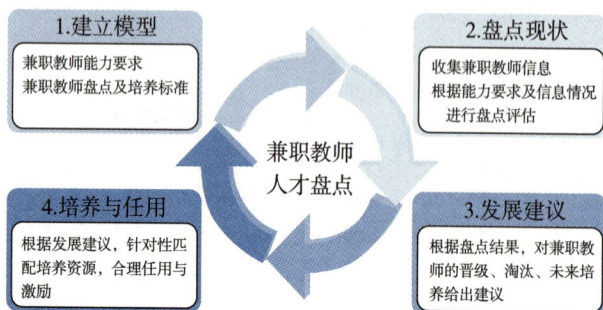

图 10—23　盘点评估

1）教师自评：在册兼职教师和拟聘兼职教师填写《兼职教师信息表》，并进行自评。

2）行部复评：各行部根据《兼职教师盘点评估标准》进行评分，并给予定级意见（见图10—24）。

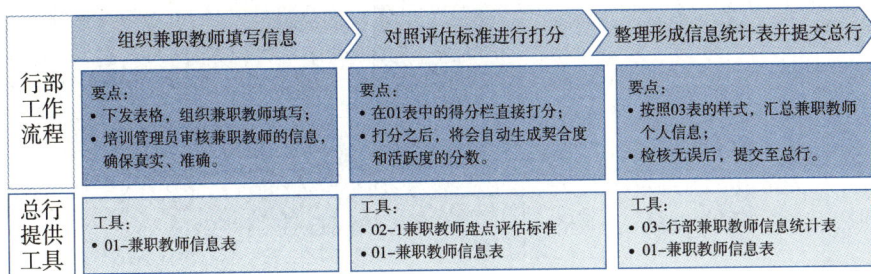

图 10—24　行部复评

3）总行审定：招银大学进行全行兼职教师队伍现状盘点（包括收集信息、资料盘点和资格审定），明确定级考核和新聘结果。

第一步：收集信息，将《兼职教师信息表（兼职教师填写）》和《兼职教师信息统计表（分行填写）》等信息录入汇总，建立最新在册兼职教师资源库；

第二步：资料盘点，针对缺失资料和不合格资料，逐一与各行部沟通，并补充完整资料，完成《全行在册兼职教师信息汇总表》；

第三步：资格审定，依据《招商银行兼职教师管理办法（第二版）》中关于各职级聘任标准（包括兼职教师职级年限、教学满意度和教师实践指数），讲师和助理讲师由各行部核定，高级讲师及以上由招银大学进行逐一审定。

4）正式发文：招银大学发布定级考核和新聘结果。

（4）盘点结果的应用（见图10—25）。

1）专业人才库。

分专业分层级建立兼职教师专业人才库，为各项培训项目提供高质量的兼职教师，保证培训的实用性和针对性。

2）职级调整。

第一梯队为"优秀"，将直接晋级；第二梯队"良好"和第三梯队"合格"，将保留原级；第四梯队"不合格"，将淘汰。

3）任用建议。

教学主力、重点激励、能力培养、不再使用。

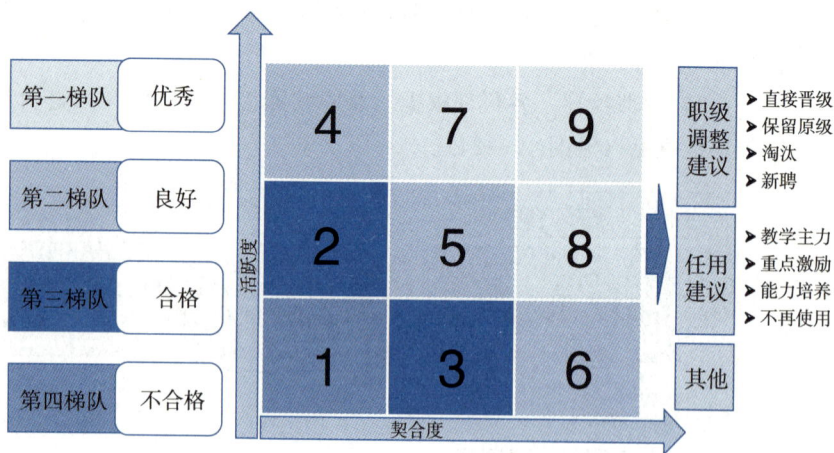

图 10—25　兼职教师盘点报告

3. 兼职教师创新培养模式

（1）品牌课程认证。

自 2010 年开始，招银大学启动了版权课程师资认证模式。兼职教师培养过程中，授课技巧是影响其教学质量的关键因素，外请师资培训覆盖人员有限、培养成本较高，为了解决这一培养瓶颈，进一步提高兼职教师教学水平，加强教师队伍后续培养，内化招商银行培训教学能力，招银大学于 2010 年认证了《招商银行 TTT 授课技巧》及《新任经理管理起航》两门课程共 40 名认证讲师。通过严格的培训认证后，每位认证讲师都具备相应课程的授课能力，承担起全行兼职教师授课技巧的培养工作，从而降低兼职教师培训的成本。

每期"版权课程师资认证项目"均历时三个月，共分为 4 次行动学习、5 个阶段集中授课培训。首先，开展第一次行动学习（包括开展问卷调查、课程设计研发、案例编写），项目组开展需求调研。其次，根据调研结果，项目组完成课程开发工作。该课程符合招商银行实际需求，课程版权属于招银大学，最终成果包含：讲师用书、学员用书、授课 PPT、课程大纲、案例与练习、物品清单、开发任务书、课程框架脑图八件套。最后，组织第一阶段集中示范课培训、第二次行动学习（授课技巧训练与辅导）、第二阶段集中授课（课程粗讲示范）、第三次行动学习（课程逻辑框架、详细内容讲解训练与辅导）、第三阶段集中授课（课程精讲示范）、第四次行动学习（认证准备与辅导）、第四阶段集中授课（课程认证）、第五阶段集中授课（授课跟踪辅导）。通过完成严格的训练之后，每位认证讲师都能充分自如地掌握为期两天的课程讲授技巧，独立开展培训。

（2）专项技术认证。

1）行动学习。

行动学习又称"做中学"，是以解决企业实际问题为载体，通过任务小组的共同学习和反思来解决企业的实际问题，并提升参与者问题分析与解决、团队学习、系统思考等能力的一种组织学习方式（见图 10—26）。20 世纪 90 年代末，逐渐被 GE、花旗银行、西门子等国际先进企业广泛运用，被誉为"个人领导力和组织绩效双重提升的秘密武器"。

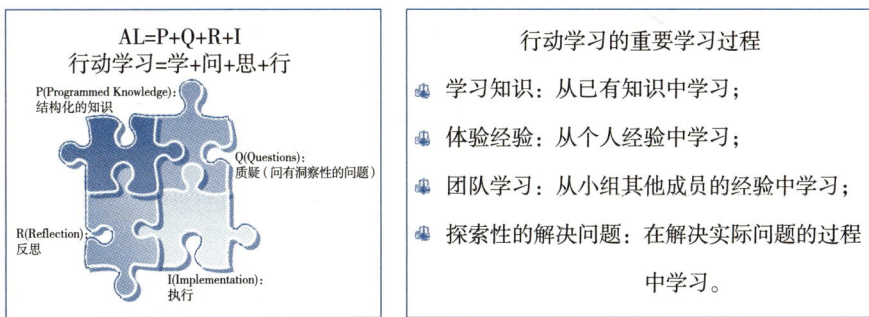

图 10—26　行动学习

招银大学从 2009 年开始引入行动学习，并在"金狮计划"、"金鹰计划"（见图 10—27、图 10—28）等领导力提升项目中进行探索，形成了 170 多项行动学习成果，其中，80％在分支行中得到应用和推广。此外，前后素质测评显示，学员能力平均升幅为 10.37％，其中战略决策、创新思维、持续学习等改善明显，提升幅度在 20％以上，充分体现了培训学习的效果。

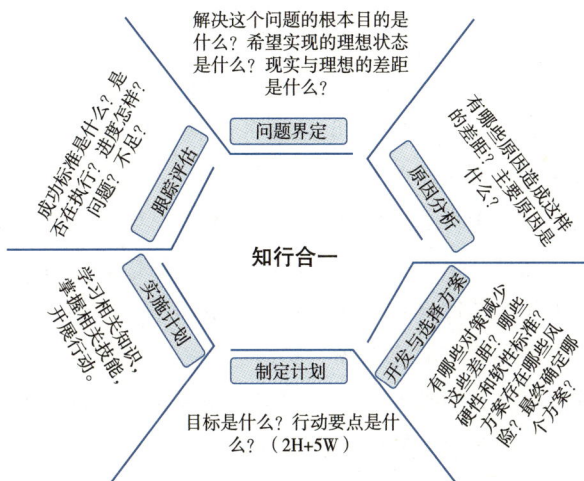

图 10—27　"金鹰计划"行动学习步骤

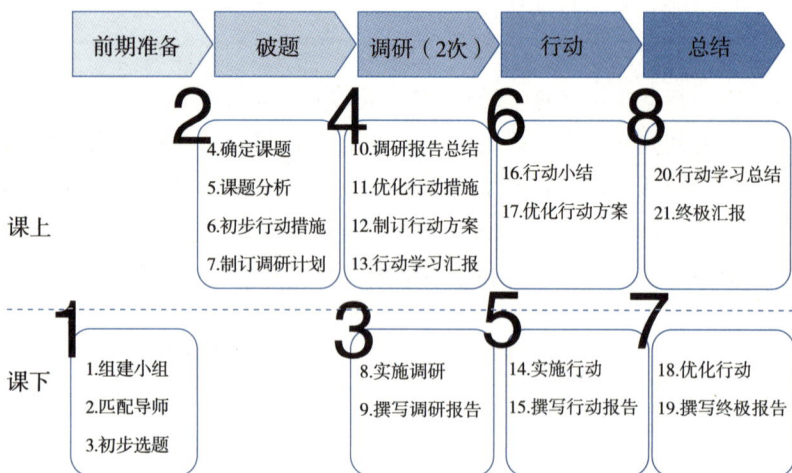

	前期准备	破题	调研（2次）	行动	总结
	2	**4**	**6**	**8**	
课上	4.确定课题 5.课题分析 6.初步行动措施 7.制订调研计划	10.调研报告总结 11.优化行动措施 12.制订行动方案 13.行动学习汇报	16.行动小结 17.优化行动方案	20.行动学习总结 21.终极汇报	
	1	**3**	**5**	**7**	
课下	1.组建小组 2.匹配导师 3.初步选题	8.实施调研 9.撰写调研报告	14.实施行动 15.撰写行动报告	18.优化行动 19.撰写终极报告	

图 10—28 "金狮计划"行动学习步骤

2）教练技术。

管理教练技术是一门已被全球优秀企业广泛运用的管理科学技术，主要运用于团队教练、领导力教练、绩效教练等方面。教练型领导者能提升员工敬业度、改善团队绩效、降低员工流失率。共创式教练（Co-Active Coaching）是目前国际上使用最广泛的管理教练技术，它相信人的内在力量，通过启动潜意识，发掘内在潜能和创造力，达成"共创共赢"。2014年招银大学举办管理教练技术基础和进阶专项培训，收到学员一致好评，课程满意度达到了 4.95 分（满分 5 分）。帮助管理者增强在日常管理和员工面谈中有效识别教练时刻和熟练应用教练活动的能力，逐步培养一批招商银行专业的内部管理教练。

（3）赛训结合培养"金牌讲师"实战演练赛。

"百炼成钢、百战而坚"，人才队伍的锻造离不开专业化的培训与实践磨砺。2013 年，行领导提出以服务为核心的战略转型，对于各条线、各岗位、各层级干部员工的专业能力建设提出了更高、更迫切的要求，谁在专业化上走得快、走得远，谁就能抢占制高点。学习型组织的"成功铁三角"由人才、文化与知识构成，全行兼职教师正是招商银行学习型组织建设的核心动力。为此，2013 年招银大学运用"赛训结合"创新方式，启动首届招商银行"金牌讲师"实战演练赛。其目的在于：其一，在有针对性的培训和实战型演练中培养和磨砺人才，以"实战型专家"为目标促进招商银行兼职教师快速成长，提升兼职教师队伍整体专业力、创造力和能动性。其二，通过专题化、品牌化、竞赛式组织方式，整合人才、知识、培训等资源，产出一批精品课程，提炼、沉淀、升华与传播隐性知识，进一步提升学习资源产能。2014 年第二届招商银行"金牌讲师"实战演练赛于 5 月 15 日正式启动，期间有 2 000 余名兼职教师参与选拔，30 个行部的 96 名优秀兼职教师进入初赛，8 000 余名员工参与网络投票，产出"金牌讲师"10 名、"精品课程"5 门。

10.3.4　招银企业大学兼职教师培养的展望

1. 每一个管理者都是兼职教师

授课能力是管理干部的必修课。一方面，言传身教，管理者需要将业务理解与专业能力讲授给下属；另一方面，教学相长，授课本身也是管理者自我总结与提升的过程。未来，将绩效考核中加入培训等组织贡献评估，成为优秀兼职教师将是管理干部选拔的一个重要条件。

2. 以课程为核心的兼职教师队伍

兼职教师认证以"课程"为单位，而不是以"人"为单位，每一门课程同时有几名认证讲师，并且有一名首席讲师。未来，某个人不是笼统地被称为兼职教师，而是具体为某门课的兼职教师。如果这个人要讲授新的课程，必须经过新的认证程序，通过后才能讲授，这样就保证了课程的质量。招银大学首先根据培训课程和培训工作量预测一门课程一年的讲师需求量，例如经过预测，某门课程需要 8 名讲师，而现在只有 3 名讲师，就要启动该课程讲师的认证培养流程。最终要建立的是以"隐形知识显性化，显性知识系统化"的课程体系，并以课程体系为核心建立兼职教师队伍，真正将培训转换为生产力。

3. 用电子化管理系统建立互动交流平台

兼职教师的培训、考核、使用和管理是一项长期而繁重的工作。未来，我们将逐步开发将兼职教师信息与培训信息、课程评估、学员反馈等集成一体的电子化管理系统，作为兼职教师信息管理中心、兼职教师与学员交流中心、兼职教师之间的学习中心。实现兼职教师管理、资质查询、课程管理、考核与评价自动化处理。培训管理人员和班主任能够快速地查询、选取合适的专业兼职教师资源，安排课程，并轻松地对任课兼职教师的工作进行记录和评价；兼职教师能够快速地查看和安排自己的工作行程；等等。

10.4　强化课程建设

知识的积累和传承是人类文明得以延续和进步的基础，也是一个企业能够生存和持续发展的基础。招商银行伴随业务的快速发展，积累了大量的非物质财富，既包括业务知识、操作技能，也包括企业文化和管理经验。但是，这些非常丰富的知识财富没有很好地沉淀固化下来，给全行业务培训和员工自我学习带来很大困难。为改变这一现状，2008 年，在招行"二次转型"的大背景下，招银大学顺势而为，不断完善全行的培训体系建设，积极提升全行的教学教研水平，统一设计和规划全行培训教材及课程体系，并组织全行兼职教师逐步开发出这些培训教材及课程。

10.4.1 招银企业大学课程建设的"四化"准则

招银大学在 2010 年初教材及课程开发计划工作中正式提出"四化"开发要求，即"开发流程化、格式标准化、形式多样化、使用广泛化"，标志着教材与课程开发工作正式进入规范管理期。"四化"具体内容如下：

1. 开发流程化

主要包含两个流程化：其一，招银大学对教材及课程开发整体流程进行梳理，确定开发组织、管理的流程。具体表现为三大阶段、15 个核心环节。其二，确定每门教材与课程的开门流程，指导开发小组开展工作，并将自学教材的开发流程总结为"自学教材开发十步法"，即：确定名称、组建小组、开发调研、确定大纲、合理分工、分步编写、教材总纂、内部评审、二改、三校 10 个步骤。具体流程如图 10—29 所示。

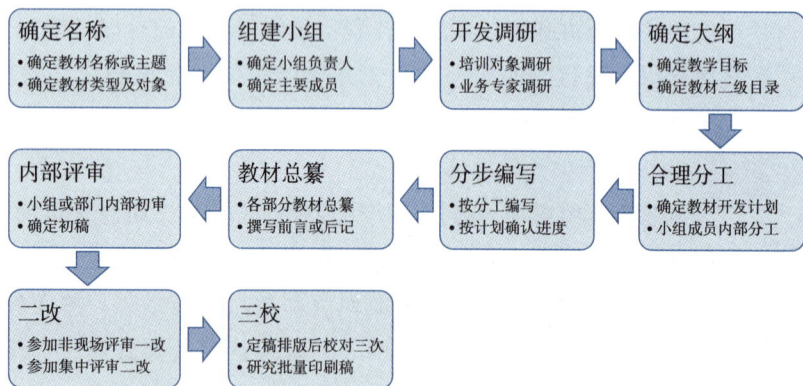

图 10—29　自学教材开发十步法

2. 格式标准化

对教材及课程开发的基本格式进行明确，确定"六个一"标准，即：一本教师用书、一本学员用书、一本学员课堂手册、一份授课 PPT、一个工具包（含案例、活动等）、一套试题及答案。招银大学提供完整的"六个一"样板供开发人员参考。考虑各部门开发的实际状况，可采用"差别对待、逐步完善"的方式实现开发的完整性。

3. 形式多样化

2008—2009 年招银大学开发的教材形式基本是纸质阅读性自学教材，2010 年开始在电子课程方面开展了一些实践，将一些操作性强、学习时间短、适宜自学的教材开发成电子课程。例如，"金字塔原理"、"培训革命"等电子课程，采用 Flash 动画的形式，将知识学习和效果测验融为一体。其中"金字塔原理"在全行兼职教师中推广，得到了广泛好评。

4. 使用广泛化

"物尽其用"是教材及课程开发的最终目的，也是各开发人员的心愿。在教材及课程使用过程中，有两个工作重点需要加强：其一，要与开发部门沟通，确定使用的指导意见，指导和帮助讲师、学员合理使用教材；其二，督促各开发部门，尽快在纸质阅读性教材的基础上开发出对应的课程，提供给各类目标学员学习，提高教材的使用效率。

规范管理期，招银大学课程管理工作以有序推动全行教材与课程开发工作为主，确定了课程开发、评审、认证标准流程，形式已扩展为自学教材、面授课程及电子课程，内容包括产品知识、业务流程、通用素质、企业文化及管理技能等。

10.4.2　招银企业大学课程建设策略

招银大学在课程建设的实践探索中，确定对全行课程开发的整体规划、运营管理、专业支持及人才培养的四大策略，以促进招商银行课程开发工作的有序推进。

1. 整体规划策略

（1）搭建课程体系。

招银大学课程开发围绕"领导力、专业条线、新员工"三大培训体系搭建，有效支撑招商银行各层级、各岗位员工的学习发展需求。领导力课程横向分为管理自我、管理业务及管理他人三个维度，纵向包括从新任管理者到分行行长共七个层级；专业条线课程横向主要按照业务类型划分为公司金融、零售金融、信用风险、运营管理、信息技术等维度，纵向包括初、中、高三个级别；新员工课程主要包括业务基础、招银文化及职业素养三个方面。

（2）确定课程类型全覆盖。

为满足各种学习需求，结合招商银行的特点，招银大学对教材及课程开发的形式进行反复研究，确定了各类课程的分类标准，主要分为四大类：第一类自学课程，主要特点为信息量大，以知识为主，需要学员进行系统学习并记忆，采用纸质印刷和网上下载两种模式，以学员自学加考试为主，课堂讲授为辅。第二类是面授课程，这类课程主要为专业及职业技能类内容为主，课程内容包括：教师用书、学员用书、授课 PPT 及学习资料包等，以课堂讲授为主，学员自主学习和练习为辅。第三类为在线课程，主要是指各类 E-learning 及 M-learning 电子课件（三分屏、Flash 类、微课程），以及 CD、DVD 等各类视听学习材料。以动画、录音、录像为主，多用于在线教学、远程教学及各类培训班课前预习和课后复习等，通过上挂我行学习管理平台，组织相关在线学习活动，迅速传递我行业务类、操作类、制度类相关知识，扩大受训范围，有效解决工学矛盾。第四类是混合式课程，主要针对各级管理者，以管理理论、技能、工具和方法为主。结合国内外成熟的管理课程框架和招行自身的管理文化进行开发，以"课程＋实践"的形式为主，有机嵌入招行已有的各类领导力发展计划中，与各类学习方式有效组合为混合式学习模式。

2. 运营管理策略

为保障每年课程开发工作的顺利进行，招银大学组织全行课程开发工作，主要包括制订年度课程开发计划、建立课程开发标准及组织课程盘点等运营管理工作。

（1）制订年度课程开发计划。

课程开发计划制订工作包括发布计划制订通知，与各部门沟通各类课程开发需求，启动课程开发工作及定期发布全行课程开发工作进度通报并沟通开发难点（见图 10—30）。

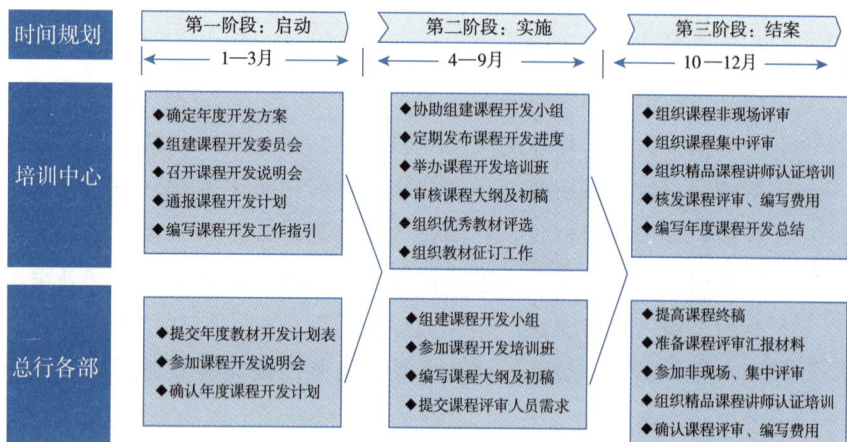

时间规划	第一阶段：启动	第二阶段：实施	第三阶段：结案
	1—3月	4—9月	10—12月
培训中心	◆确定年度开发方案 ◆组建课程开发委员会 ◆召开课程开发说明会 ◆通报课程开发计划 ◆编写课程开发工作指引	◆协助组建课程开发小组 ◆定期发布课程开发进度 ◆举办课程开发培训班 ◆审核课程大纲及初稿 ◆组织优秀教材评选 ◆组织教材征订工作	◆组织课程非现场评审 ◆组织课程集中评审 ◆组织精品课程讲师认证培训 ◆核发课程评审、编写费用 ◆编写年度课程开发总结
总行各部	◆提交年度教材开发计划表 ◆参加课程开发说明会 ◆确认年度课程开发计划	◆组建课程开发小组 ◆参加课程开发培训班 ◆编写课程大纲及初稿 ◆提交课程评审人员需求	◆提高课程终稿 ◆准备课程评审汇报材料 ◆参加非现场、集中评审 ◆组织精品课程讲师认证培训 ◆确认课程评审、编写费用

图 10—30　年度课程开发工作实施计划表

（2）建立课程开发的流程及标准。

招银大学课程开发工作包括三阶段、15 个核心环节，包括数十个邮件及表单模板；根据不同的课程类型也有相应的开发流程，例如自学教材的十步开发法、品牌课程（属于面授课程中的精品课程）及在线课程开发流程；针对不同的课程类型也有相应的标准，例如内容模块、字体字号、教材元素都有相关规定（见图 10—31）。

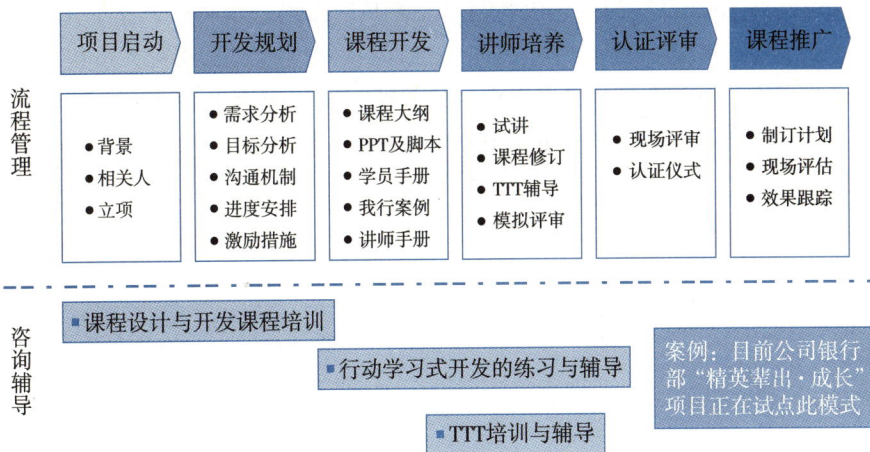

图 10—31　招商银行品牌课程开发认证流程示意图

（3）组织课程资源盘点工作。

招银大学每两年会邀请总行各部门及各分行对课程资源进行盘点，有效保证课程资源的时效性。

3. 专业支持策略

（1）研究课程开发技术。

为提升招行课程质量及开发速度，打造属于招行的课程开发工具，招银大学一直致力于研究课程开发相关技术，例如 ISD 课程开发模型、知识管理、案例开发、敏捷课程开发及学习地图，并于 2013 年正式引进"基于行为改变的课程设计与开发"版权课程（见图 10—32）。

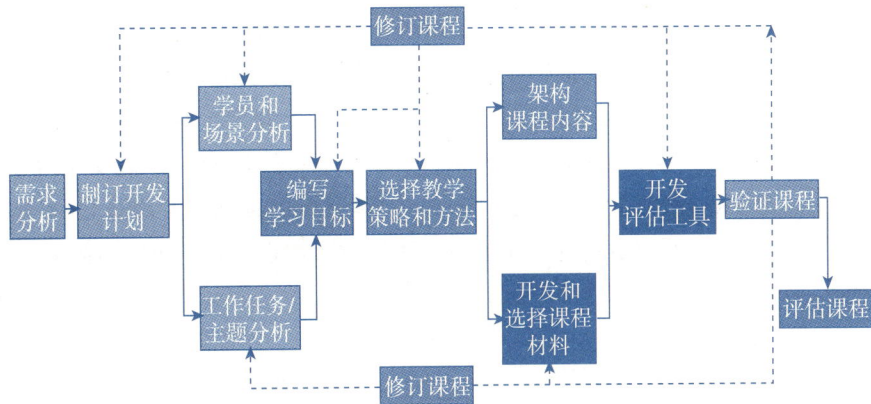

图 10—32　基于行为改变的系统性课程设计与开发模型

（2）开展课程开发咨询。

为提升课程开发效能，招银大学一直为各部门提供课程开发类型及模式咨询。目前国内大型企业内部课程开发一般包括四种模式："成品引进""自主开发""委托开发"和"定制开发"（见图 10—33）。招行课程开发以

"自主开发"为主，内容包含业务基础知识、产品知识及工作流程等。委托开发部分综合素质类课程，采用委托开发模式，我行人员提供课程开发需求、相关素材并担当评审，外部顾问承担课程开发工作。引进了"银行业从业人员认证资格考试辅导"等基础在线课程。

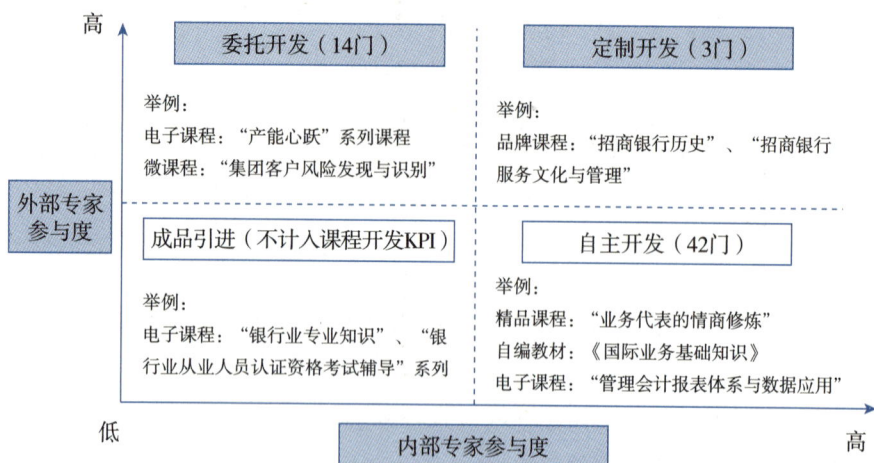

图 10—33　2013 年课程开发类型示意图

（3）组织品牌课程研发。

为保证品牌课程研发的质量并提升招银大学课程开发研究人员的专业性，研究人员亲自参与品牌课程的研发。例如，2011—2012 年针对新任管理者设计的管理起航项目中包括"管理者角色转化""团队愿景与目标""管理沟通""工作布置与反馈""部属辅导""有效激励"6 门招银大学自主开发的面授课程；2013 年组织开发 3 门品牌课程，由招行人员作为内容专家与外部顾问作为课程专家组成课程开发小组，共同完成课程开发工作。2012 年底启动"招商银行历史"品牌课程开发工作（见图 10—34），课程于 2013 年 6 月正式通过评审。7 月初，来自全行的 43 名文化内训师系统学习了该课程，并通过试讲考核，取得课程讲授资格。截至 2013 年 11 月底，已有 20 余家分行在新员工培训中讲授"招商银行历史"品牌课程。

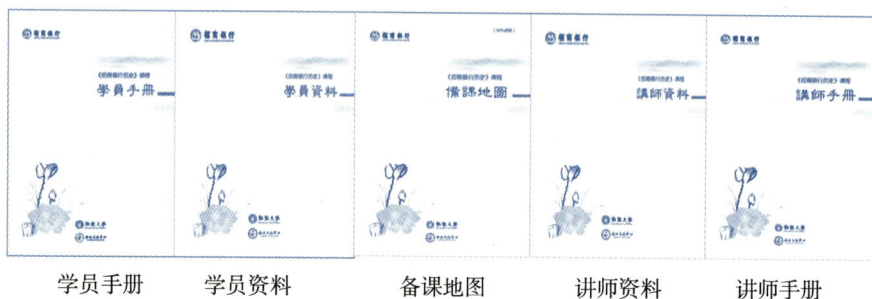

学员手册　　学员资料　　备课地图　　讲师资料　　讲师手册

图 10—34　"招商银行历史"品牌课程套件

4. 人才培养策略

（1）组织课程开发工作坊。

在战争中学会战斗是成年人掌握学习技能的最好方式，招银大学选择组织课程开发工作坊的形式提升兼职教师的课程开发能力，通过工作坊辅导一方面完成辅导团队课程开发，一方面教会团队课程开发工具及方法（见图 10—35）。例如，2012 年，针对总行公司金融条线"精英辈出"系列业务专业技能提升培训，开展工作坊，产出 5 门精品课程；2013 年来自总行办公室、远程银行中心、培训中心及信用卡中心的 24 名同事，通过为期 3 天的"工作坊式"课程开发技术学习和后期行动学习，完成 5 门专业课程开发任务。

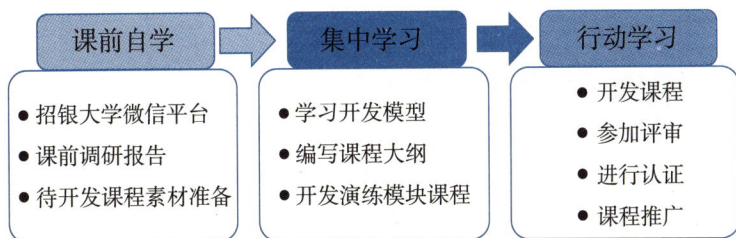

图 10—35　招商银行课程开发工作坊流程

（2）组织课程开发专题培训班。

为让更多的兼职教师学会课程开发技术，从 2011 年起，招银大学每年会邀请外部专业讲师为招行兼职教师讲授课程开发课程。2014 年，招银大学自主研发"课程设计与开发"精品课程，作为招行兼职教师能力提升授课学习课程。

10.4.3　招银企业大学课程建设的未来探索

由于社会变革中新技术带来的颠覆性创新，社会人际交往模式带来了学习方式的巨大变革，以面授集中学习为主的学习形式受到了极大的冲击，学习趋向于社交化、移动化及游戏化。同时，招商银行面临着由于服务转型带来的系列改革，组织机构的改革及网点的快速扩张，引发学习需求量的倍增。从招银大学自身发展来看也面临开发效率与质量的平衡及开发模式与工具的创新。面对社会变革、企业转型及招银大学自身的发展，课程建设工作任重道远。

1. 搭建学习路径，加快员工成长速度

随着产品创新速度的加快、组织结构的调整及网点的迅速扩张，通过学习路径图，对员工的培训培养需实现两个目标：第一，缩短从新人到岗位专家的成长时间；第二，提高员工成材比例。这就需要针对专业岗位从新人到专家的学习路径进行设计，匹配相应的课程和学习内容，并对效果进行检验。

学习路径图的核心是实现以课程为中心向以学员为中心的转变，即从该岗位承担的任务入手，通过对任务流程的分解，设计分层次的学习内容，设计相应的学习形式和课程资源，从而建立完善的岗位培训体系。工作流程详如图10—36所示。

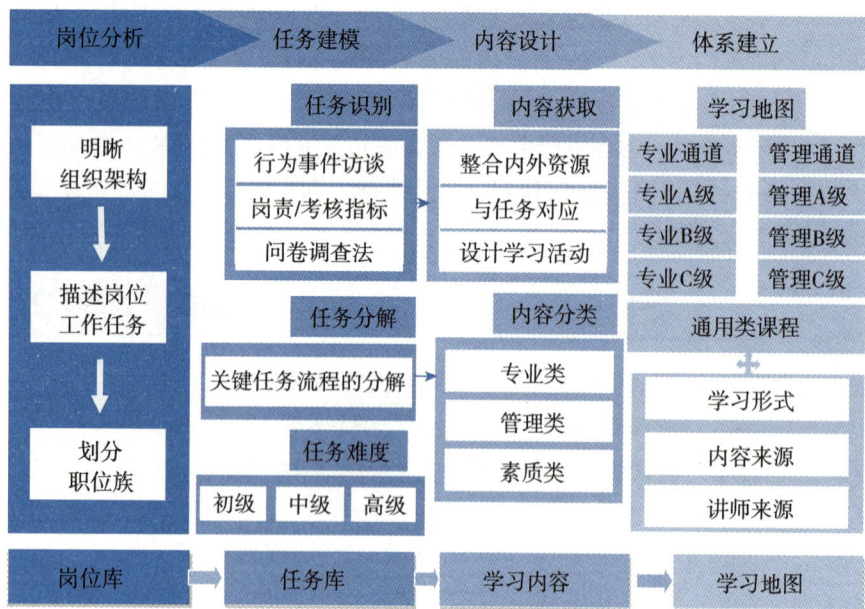

图10—36　搭建学习路径图工作流程图

2. 开发轻型课程，提升员工学习体验

顺应学习方式变革，改变依赖集中面授和视频培训的现状，逐步推行碎片化培训方式作为有效补充，降低培训成本，增强培训效果。一是充分发挥在线学习平台的作用，对招行学习资源进行持续盘点，并建立学习资源的收集、整理机制，逐步将课程PPT、老师授课视频上挂在线学习平台，供学员自学，扩大范围共享；二是开发电子课程及微课程，即生动有趣，帮助学员移动式、碎片化学习，同时能通过后台统计，了解学员学习进度，每门课程后测试，掌握学习效果；三是研发O2O线上与线下相结合的混合式学习培训项目，并开发相应的学习线上、线下学习资源，从本质上实现学习的社群化、移动化及游戏化。

3. 加快案例库建设，提升员工学习效能

招行内部案例经过近几年的持续开发，数量持续积累，但还未系统化、机制化及规范化。为提升案例开发的效能，加大案例应用的广度及深度，从而更好地服务于企业的战略发展与人才培养，加快招行案例库建设工作势在必行，主要有三方面的工作：

第一，案例库建设顶层设计。结合招行战略发展及培训体系，建设领导力库案例库、岗位素质案例库、通用素质案例库及重大项目四大子案例

库。四个案例库有序衔接，覆盖公司关键员工案例学习及应用需求（见图10—37）。

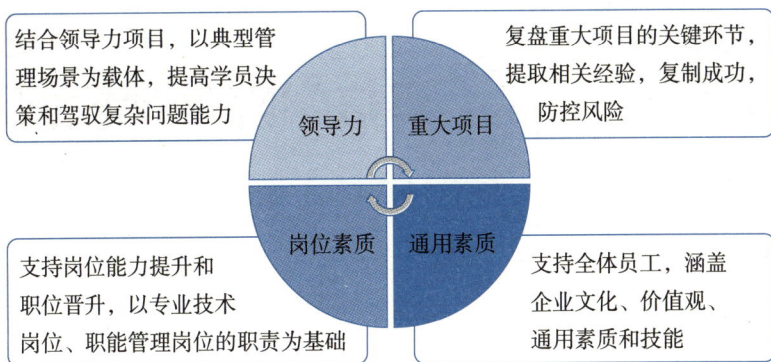

结合领导力项目，以典型管理场景为载体，提高学员决策和驾驭复杂问题能力

领导力

重大项目

复盘重大项目的关键环节，提取相关经验，复制成功，防控风险

支持岗位能力提升和职位晋升，以专业技术岗位、职能管理岗位的职责为基础

岗位素质

通用素质

支持全体员工，涵盖企业文化、价值观、通用素质和技能

图 10—37　招商银行案例库顶层设计初步构想

第二，推动案例开发工作。为逐步在招行营造案例开发及应用的氛围，可以从两个方面着手：首先，从真正体现业务价值的案例着手，在招行内部推动案例方法论的传播与应用，宣传案例内容和价值，培育应用案例的习惯与环境，例如风险管控或授信审批；其次，从涉及全行广大员工学习价值的领域着手，设计和实施相对丰富的案例开发及应用活动，传递标杆价值，推动内部思想解放和工作模式创新，例如服务或营销。

第三，规范案例库运营管理。为满足业务发展和战略变化带来的案例学习新要求，保证案例开发及应用工作在全行范围内推广，需规范案例库相关的运营和管理工作，推动案例相关制度化建设，指导和规范案例相关工作开展。

4. 探索课程开发技术，增强内部课程专业性

持续优化"课程设计与开发"课程，列入兼职讲师 TTT 培训必修课程；引入案例教学技术，有针对性地挖掘企业内部案例素材、提炼案例和最佳实践，培养企业内部讲师和岗位专家承担起企业内部的案例采集和编写工作，并能应用开发好的教学计划和流程实施案例教学；探索在线课程设计技术，研究更适合业务发展及现代化移动学习趋势的敏捷课程开发模式及微课程开发技术。

第 11 章
海信学院发展模式与实践

海信集团是特大型电子信息产业集团公司，本着"敬人、敬业、创新、高效"的企业精神，海信集团高度重视员工培养工作。作为海信集团的企业大学，海信学院是中国最早成立的本土企业大学之一，董事长周厚健曾亲自担任海信学院院长，将人才培养作为企业发展的重要战略支撑，搭建起了完善的培训体系，为海信集团的高速健康发展提供了人才的保障。

11.1　海信学院的成立背景

1998 年 5 月，海信学院成立，是中国最早成立的本土企业大学之一。2008 年海信集团对海信学院进行了重新的定位和规划。

11.1.1　企业自身需求

随着中国经济的迅猛发展，海信的各产业板块也纷纷进入快速发展时期，尤其在海信兼并了科龙电器之后，家电产业各项业务正在整合、完善，国际营销公司的成立正在加速国际化进程，人才已不能满足企业快速发展的需要，集团各类人才业务能力、管理能力和综合素质的培养、提高已迫在眉睫，后续人才培养和储备必须纳入集团人力资源战略规划之中。

11.1.2　行业发展需求

自从 1998 年摩托罗拉在中国首先引入企业大学的概念，企业大学的战略地位愈发凸显。在 2000 年之后，国内企业大学纷纷建立，并被赋予了一定的战略高度。在国际上，众多著名的企业大学已经树立了成功的全球典范，使得企业大学发挥其传播、变革的责任。

11.2　海信学院成立的可行性和必要性

成立于 1969 年的海信集团是以海信集团公司为投资母体组建的特大型电子信息产业集团公司。2013 年海信实现销售收入 932 亿元，在中国电子信息百强企业中名列前茅，已形成了以数字多媒体技术、现代通信技术和智能信息系统技术为支撑，涵盖多媒体、家电、通信、智能信息系统和现代地产的产业格局。拥有海信电器和海信科龙电器两家在沪、深、港三地的上市公司。

海信集团在全国拥有 10 个生产基地和 38 个区域营销中心，在全球拥有 3 个海外生产基地、6 个海外研发中心、22 家海外分公司或办事处，共有员工 7 万余人。

随着海信集团的不断发展和扩大，人才发展需求与人才培养能力严重脱节，各版块人才短缺已成为制约海信集团发展的瓶颈。因此海信集团决定组建海信学院，为企业发展提供人才支撑。

11.3　海信学院的目标定位

11.3.1　组织定位

海信学院是海信集团董事会领导下的非营利性的独立培训机构，作为全集团的培训和研究平台，整合集团内部培训资源，指导和管理各公司的培训工作，协调全集团的相关研究工作，推动企业经营管理水平的提高。

11.3.2　业务定位及职能

海信学院作为海信集团董事会领导下的知识密集型机构，为全集团在内部培训、管理研究、对外交流和管理推动等方面提供服务，发挥以下业务中心的作用：

1. 海信集团的培训中心

负责实施全集团的高层管理人员、中层管理人员和基层专业管理人员的培训；应集团或成员企业的要求开展专项培训；对成员企业和集团各部室的培训工作进行支持、指导和管理，根据各公司制订的培训计划对其培训工作进行评价和监督。

2. 海信集团的研究中心

根据集团经营管理和发展的需要，研究解决集团及成员企业面临的问题，研究新理论、新方法在集团内的应用。研究重点为海信先进经营管理方法的总结和提升、海信企业文化及海信经营哲学的提炼。

3. 海信集团的管理推动中心

根据集团领导的要求和成员企业的需要，为企业开展企业诊断和管理咨询工作，将成熟的管理方法和经验介绍给企业并协助实施，帮助企业提高管理水平。

4. 海信集团的交流中心

与国内外的高等院校、企业大学及相关培训机构和研究机构开展交流与合作，以吸收他人的先进管理经验、新的研究成果和相关教学研究力量，传播海信文化和海信管理经验。

11.4　海信学院的具体制度框架

11.4.1　管理体制

为实现海信学院的职能，根据学院的特点，建立了一套适合学院运行与管理的管理体制。

1. 集团董事会

集团董事会是学院的领导机构，对学院的重大问题做出决策。对学院的主要职能：

（1）决定办学方针和发展规划；

（2）聘任院长、副院长和教务长，并决定他们的报酬和奖惩；

（3）审定专家委员会的人选；

（4）审定学院的预算和决算（授权集团办公会）；

（5）审定并修改学院章程。

2. 院长

学院设院长一人。院长负责执行集团董事会的决议，全面领导学院的工作，重点负责学院的以下工作：

（1）学院的发展和资金的筹集；

（2）对外关系、政府关系和社会关系；

（3）关键人才的引进工作。

3. 副院长兼教务长

学院设副院长一人，同时兼任教务长。副院长受院长委托主持学院工作，对院长负责；同时，作为教务长重点负责学院的教学科研及其相关的工作：

（1）教学管理；

（2）科研管理；

（3）师资管理；

（4）学员管理；

（5）内外交流；

（6）集团内企业的管理推动活动。

4. 专家委员会

专家委员会是学院的学术权威机构。专家委员会由 9 人组成，由具有高级专业职称或高级管理职务的集团内部专家 7 人和外部专家 2 人组成。专家委员会的职能有：

（1）审议培训方案及课程设置；

（2）审议研究计划；

（3）对教师的聘任和晋升做出学术评价。

专家委员会会议由副院长兼教务长负责召集和主持，每年至少召开两次，如遇特殊情况征得院长同意可临时召开。会议采取记名投票方式及多数原则形成决议。

5. 院长办公会

院长办公会是海信学院日常工作的行政例会，协调和处理学院日常工作中的问题。会议每周召开一次，由副院长负责召集和主持，学院职能部门主任以上人员出席，可根据会议内容的需要请有关人员列席会议。

11.4.2　部门设置

1. 办公室

办公室作为学院的综合行政管理部门，负责学院的行政事务管理、财务后勤服务及全学院活动的协调工作。主要职责有：

（1）负责学院的日常行政工作，协调涉及全学院的各项活动；

（2）负责文件收发与档案管理工作；

（3）负责对外日常接待、宣传与公共关系；

（4）学院员工的招聘、培训和绩效考核；

（5）财务、资产、后勤、安全等管理工作和员工福利与生活等服务性工作；

（6）学院网站的建设、维护与管理；

（7）学院领导交办的工作。

2. 教学管理部

教学管理部是学院的教学管理职能部门，负责实施学院本身的培训计划，指导所属企业的培训工作，以及日常教学事务管理。主要职责有：

（1）根据学院的年度工作计划，制订培训计划的具体实施方案。

（2）制订与修改教学管理制度、教师管理制度和学员管理制度，经学

院批准后负责实施。

（3）组织教研室及教师编写教学计划、教学大纲、讲义和案例，以及开展日常教研活动。

（4）负责学院日常教学活动的管理，包括与任课教师的日常联络、签订任课协议，以及教学工作的评价与考核；日常上课管理、学员考勤、学员成绩管理、学员论文组织、组织论文答辩等。

（5）负责指导、监督和评价集团所属企业的培训工作。

（6）组织协调教师和有关企业与部门，开发具有海信特色、凝练海信文化和经验的课程。

（7）负责学院资料室的管理。

（8）学员学习档案的管理。

3. 管理研究中心

管理研究中心是学院从事研究管理的职能部门，负责实施学院本身的研究计划，协调集团及其成员企业的管理研究工作。主要职责有：

（1）根据学院的研究规划和年度研究计划，制订具体实施方案；

（2）制订与修改学院的研究管理制度，经学院批准后负责实施；

（3）组织和协调教师、学员及集团内的其他研究力量，并借助外部的专家资源开展管理研究活动；

（4）组织协调教师、学员和集团内外部研究力量，研究和提炼海信文化和海信经验；

（5）跟踪国内外有关研究的最新动态和新的理论和方法，促进集团的相关研究水平和经营管理水平；

（6）接受集团和成员企业的委托，为企业开展研究服务；

（7）组织协调力量申请并完成国家及省市的相关研究课题。

4. 管理推动中心

管理推动中心是为推动集团及其成员企业提高经营管理能力，为企业提供咨询服务的业务职能部门。根据集团的指示和应所属企业的要求，为企业开展经营管理诊断，将成熟的经营管理方法和经验介绍给企业并协助实施，帮助企业提高经营管理水平。主要职责有：

（1）根据学院的年度工作计划，制订管理推动工作的具体实施方案；

（2）制订与修订管理推动工作的管理制度，经学院批准后负责实施；

（3）向集团所属企业推广管理推动业务；

（4）协调和组织教师与集团内外专家组成项目小组，开展企业诊断活动，为企业提供咨询服务，帮助企业提升经营管理能力；

（5）监督管理推动项目的进展与组织对项目效果的评价工作。

5. 各专业教研室

教研室是基本教学单位，根据教学内容设置，由专职教师和兼职教师组成，承担具体教学和教研任务。

主要承担企业文化、人力资源、企业经营等相关课程的教学与研究任务。例如海信理念与发展史、海信干部能力素质模型解读、立体的海信、海信文化等方面课程的教学与研究。

11.5　海信学院的主要做法与经验

海信集团董事长周厚健指出，人才培养应围绕公司战略、经营需求，通过提升员工的核心能力帮助集团各公司达到甚至超越经营目标。基于此，海信学院将自身的人才培养目标确定为以下两个方面：一是围绕企业经营战略培养人才，二是学员通过解决公司实际问题提升岗位胜任力，围绕这两个培养目标，制定了海信学院的课程体系，组织学员开展跨界研究工作。具体如下：

11.5.1　全面的课程体系设置

海信学院围绕海信集团的经营战略与人才需求，搭建了以价值观培训、领导力培训、专业技能培训和职业发展培训为核心的课程体系（见图10—1）。

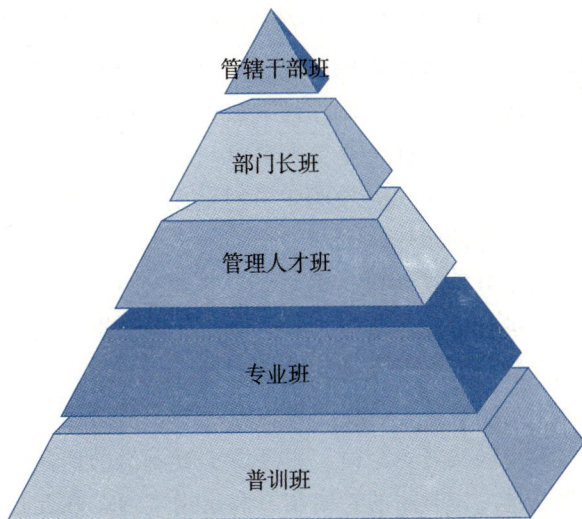

图11—1　课程体系

1. 新员工培训

新员工必须参加，主要接受海信管理制度、价值观、海信作风等方面的培训，考试合格方可转正（认知海信）。

2. 职业发展培训

管理人员必须具备一定的通用管理技能，如时间管理、项目管理、管理沟通、谈判技巧、演讲技巧等。通过此类培训提高管理人员的职业发展能力（针对职业发展，补缺）。

3. 专业技能培训

各专业序列员工更要成为本专业的行家里手。因此专业技能课程必不可少，如人资、财务、物流、生产、质量、流程、市场、开发、国际化等专业的培训。通过培训提高员工在本专业的履职能力（学员带着问题参训，带着解决方案回去）。

4. 领导力培训

这是学院培训体系中的重点，主要是中、高级管理人员及后备的培训。通过一系列战略的课程提高各级管理者的战略视野和领导力，为企业培养优秀的管理干部和后备人才。

针对以上四类培训，学院设置了不同的班级体系，包括：针对集团经营层的管辖干部班、针对各公司中层的部门长班、针对各专业序列主管（如研发、生产、质量、物流、人资、财务和市场营销）的专业班，以及针对校园招聘新员工和社会招聘新员工的普训班。通过这样的班级体系搭建，实现从新员工到集团董事长的全员培训。

领导力培训是海信学院培训体系中的重中之重，围绕海信干部的能力素质模型，海信学院对集团管辖干部、各公司中层管理者、四级管理人才分别开发、设置了有针对性的课程体系。以管辖干部班为例，培训方案确定为四大版块：人力资源版块、运营/生产/质量版块、财务管理版块、海信实务版块。同时在培训过程中加入高端讲座和"走出去"环节，安排管辖干部班学员赴标杆企业交流学习。在培训结束后，组织管辖干部班学员的任职资格验收考试，检验学员对前期培训知识的掌握程度和培训效果，形成干部培养的闭环。

海信十分重视新员工的培训，在制定年度新员工管理方案的基础上，对新员工进行引导和培养。海信学院针对校招新员工设置了完善的课程体系，包含海信的企业文化、品牌理念、技术理念、质量理念、职业发展规划和员工福利政策等。在课程培训之外，集团还会安排新员工进行一线生产实习和市场实习，全面、切身地了解海信的产品和市场。一线实习结束后，将安排一定时间的轮岗实习和定岗实习。在此过程中，会给每位新员工配备导师，指导新员工进行角色转化、职业规划，在工作和生活中给予指导。海信通过完善的岗前培训，希望帮助新员工尽快从学生转变为社会人，引导新员工融入企业。

同时，海信学院非常重视国际化人才的培养，海信集团以"加快国际化进程"为重要战略目标，海信学院组建国际化人才培养班，每年培养各序列专家及骨干员工，提升其英语水平，补充国际贸易知识，为海信的国际化战略提供人才支撑。

11.5.2　跨界研究工作

"721 法则"人才培养最佳实践：多家世界 500 强公司的人才培养与发展实践证明，影响领导力发展的因素主要来自于三个方面：

70% 来自于关键经历：根据人才的特点匹配相对应的、关键性的业务岗位或角色；20% 来自于人际反馈：从同事、上级、或客户那里得到反馈和建议，实现自我的提升；10% 来自于培训教育：参与专业技能类的、通用管理类的课堂培训，获取知识和信息（见图 11—2）。

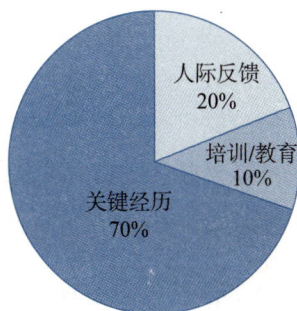

关键经历 70%	挑战性工作任务 行动学习 晋升	岗位轮换（跨区域、跨职能） 担任项目经理 担任内部培训师
人际反馈 20%	360 度评估反馈 测评（个性、团队） 行为反馈	教练辅导 导师制 角色模拟
教育培训 10%	课堂培训（内训） 阅读自学 E-learning	论坛（外部、内部） 跨界参观学习 外派培训和管理教育

图 11—2　影响领导力发展的因素

人才培养不仅仅是上课，更多应从关键经历中成长，并得到辅导反馈。学院将跨界研究（关键经历）转变为人才培养的核心，并辅以有针对性的辅导和培训。

在这一理论基础的指导下，海信学院创新性地提出跨界研究的概念。跨界研究是指来自不同公司、具有不同视角的学员组成小组，共同研究和解决企业实际经营问题，提高企业的效益和效率，同时提升学员解决公司问题的能力，从而提升其岗位胜任力。

围绕着人才培养的"721 法则"，海信学院将跨界研究、辅导、培训按

"721" 的比例分配（见图 11—3），具体如下：

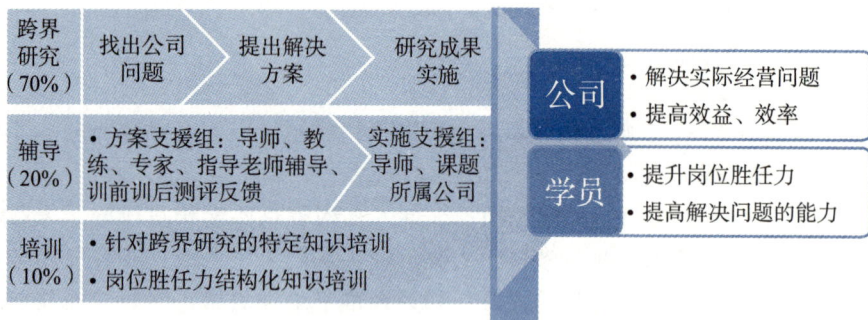

图 11—3 "721 法则"

跨界研究（70％）：来海信学院上课之前，学员需要找出三个"公司面临或亟需解决的问题"。这些问题可以是其个人工作领域，也可以是部门、公司层面有待解决的问题。学院再对问题进行归纳，分成几个课题小组进行讨论学习。学员可以根据自己的兴趣选择参与的小组。在 7～8 个月的课程系统学习过程中，学员以小组为单位，围绕这些问题，提出解决方案，并在各公司推广实施。为了保证课题的研究方向和专业性，学院为每个小组的研究课题设置三个控制点：开题、中期评审、结题评审，在初期、中期、终期对课题的质量进行把控。

辅导（20％）：经过 7～8 次的课程系统学习后，学员需撰写"跨界研究报告"解决企业的实际问题。只有解决了企业存在的实际问题，并通过专家的评审，学员的培训才算合格。在整个培训过程中，海信学院设有选题、开题评审、中期评审和结题评审，有效地训练了员工研究问题、解决问题的能力。同时，学院还对报告的推行情况进行跟踪调研，确保成果的应用效果。

培训（10％）：围绕学员的岗位能力要求，设置有针对性的课程，使学员通过学习掌握专业技能和方法，搭建专业知识体系。

周厚健董事长提出："做好培训工作，不仅在于培训的人数和次数，基于公司战略、围绕经营需求开展的培训才是有益和有效的。通过提升员工的核心能力帮助集团各公司达到甚至超越经营目标，真正做到人与组织的共同发展。这是培训的价值所在。"

11.6　海信学院的发展策略

11.6.1　紧紧围绕企业战略创新海信学院工作

海信学院在成立初期，曾经出现过课程体系与企业战略不能很好匹配的问题，导致在成立初期，学院工作开展的压力与阻力并存。为了解决这一问题，更好地与企业战略匹配，2010 年，周董对学院提出"三选一编"的工作思路。在周董的指示下，学院对自身发展阶段进行重新定位。

1. 科学定义并开发课程体系

将企业大学发展过程一般分为三个阶段：摸索阶段（体系构建、经验积累等）、治病阶段（更加贴近企业实际）、战略阶段（以未来为导向，注重当前与未来的有效融合）。当时学院还处在第一阶段向第二阶段过渡期间，提出专业化培训以自己开发的课程为主。

海信学院以 GE 克劳顿学院为标杆，确定学院的定位和课程体系。海信学院定位在集团新员工及各级管理干部的培训。不搞大而全，学院培训不取代直属公司培训，但在培训方法和管理上推动、支持子公司的培训工作。将学院的课题体系重新界定为四大板块：新员工培训、职业发展培训、专业技能培训、领导力培训。

2. 实施"三选一编"的工作策略

"三选一编"即选学员、选课程、选教师、编教材。

（1）选学员。

以业绩为导向，选派各公司业绩优秀、有发展潜力的员工参训，同时也应选派岗位能力欠缺，需要通过培训弥补技能的员工参训。

（2）选课程。

在确定了培训对象的基础上（选学员），课程体系主要由集团领导、直属公司总经理及内外部专家审定，围绕四大板块课题体系开展，即新员工培训、职业发展培训、专业技能培训、领导力培训（见图 11—4）。

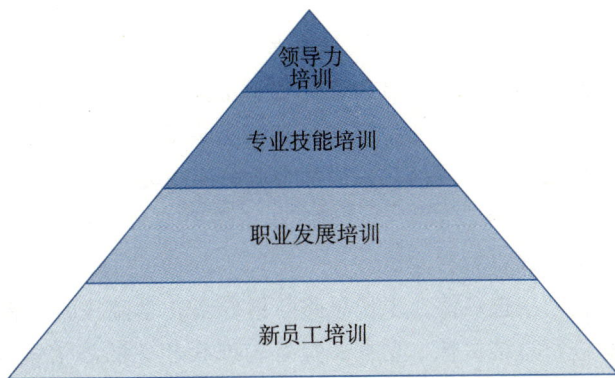

图 11—4　课程体系

（3）选教师。

在确定了培训对象（选学员）和所学内容（选课程）的基础上，对师资进行遴选。区分内外部师资的遴选标准，内部师资从课酬、荣誉、考评、培养或淘汰等环节进行把控，形成闭环；外部师资注重专业背景、工作经验、职业操守、满意度评价等环节把控，每年淘汰、补充师资，形成良性循环。

（4）编教材。

将海信好的管理经验以教材的形式提炼、沉淀、推广，提出编制五要素：课程大纲、专业知识与经验、开发海信案例、海信工作方法、相关参考用书。

在"三选一遍"工作思路的指导下，学院重新梳理了发展阶段、定位和工作思路，紧密围绕海信集团的经营战略，解决了组建初期出现的相关问题。

3. 建立三级培训体系

海信集团的整体培训体系由三级构成——集团级培训、公司级培训和部门级培训。海信学院培训不取代直属公司培训，但在培训方法和管理上推动、支持子公司的培训工作。其中，海信学院负责集团级的培训，将各公司所需的通用类培训需求整合到集团的平台，提供中高层培训和各专业序列的培训；各公司根据自身的特定业务需求组织实施相应的公司级培训；公司内的各个部门自行实施部门级培训，主要针对各部门的员工实施专用类培训。

通过集团、公司和部门的三级培训体系的搭建，满足了各层级的培训需求。

4. 确立教师岗位素质能力标准

海信学院搭建了具有自身特色的专职教师团队，专职教师分为四个层级，分别是教授、副教授、讲师、助教。主要从学历、相关工作经验、英语水平、年度考评结果、承担的教学情况、承担课题情况等因素，对岗位素质能力进行要求。

海信学院针对不同层级的教师设置相对应的考核量，每年从授课量、授课满意度、研究项目和咨询项目的开展数量及具体效果等方面进行量化评价，要求教师开展的授课及研究方向紧密围绕海信企业的经营，开展各公司需求的授课或项目，协助企业解决相关业务问题。

5. 加强课程教材和师资队伍建设

（1）课程教材建设。

在"三选一遍"工作思路的指导下，学院注重对海信管理实践及优秀经验进行总结提炼，发掘、提炼与课程相关的海信案例，以及海信管理体系和实际工作中的业务操作规则、流程，现已开发出《海信干部领导力能力素质模型解读》《制造系统提效基础方法》《营销分公司管理》《追求利润的认识与体会》《标杆管理》等课程和教材，紧密围绕海信集团提升干部素质、系统提效、营销模式变革等经营战略。

（2）内部师资队伍建设。

主要有四级师资体系、海信好讲师大赛、十佳培训师。

优秀的讲师是企业大学不可或缺的资源，海信有着良好的内部教师授课传统，海信人都乐为人师。海信学院不断完善培训评价体系，引进新的师资，淘汰满意度低的培训教师。海信学院拥有一支优秀的专职教师队伍，主要从事教学、研究和企业咨询等工作。在海信集团已经形成了以到海信学院讲课为荣的氛围，仅集团层面的兼职内部讲师就有 60 多人，各公司层面的内部讲师有 1 000 多人。在海信学院的倡导下，海信集团各成员企业都建立了内部讲师队伍。

海信学院针对内部培训师建立了完善的管理机制，包括遴选、职责、培养、激励、降级与解聘等系列制度规定，并将内训师的培养与激励作为重中之重。每年定期开展内训师培训，内容包括：TTT、课程开发和课件制作等，以提升内训师的授课水平和培训效果。由内训师个人提出外送培训需求，学院审核批准后，可以组织外送培训，参加本专业领域的培训，和同行进行交流，以拓宽专业视野，学习行业先进知识。内训师可享受在线学习系统账号的长期免费使用权限，并具有观摩集团所有课程的资格。

6. 强化企业大学的文化和团队建设

海信学院自成立以来，一直致力于打造一支高品质的专职教师团队。经过多年的建设与人才引进和培养，目前已组建了一支拥有 10 名专职教师的优秀团队，根据每位专职教师的专业背景和工作经验，设置教授、副教授、讲师、助教四个层级，专业领域涵盖管理、人力资源、财务、资本运作、工业工程、物流等各领域。

11.7　海信学院的未来发展战略

11.7.1　支撑企业战略

海信学院始终围绕海信集团的经营战略确定自身的发展方向，这一点在海信学院的组织定位中已明确提出，即海信学院发展的最终目的就是推动海信经营管理水平的提高，这一点毋庸置疑。

在未来的发展过程中，海信学院仍将紧密围绕海信集团战略及经营方针，以解决海信经营管理中的实际问题为导向，积极开展各项工作，继续推动海信集团人才培养、国际化、提效等方面的工作。

11.7.2　服务企业经营

海信学院要站在战略的高度为海信集团服务，通过访谈企业的高层领导者、调研各公司的需求等措施，制定有针对性的培训体系。通过课程培训和跨界研究，使员工掌握岗位所需的专业知识并解决工作中的实际问题，

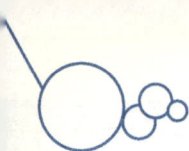

从而服务企业的经营。

11.7.3 解决企业问题

海信学院主要在以下三方面解决企业的实际问题：

（1）通过跨界研究工作，使学员解决企业在经营过程中遇到的实际问题；

（2）通过开展集团内部管理项目等工作，解决集团层面的相关管理问题；

（3）通过人才培养，解决企业在发展过程中遇到的人才缺乏的问题。

11.8　对国家扶持政策的建议

11.8.1 降低企业大学注册的门槛

企业大学是支撑企业中长期发展的重要举措，但目前国家对于企业大学的注册却有诸多限制，例如：注册资金、房产面积等。此种做法限制了企业大学的注册，进而限制了企业大学的发展。

很多企业大学因为无法满足过高的注册条件（房产面积等）而无法注册，从而直接影响了企业大学日常工作的开展和未来的持续发展，是否拥有高端豪华的教室并不是衡量企业大学价值的标准，正如青啤管理学院第一任院长、现任青啤董事长孙明波曾经说过："学院的大小，不是看你有多大的校园、多少教室，而是看你能为青啤创造多大价值。"这句话非常准确地说明了企业大学的实际意义。

希望国家能够降低相关门槛，为企业大学注册提供便利和支持。例如：降低拥有的房屋产权面积、允许租用房产等，降低注册资金。

11.8.2 对企业大学多提供政策扶植和资金帮助

目前国家对于职业教育等方面关注度较高，但对于企业大学没有任何政策或资金支持。各家企业大学的发展资金完全来自于企业自身的投入或学员上缴的学费，资金有限，从而限制了企业大学自身的发展。

从长远方面来看，企业大学为企业的发展培养了大批优秀人才，为企业经营提供了人才保障和支持，对企业来说有着至关重要的作用。从人才发展的角度上说，企业大学在推动企业发展的同时，也促进了中国经济的持续发展。从此种意义上来看，国家应该加大对企业大学的政策扶持和资金帮助。多制定有利于企业大学发展的政策和办法，同时设立专项资金或财政支持，划拨专款或从税收优惠等方面对企业大学进行财政扶持，推动企业大学的发展。

11.8.3　打通企业大学与大学之间的人才交流通道

大学教师具有扎实的理论基础和专业学识，但欠缺企业的实战经验；企业中的业务专家拥有丰富的实战经验，但在专业学识和理论基础法方面稍显不足。如果能够将两个群体之间的交流通道打通、互通有无，将理论知识与实战经验有效结合，就可实现"知行合一"。这种交流与结合对于企业和大学来说，是一种共赢。

但目前这两种群体没有交集，缺乏互通交流渠道，最根本的原因是高校实行的职称评级与企业的职位层级无法对应转换，从而限制了两类群体的交流和发展。后期希望政府可以考虑人才职称等政策，对人才的专业水平进行综合判定，并在企业和高校中分别设置对应的层级，使人才在企业和高校中都能找到适合的层级，从而实现人才的交流互动。

第 12 章
复地学院发展的实践

12.1　复地学院的成立背景

　　复地集团作为致力于迈向国内，乃至国际一流房地产开发商，自成立之初已有 22 年的历史，企业的历史文化的积淀需要我们去寻找一个广阔便捷的平台来传承与应用。随着集团规模不断扩大，截至 2014 年，复地已有 16 个下属城市公司，如何实现集团与城市公司的无缝沟通、资源与信息的零间距共享是集团急需解决的问题，这是学院成立的重要因素。

12.1.1　企业发展战略需求

　　复地集团的愿景是站在全球高度，把复地打造成国际一流的房地产投资运营商。总体战略是投资与开发齐头并进，寻求风险管理下的高增长，2020 年实现 100 个亿的利润目标，形成以住宅开发为核心业务，商业地产、主题地产开发和持有经营、物业管理等业务综合协同发展的业务组合格局；到 2020 年，达到对企业利润贡献 60 个亿的目标。因此，作为人力资源板块的战略支撑，复地学院将持续培训复地内部人才并引进高能力的人才队伍，成为培养高素质房地产从业人员的标杆。

12.1.2　企业的学习型组织发展需求

　　自 20 世纪末复星和复地集团成立以来，依托科技革命和房地产的蓬勃发展，见证了知识经济时代的降临。在知识经济社会，知识和知识型的劳动力是主导资源的关键，其特征表现为拥有较强的自主学习意愿和能力，视野开阔，能钻研深究，并具有创造性思维模式，能够通过自身知识体系的不断扩充和优化，实现工作能力的提高。因此对现代化企业的竞争力提出了重塑的要求，即知识型人力资源应当为企业竞争力的核心。为获得这样宝贵的资源，企业一方面要依托传统招聘渠道引进人才，另一方面从组织转型的角度分层和制度化地满足现有员工的培训和人才需求，使得培训贯穿于员工的职业生涯，使员工能够在工作中不断更新结构、更好地理解和运用知识于实践，同时通过培训更好地融入到企业的组织文化中，成为企业最稳定的知识型人力资源。从这个意义上讲，企业更需要通过建立制度化的学习机制及更新知识、管理和扩散知识，演变为受知识驱动的学习型组织，因为学习型组织较之传统的资本驱动的组织结构，可使企业更好地适应知识经济的压力，同时保证可持续的竞争优势。

　　复地向学习型组织的转变，主要表现在学习的责任逐渐内化为企业发展的核心意识和行为，学习转化为一种工作的状态渗透到企业的各个层次中去。在个人层面，学习是一种自觉的意识和行动，重视专业知识的更新与综合能力的提升；在部门或团队层面，有针对性地组织学习或培训的项目，在改进工作效率的同时，使其成员学会相互学习、协同并进。当企业的学习责任开始延伸到与企业相关的各个人群时，作为一种创新的企业培训形式，企业大学正是企业不同层面的学习责任的集成和实现载体，是企业向学习型组织演进的重要条件和标识。

12.1.3　培训支持系统发展需求

　　随着移动互联网技术的飞速发展，互联网和移动网络学习平台应运而生，一时间炙手可热，很多企业纷纷在各类平台上建立自己的学习社区，投身到互联网学习的浪潮。作为全球一流的投资集团，复星早已将互联网思维纳入集团发展战略，复地紧跟复星的发展步伐，需要快速建立全球化的能力、增强互联网思维。

　　互联网技术一直引领着培训行业的发展，指引其发展方向。近年来，随着房地产行业受到的挑战越来越大，对人才的要求也变得更加精细化，企业内部的培训管控也变得越来越严格，如何运用一个高效、便捷的互联网平台去培养企业内部的人才，对复地来说，机遇与挑战并存。

链接　　复地集团发展概况

　　复星集团（以下简称"复星"）创建于1992年，2007年在香港联交所主板整体上市，是一家"以保险为核心的综合金融能力"和"以产业深度为基础的投资能力"双轮驱动的全球一流投资集团。2014年，复星名列《福布斯》全球企业排行榜751位。

　　复地（集团）股份有限公司（以下简称"复地"）是中国大型的房地产开发和投资集团、国家一级开发资质、中国驰名商标企业、是复星的创始成员企业。

> 复地自 1992 年开始房地产开发和管理业务，开发项目已遍及上海、北京等超大型国际都市，天津、武汉、重庆、成都、西安、长春、太原、大连、长沙等区域中心城市，以及杭州、南京、无锡等长三角核心城市。近年来，复地年均开发管理各类房地产项目超过 50 个（期），在建项目建筑面积保持在 300 万平方米以上。2010 年，复地在全国 14 个城市拥有开发项目，年度销售面积超过 130 万平方米，销售金额超过 170 亿元。
>
> 2010 年成立的复地投资集团是国内首家房地产集团旗下的房地产金融全面解决方案提供商。复地投资集团依托复地在中国房地产行业十多年深耕的开发管理经验，借势复星的综合优质资源，坚持私募融资、投资、资产管理为主要业务模式，凭借高度前瞻眼光，立足全球视野，全面满足投资者需求，致力成为具备全球能力的、中国领先的房地产金融集团。
>
> 2004 年，复地在香港联交所主板上市；2011 年 5 月，复星主动要约收购复地，复地放弃上市公司地位，但保持上市公司治理和管控架构，为复地的发展开启了新的里程。未来，复地将继续致力于以人性化的视角，为客户提供最佳的人居空间和投资增值的解决方案，实践"以人为蓝图"的品牌理念，并在有关各方的价值最大化的同时，实现复地"成为国际一流的房地产开发和投资集团"的企业愿景。

12.2 复地学院的发展规划及目标定位

12.2.1 使命定位

为公司实现战略目标提供人才保障；培养未来核心业务领导人；传承、发扬复地文化，达成企业使命和愿景。

12.2.2 目标规划

(1) 2010—2011 年搭建企业大学组织架构，并开展核心经理人培养项目；

(2) 2012—2013 年建立全面的人才培养与认证体系；

(3) 2014—2015 年构建内部知识管理体系，建立学习型组织。

12.2.3 服务对象

(1) 面对公司核心岗位在任及继任人员的领导力和岗位胜任能力培养。

(2) 面对公司骨干人员的技术能力和岗位胜任能力培养。

(3) 面对公司全体员工的文化传播、战略宣贯及通用能力培养。

12.2.4　主要工作方向

（1）对核心业务领导人的选拔、培养和认证。

（2）提升员工的业务能力及组织能力。

（3）传播、发扬复地企业文化。

12.3　复地学院的组织结构与组织功能

复地集团采用扁平化管理模式，与此对应，复地学院也是一个轻型的企业大学。目前学院有核心员工 7 名（含学院负责人），均有多年的人力资源管理、培训发展和咨询服务的经验；虚线管理城市公司培训负责人 16 名。学院采用矩阵式运营，复地的总裁和副总裁共 11 名高管组成学院校委会，对学院重大工作进行指导。学院下设三项专业职能和三个中心。

12.3.1　学院设立三项专业职能

三项专业职能即：学习顾问、课程研发、课程交付。

1. 学习顾问

学习顾问根据岗位胜任能力和"7：2：1"学习理论，在日常工作中以及课程开始前，提供学员更多的信息和知识铺垫；在课程中做催化师或担任助教，配合课程交付组完成课堂教学，引导学员更好地掌握学习内容；在课后基于教材并结合知识源头，引导学生探索教材的广度与深度，抓住知识的源头和思维的脉络，达到厚积而薄发的目的，学以致用。

2. 课程研发

利用集团公司和各城市公司的资源，进行收集，然后分类整理，再形成有效的知识资源。根据公司的战略目标和人才发展规划，制订并执行课程开发计划，在课程实际授课后持续跟踪和改进课程架构和内容。同时针对外部老师的课程内容，整理和开发出配套的实践落地方案。

3. 课程交付

负责课程及培训项目的设计、实施和评估。按照企业的战略需求形成项目，拟订教学计划，优先从复地内部课程中选择培训课题，再从外部选择部分课题。组织课程实施，做好课程安排和协调工作。课后组织好相关的评估和一定的实践反馈，综合信息后反馈给学院领导和课程研发组进行下一步改进。

12.3.2　学院下设三个中心

三个中心即：领导力发展中心、专业技能培养中心、文化教育中心。

1. 领导力发展中心

负责对公司核心岗位在任及继任人员的领导力和岗位胜任能力进行培养和认证，为公司战略目标的实现提供人才保障。目前已经搭建了基于各级管理岗位胜任能力和"7：2：1"学习理论的培训发展框架，建立了企业内部评鉴中心，并可以不依托外部机构独立进行运作。

2. 专业技能培养中心

负责搭建集团知识体系，提升员工技能。通过内部和外部资源整合，针对地产开发全流程及复地集团胜任能力建立了培训资源平台供全集团使用；先后培养和发展了近百名内部讲师内部授课。

3. 文化教育中心

负责开展企业文化宣导，发扬复地文化，注重企业的社会责任，品牌文化部与各城市公司联合推动了战略文化宣讲、免费午餐公益活动、古村落保护、环保低碳绿色建筑大赛等多项活动。

12.4 复地学院的培训与人才发展总纲

合理的企业大学制度是保障企业大学稳定运行、有效完成企业的战略发展目标，以及构建完善的人才发展机制的重要基础。制度建设是一个制度制约、执行制度并在实践中检验和完善制度的有终点的动态过程，制度没有"最好"，只有"更好"，科学的、积极的制度的建立，能降低"风险"、坚持"勤政"、促进"发展"。"没有规矩，不成方圆。"每个人都有不同的性格，在不同的环境中会展现出不同的行为风格，当面临松散或不具执行性的制度时，培训发展工作就会失去组织原则，必将呈现混乱无序的状态。有一套完备的管理制度，就有了明确、具体的标尺，有了这样的标尺，既便于衡量，也便于检查监督整体工作的有效性，还能降低成本，所有在该体系内的员工都能有目标和良性状态，最终达成良好的成效。

（1）复地学院管理及岗位职责：

1）学院院长岗位职责；

2）学院总监岗位职责；

3）学院培训经理岗位职责；

4）学院培训专员岗位职责；

5）学院助理和实习生岗位职责。

（2）复地集团培训体系建设规范：

1）岗位胜任模型；

2）人才梯队建设与发展模式。

（3）培训需求分析规范：

1）组织职能分析流程；

2）职务层次分析流程；

3）各类课程培训需求调查办法；

4）员工培训需求分析及报告办法；

5）培训预算与执行制度；

6）课程开发管理制度：

一是新课程开发及审核流程；

二是旧课程修订及审核流程。

（4）复地集团内训师及导师管理制度：

1）内训师推荐和选拔办法；

2）内训师培养模式；

3）内训师激励办法。

（5）外聘机构及讲师甄选制度：

1）外聘机构甄选流程；

2）外聘讲师邀请流程。

（6）培训工作计划与报告：

1）培训计划管理流程；

2）培训报告管理办法。

（7）培训人才发展项目管理制度：

1）总经理速成认证中心项目管理办法；

2）技术培训中心项目管理办法；

3）文化教育中心项目管理办法。

（8）培训课程管理制度：

1）培训现场监督与管理办法；

2）培训纪律管理办法。

（9）员工外出培训管理办法。

（10）培训绩效评估改进制度：

1）培训课程效果评估流程；

2）培训管理工作评估流程；

3）培训与人才发展业务量化与改进办法。

（11）员工学籍及考核管理机制。

（12）培训系统及设施设备管理制度：

1）系统开发与维护流程；

2）设施设备管理办法。

（13）培训档案管理办法。

12.5 复地学院的运行机制

12.5.1 企业高层参与机制

复地集团高管高度关注复地学院的发展，董事长/总裁在公司内部重要会议上曾多次强调总经理应该是公司首席人力资源负责人，并身体力行。复地学院是房地产行业内最早成立的企业大学之一，在成立伊始即明确将每年利润的1%用于复地学院，并且在资源方面进行倾斜，除此之外，高管还在以下方面参与了企业大学的活动：

（1）高管担任内部讲师，如在以"分享知识、传播文化、创造价值"为理念的"复地大讲堂"项目中，目前已有10余位名高管面对公司全体员工进行了授课。在2012年启动的"地产知识大家学"项目中，有3名高管授课。在核心经理人培养项目中承担过授课工作的高管人数更多。2014年高管授课人数达到了11位，占高管人数的85%。

（2）高管担任人才评鉴师，在2012年举办的项目总经理后备人员测评中，共有19名公司管理层担任评鉴师，其中6人为集团总裁助理及以上；2013年举办的核心经理人（第一批）测评中，董事长、总裁及副总裁共7人担任测评师。2014年有9位高管分别为三大培训项目担任测评师。

（3）高管参与并领导编写案例复盘材料。从2012年7月启动的案例编写及评审工作起，公司总裁助理以上管理层直接参与返利复盘工作，其中董事长、总裁及副总裁9人担任案例优化指导人。8月，形成30个来自复地内部的企业业务和管理案例；9月，经过两次案例评审最终形成10个测评案例，作为复地集团人才梯队培养的重要辅助工具，主要用于对复地集团核心经理人的综合能级测评。2013—2014年，又新完成了20个项目的案例复盘，为后续项目推荐提供了良好的借鉴和启发。

（4）高管提供实践学习机会，包括提供核心岗位后备人员的挂职、轮岗学习机会。部分城市公司还提出了实际工作问题，由核心岗位后备人员通过行动学习参与解决。

（5）高管参与复地集团人才素质模型的构建，2012年启动"复地集团决策层和管理层核心岗位任职标准梳理工作"，复地提出"复地未来5年战略规划"，提出人才素质总体要求，并支持集团人力资源部和复地学院及第三方进行素质模型访谈工作；6月模型正式发布。该素质模型覆盖决策层（总裁和VP）、管理层高级、中级和员工，并深刻融入了复星集团"修身、齐家、立业、助天下"的核心价值观。模型发布后，在总裁的提议下，启动基于素质模型的人才测评、盘点工作。

（6）部分高管辅导与带教，在核心岗位后备人员培养中，对公司有多名高中层管理者担任带教工作，包括对于城市总经理和项目总经理后备人员的带教，对日常管理能力、项目管理能力、案例复盘工作等各方面进行指导。

12.5.2　组织横向合作机制

（1）复地学院与人力资源部门的合作，贯穿了人才选育用留等各环节，包括制定胜任力模型用于招聘配置；根据人才发展战略提供核心岗位与骨干人员培养计划，以及中高级核心经理人储备期轮岗培训、设计并共同实施人才盘点工作；通过评鉴提出人才任用建议，通过人才培养提升员工满意度、敬业度等。

（2）与集团专业部门合作，开设营销、客服、成本等专业总监班；与复星集团管理学院合作，开设审计、人力资源、投资专业总监班、融资专业总监班；合作完成专业试题库、案例库，累计开发专业试题近 800 道，专业案例近 40 个。与业务部门合作进行课程研发，目前有近 50 门专业课程，涉及房地产开发全流程和投融资领域。

（3）与集团品牌与文化部门合作，推广企业文化，编写文化案例，合作开展免费午餐公益活动、保护古村落、绿色低碳建筑竞赛等，提升雇主品牌。

（4）与各城市公司合作，共建实践教育基地，输出面向城市公司全体员工的业务和管理技能训练课程。比如，上海总部精装修实习基地、智慧学堂、重庆复地大讲堂、南京和无锡公司精品大讲堂、杭州公司周三小课堂等，都在当地营造了浓厚的学习氛围。

12.5.3　人才发展机制

2012 年初，复地集团制定并颁发了《关于加强复地人才梯队建设的若干决议》，决议特别指出：要将全面人才盘点作为复地必须进行的年度重点工作，与年度战略回顾、年度经营计划及年度预算紧密结合、协同推进。各层级管理者需主导本业务单位的人才盘点，盘点结果将作为复地年度选贤用能的重要基础。

为了确保决议的实施，复地集团还在绩效考核中纳入了人才培养的指标，规定人才培养工作是每个城市和项目公司必须完成的绩效任务。

此外，复地在核心人才的管理中充分运用挂职、轮岗机制，核心经理人培训班的学员（包括"金虎""银虎""铜虎"学员）中，先后有 30 多人安排了挂职和轮岗，其中"金虎"学员还跨行业到复星旗下的其他产业进行了挂职学习。

中高级核心经理人的集团储备期轮岗培训，根据业务需要，针对集团招聘的中高级核心经理人开展为期 2 周到 3 个月不等的个性化储备期轮岗培训，确保经理人员"了解复地、认同复地，最终融入复地"。从 2011 年起至今，学院累计为 25 名中高级核心经理人提供储备期轮岗培训，其中城市公司总经理级别人员 12 人、项目公司总经理级别人员 8 人、总监级别人员 5 人。

12.6　复地学院的专业能力建设体系

12.6.1　人才素质测评工具与方法

（1）专业与组织知识：根据岗位 JD 解析而得的核心知识技能结构掌握及应用情况。

1）知识技能结构点 180°评估（本人和人力资源负责人）；

2）案例测评（集团高管）；

3）360°访谈（集团人力资源中心）。

（2）能力（行为）：以复地集团人才素质模型作为测评点。

1）素质模型 360°测评；

2）360°访谈（集团人力资源中心）；

3）案例测评（集团高管）。

（3）个性：以 PDP 岗位模型作为测评点。

1）PDP 个性行为特质测评（外部测评工具）；

2）360°访谈（集团人力资源中心）。

（4）关键经历：根据岗位 JD 解析而得的关键经历情况。

1）关键经历问卷调查（本人和人力资源负责人）；

2）360°访谈（集团人力资源中心）。

（5）潜力：根据集团人才战略解析而得的潜力评估点。

1）复地集团 3Q 潜力模型评估（上级）；

2）M6 职业动机测评（外部测评工具）；

3）360°访谈（集团人力资源中心）；

4）工作过往绩效分析和特定事件分析（集团高管与人力资源中心合议）。

12.6.2　复地集团素质模型

"复地集团素质模型 V1.0"共包含四个层级的子模型（见图 12—1）：

（1）决策层：包括集团总裁、分管职能副总裁、业务副总裁。

（2）管理层（高级）：包括集团职能中心（部）第一负责人、细分职能负责人、城市公司总经理。

（3）管理层（中级）：包括项目总经理、城市公司职能部门总监。

（4）专业类员工：包括复地集团助理总监级以上专业序列员工。

不同层级向下覆盖，例如"管理层（高级）素质模型"要求做到"专业员工类模型"和"管理层（中级）素质模型"中的所有素质。

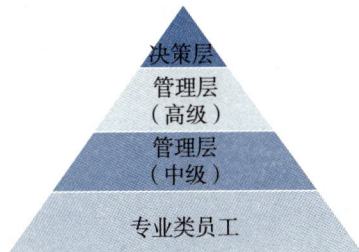

图 12—1　复地集团素质模型

12.6.3　员工通用素质模型分级（见表 12—1）

表 12—1　　　　　　　　　　　　员工通用素质模型分级

	正直诚信	学习领悟	团队协作	有效沟通	尽职敬业	结果导向
Lv0 负面	不遵守基本的职业道德和工作规范	缺乏学习提高的意愿	制造矛盾和冲突	缺乏沟通意愿	好高骛远，消极怠工	不追求结果，半途而废
Lv1 入门	遵守职业道德和规范	愿意学习，主动思考	支持和配合他人	清晰表达和传递信息	踏实完成本职工作	工作目标清晰
Lv2 普通	信守承诺，言行一致	善于总结和应用经验	主动分享资源	倾听和理解对方	勇于承担工作职责	细分和量化目标
Lv3 良好	在诱惑和压力下坚持原则	持续反思和改进工作	了解团队成员，取长补短	及时反馈，双向沟通	对工作精益求精	聚焦目标，果断取舍
Lv4 优秀	与违反职业道德、损害公司利益的现象作斗争	触类旁通，举一反三	创造合作机会	运用策略说服和感召	保持工作热情，不求回报	遇到干扰和挑战时坚持到底
Lv5 战略性	营造诚信文化	刻苦钻研，展现学习激情	牺牲小我，达成共赢	在战略高度促进沟通	为工作牺牲个人利益	持续挑战更高的目标

12.6.4　课程体系与培训学习项目开发

1. 培训课程体系

基于胜任力和业务技能的课程体系。

2. 学习项目体系

开发、投融资、核心业务和大众的项目。

在人才培养上，经过 4 年积累，形成了核心经理人培养系列、专业管理人员培养系列、企业文化传播系列、通用知识培训系列，涉及近 20 个综合培养项目。

聚焦公司核心经理人培养，重点储备复地集团总裁后备、城市总经理后备、项目总经理后备人员，启动"金虎""银虎""铜虎"项目；聚焦复地投融资骨干经理人员培养，启动"翔鹰"项目；聚焦复地集团各类专业岗位骨干人员培养，启动各类专业总监班项目，包括成本总监班、营销总监班、客服总监班，借助复星管理学院资源，合作开展人力资源、财务、审计、投资、融资总监班。以上项目周期均 1 年以上。

除了集团组织培养项目外，各城市公司也积极开展培训工作，形成了项目课程的多元化体系（见图 12—2）。

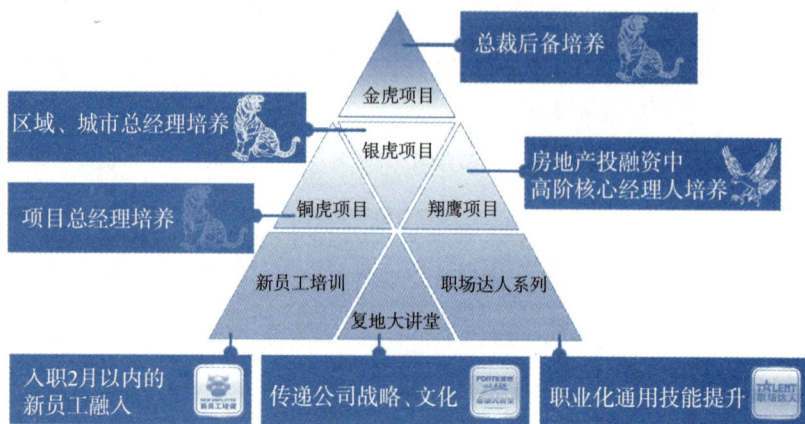

图 12—2　学习项目体系

（1）运营类。

包括："复地集团大运营管理""房地产开发及经营管理中群体事件应对""商业地产法律风险防范及其他""医院的投资与运营""蜂巢战略及复地投资理念解读""复地的投资体系""战略与执行研讨：城市三年发展战略规划、蜂巢理论、大文化大物流大健康、全球智慧创新体验""复地集团的大运营管理体系""房屋交付的风险控制""蜂巢理论项目拓展和投资管理的实践"。

（2）营销类。

包括："房地产可研及产品定位""全员营销""宏观调控下关于营销工作的思考和分享""示范区营销包装及标准化""打造客户导向的营销客服体系""房地产销售中的关注点""营销广告风险控制与防范及客诉风险预控""营销客服管理规范"。

（3）客服类。

包括："案场规范说辞及预案演练""复地东湖国际全案分享""建立客户导向意识""在你身边的客户价值——客户价值 ABC""客户导向的价值体现""复地全面客户关系体系""物业一体化公司管理成果分享""客户的声音和对外交流分享""OA 流程培训""满意度及神秘客户暗访结果培训""开盘应知应会及技巧培训""新都国际交房客服风险交流""材料封样操作指引""合同交底操作指引"。

（4）设计类。

包括："设计规范管理""解析复地集团精品战略""复地集团产品设计理念及规范""房地产开发全流程中设计管理定位与意义""景观那些事儿""模板工艺培训""新都国际设计与工程缺陷总结""产品设计理念与特色、园林景观"。

（5）工程类。

包括："新都国际精装修施工管理经验分享""御西郊示范区精装工程营造总结分享交流会""精装修管理实例"。

（6）成本类。

包括："北方区材料封样操作指引、合同交底操作指引""变更签证制度及实施过程中的问题处理""现场签证管理培训""POM'变更签证制度及实施过程中的问题处理'""POM 采招上线""POM 系统培训""项目后评估编制和评审要点分享""门窗及幕墙选型介绍及成本控制标准""复地成本管理介绍""POM 培训"。

（7）财务类。

包括："从风险管理角度看房地产投资""资金管理与项目融资""资本市场与融资管理""谈融资与融资方案的选择""复地集团投融资概况介绍""复地常用的融资交易结构""房地产企业财务报表解读""投资运营培训""投资管理""房地产投资价值快速推断与开发流程核心节点解析""财务管理规范""财务内控管理规范""投资测算表中的基本逻辑解析"。

（8）管理类。

包括："发现优势迈向成功""职场魅力：职场礼仪""职场魅力：快想快说 有力表达""让你每天拥有 25 小时""用 Excel 提高办公效率""让PPT 为您的呈现助一臂之力""职场知己知彼的沟通艺术""职场情商""职场压力缓解与管理训练""何为优秀复地人""以人为蓝图的人力资本管理""人力资源管理规范""有效沟通之术""有效解决问题""企业培训师培训""MBTI 测评解读"。

（9）审计类。

包括："从审计工作发现谈舞弊风险管理""为职场安全护航——复地的第三道防线""为职场安全护航——廉政防线的风险防控"。

（10）物业类。

包括："运营及物业管理规范"。

（11）拓展类。

包括："开发过程中政府审批流程与公关经验共享""成功是一种习惯"。

3. 开发品牌项目与课程

（1）品牌项目之一。

1）项目名称：铜虎。

项目总经理后备人员培养计划（"铜虎"计划）是目前复地较具有代表性的人才培养项目之一，目的是为公司"十年百亿"的战略目标提供人才保障，培养项目总经理这一房地产行业的核心人才。

2）培养对象。

该项目的培养对象是期望成为项目总经理的高潜人员，学员多为业务一线基、中层骨干。

3）背景。

宏观方面，20世纪末福利分房的终止和我国经济的转型催生了房地产行业的高速发展，人才竞争日趋激烈，但与之对应的是行业内人才培养意识淡薄、观念陈旧、培养模式单一等问题，核心人才的匮乏成为行业发展的瓶颈，人心浮躁使得核心人才招聘的成本节节攀升。

微观方面，房地产行业项目总经理的胜任难度要远大于普通经理人，除了责任重大外——项目总经理需要担负几亿元至几十亿元的项目责任，仅在一个项目中，通过项目定位、工程质量、进度把关和成本控制，比之平凡的项目总经理，优秀的项目总能够多创造数千万元乃至上亿元的收入。通过研究，我们发现作为一名合格的项目总经理必须具备以下特点：

一是，既懂业务，又懂人际。也就是说，既需要具备丰富的业务知识和经验，对房地产行业有深入理解；同时也要求能理解客户需求，有出色的人际沟通和说服技巧，与外部合作伙伴建立策略性工作关系。

二是，既要关注全局，又要关注业务细节。也就是说，既需要熟悉房地产开发全流程，并在分析任何专业问题时都能跳出专业框框，站在全局角度分析；又需要脚踏实地，把控琐碎的管理任务，对细节敏感，善于从小问题中发现隐患，从而有效把控风险。

三是，既要有前瞻性，又要"回头看"。也就是说，既能思考未来的各种可能性，从而未雨绸缪和提前预判，对可能产生的问题能制定预防措施（或称之为运营意识）；同时又能系统总结经验教训，回头总结以往错误，防止再犯。

因此，项目总经理培养的难度很大，截至2010年，整个房地产行业中并没有关于项目总经理培养的系统性研究，复地集团在此前也并无基础。

这一项目就是在这样的背景下开始的。

4）设计思路。

根据专家访谈结果并结合房地产行业关键价值链，整合出项目总经理所必须了解的重要知识模块及关键经历，通过案例研讨、情景模拟、行动学习、现场考察、答辩等混合式学习方式，将需要多年才能获得的经验压缩在一个较短的时间内完成。

通过测评与辅导，帮助学员进行自我认知，并参考素质模型制订有针对性的个人发展计划，帮助学员提升能力，让学员的学习始终处于微压力之下，以促进学习效果。

5）培训方式。

按照"7：2：1"学习理论进行课程设计，采用混合式学习模式进行学习，在最新的"铜虎"3 期的全部 76 门课程中，课堂学习占 29 门，实践学习占 20 门，项目实践共 4 门，经理人经验分享 9 门，人际反馈 8 门，关键经历 6 门。

6）项目特色。

课程设置中引入大量实践学习部分，包括案例研讨、情景模拟、行动学习、现场考察、答辩等。如参与上海新都国际楼盘交付活动并撰写提升建议报告、2011 年安排外部精品楼盘考察及答辩、2012 年参与了"帮助无锡悦城走出困境"项目，从成本、融资、营销、法务多角度提出建议，仅成本一项，即为项目节省开支一千多万元。

独立建设测评中心，建立了以"专业和组织知识、能力、潜力、个性"与"关键经历"为基础的"4＋1"测评模型，在测评中充分运用 M6、PDP、结构化行为面试等工具与方法。2012 年 3 月学院独立设计实施了 2 天的项目总经理能力测评，参加测评人员 20 人，14 人通过认证。

紧密结合价值链及素质模型进行课程设计，完全依照房地产 7×7 价值链及复地内部胜任力模型，进行课程设计。

自主管理，复地学院是一家轻型的企业大学，全部员工只有 4 人。因此在培训计划中通过合理设计，由学员担任学习委员、纪律委员、生活委员等职务，学院可以从行政工作中解放出来，将主要精力放在课程设计上。

采用大量创新学习活动：

● 学员专业相近、背景类似，因此甲感到棘手的问题，乙很可能也会犯愁。学院推出"管理工作互助坊"和"业务工作互助坊"栏目，让学员之间进行互助，并总结催化。

● 发布"铜虎英雄帖"，将期望学员完成的任务以任务的形式发布，鼓励学员揭榜完成任务，获得学分及活动经费奖励，通过竞赛使得学员参与度更高。

- 制定学分制，根据课程出勤、作业完成、提升计划完成状况、课后分享、实践学习、班级工作、资源获取等指标对学员进行评估，作为学员的平时成绩分别计入标准学分和卓越学分中。

- 制订个人发展计划时，根据希望发展的专业能力，在学员中举办"家教超市"活动，鼓励专业总监计划及核心经理人培训计划互相学习拜师。学院提供工具确保学习执行。

7）实施效果。

"铜虎"1期：有22位学员纳入培养计划，结业14人，全部晋升并走向集团重要岗位，其中2人现任城市公司常务副总经理、5名城市公司副总、6名项目总经理、1名项目副总。

"铜虎"2期：有23位学员纳入培养计划，结业14人，共有9人提任，其中，1名集团职能中心负责人、1名城市公司总经理、1名城市公司副总、6名项目总。

"铜虎"3期项目目前仍在进行中：有24名学员纳入培养计划，经过中期考核，12名已在项目任总经理和副总。

（2）品牌项目之二。

1）项目名称：知识管理。

2）项目背景。

集团公司建有统一的知识管理系统，通过集团、城市公司和个人三级对各类知识、培训资料和素材进行收集，由复地学院和城市公司培训对接人进行二级整理，形成有效的知识保存体系。在此基础上开放数据给公司各级别员工，主要应用与培训和日常工作中所需的知识类信息需求。鼓励员工对于知识的应用，以及管理提出自己的感悟和宝贵的意见，以此形成资料收集、整理、分享、应用反馈体系。

3）案例复盘。

2013年，复地启动了案例复盘工作，以"把做过的事再过一遍"的理念，希望把失败转化为财富，把成功固化为能力。复盘工作由集团副总裁亲自领衔，力担重任，带领各自的团队展开深入、深刻的案例复盘研讨，以每人每季度产出一个精品案例的进度与节奏，将复地复盘的工作进行到底。

复盘的路径与目标：

不断检验、校正目标；知其然，知其所以然；同样的错误不要再犯；传承经验并提升能力；学习认识，总结规律。

复盘的态度：开放心态，坦诚表达，实事求是，反思自我，集思广益。

复盘的逻辑见图12—3。

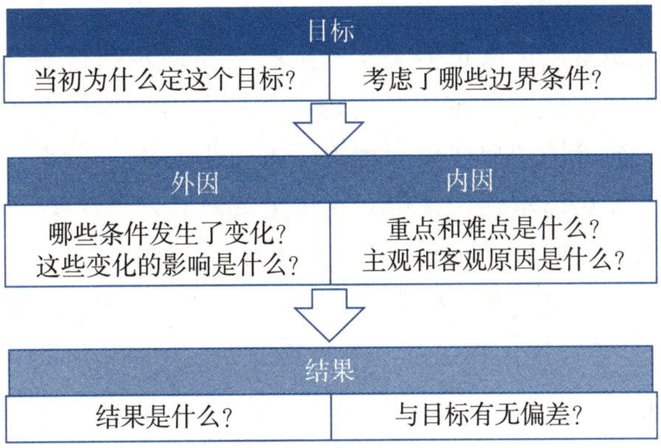

图 12—3　复盘的逻辑

4）信息系统。

复地学院依托完善的、全方位、立体的信息系统，为知识管理的各环节提供技术保证，同时为培训和人才发展工作起到坚实的保障。

● OA 和 Mail 系统：作为公司最基础的应用管理系统，承担了日常联络和信息交互功能，以及培训和会议时间管理。

● E-learning 系统：基于 PC 端，自主开发的核心系统，汇总其他系统的应用数据，对于信息量较大，不适合在移动端发布的信息，主要通过 PC 端发布，包括培训视频资料、各类传承视频和课程录音等。包含学院介绍、公告信息、培训回顾、近期动态、资源分享平台、讲师介绍等模块。

● M-learning 系统：基于移动端，由凯洛格开发的 APP 应用程序"复地掌院"，帮助员工利用碎片化时间进行学习，可以进行交互分享、问答和即时聊天，并且以游戏闯关的形式将学习内容串联起来，促进员工知识体系的有效发展和关系发展。包括高管视角、经理汇、职场通 3 大模块。内容包括：影像馆、公开课、百宝箱、悦读慧、故事汇、漫画秀 6 大模块。以视频、案例、漫画、文字等多种形式促进学习内容的有效转化。

● W-learning 系统：基于微信平台开发的管理系统"复习录"，可以发布培训管理信息，方便员工报名，乃至后续对课程进行评估。员工也可以利用该平台对企业规章制度、管理案例、内外部术语、外部资料信息进行了解，还可以与高管进行互动沟通，以及向公司内部专家进行求助询问。包括：高管互动、头条播报、专家 SOS、他山之石、复地家规、经典案例、培训管理、关于我们等模块。

（3）品牌项目之三。

1）项目名称：复地好讲师。

2）对象：在复地现有讲师和潜力讲师中选拔优秀讲师，未来能承担复地的发展和人才培训的需求。

3）项目背景。

复地集团历来重视人才梯队的培养，要真正实现人才培养，必须主要依靠公司内部的资源，尤其是内训师。内训师的总体培训能力也许在培训技能上比外请的职业讲师稍逊一筹，但是由于内训师对企业的现实情况与未来发展更清晰，所以可以提供更落地的培训课程。

为了更好地弘扬公司学习文化，促进公司核心知识的快速传播，复地集团颁布《复地集团讲师管理办法》，拟订《复地集团内部讲师管理实施细则》《复地集团内部讲师三年发展计划》，并启动内部讲师工作。

通过多年的积累，已有百余位复地员工成为内部讲师，其中有部分讲师的能力非常突出。为了更好地激励讲师更加优秀、更有动力，并鼓励有潜质的员工成为讲师，需要持续地对讲师进行培养和激励。

4）师资选拔的 5 个条件：

● 热爱培训。

热爱培训，愿意从事兼职授课工作；身体健康、精力充沛，能够胜任授课任务；具有良好的职业道德，能积极承担培训任务，愿意分享知识和经验，能在本专业培训内容和方法上不断改进和创新。

● 认同文化。

热爱复地，认同复地核心价值观和企业文化，正确理解及贯彻集团战略，在复地集团工作 1 年以上。

● 基础扎实。

能熟练使用计算机和各种电教设备，可以独立制作电子教案；具有良好的语言和文字表达能力，具有最基本的培训现场管理和授课技能。

● 双优标准。

一方面，专业优秀。具有较扎实的房地产开发或投融资理论基础和工作经验，精通本专业知识和技能，持续学习行业及专业发展趋势资讯，技术业务人员具有从事本专业 3 年以上的工作经历，管理人员具有 3 年以上管理工作经历。

另一方面，业绩考核良好，过去一年本人业绩良好以上（含良好）。

● 授课实践。

每年兼职授课不少于 1 次，总时长不少于 3 小时，培训评估 3.4 分以上或满意以上。或者本人在其他企业或论坛有不少于 3 小时的授课经历，且评价满意以上。

5）师资评比。

从 2010 年开始，每年教师节前都会根据课程满意度及授课时数、开发课程、教材、教具数量综合评估，评选出年度优秀讲师。2011—2013 年的教师节，共有 15 位讲师荣膺这一称号。2014 年起，讲师的评选称号调整为院士、教授、讲师和助教 4 个级别。

6）师资激励。

一是根据讲师级别参与专业提升训练（见图 12—4）。

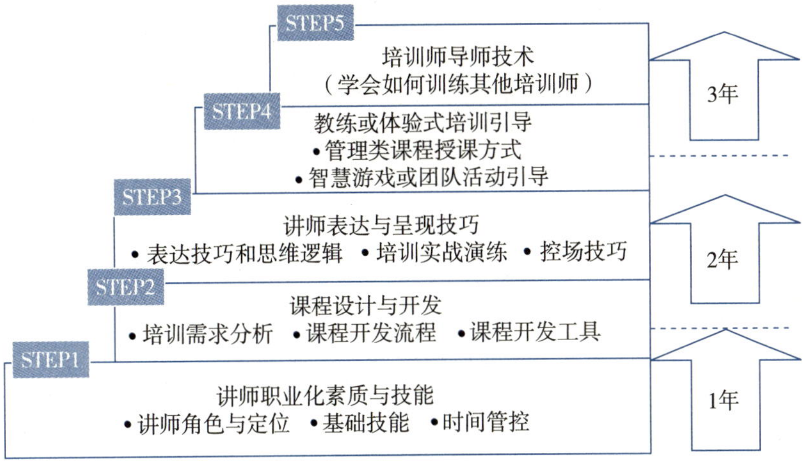

图 12—4 根据讲师级别参与专业提升训练

二是优先参加激励项目。

包括：分享公司提供的各类图书资料和资讯；参加复地组织的全国性讲师巡讲活动；参加公司组织的教师节评优活动，并享受荣誉、表彰和礼品；参加公司统一组织的外出考察学习；在公司内外各种媒体中享受表彰鼓励；参加业界沙龙、座谈和年会活动；旁听公司内训课程等。

三是组织讲师之家。

包括：组织讲师定期参加交流学习和同级督导；参加聚餐、唱歌、运动、郊游等各形式的娱乐活动，且可以带家属一起参加；设立讲师基金，如讲师家庭出现意外，给予适当的安慰和支持。

7）师资考核。

每年结合教师节活动对所有讲师进行评级考核。讲师级别分为院士、教授、讲师和助教 4 个级别。

讲师考核指标包括授课工作（课程 PPT 制作、教案编写、在线辅导等）及满意度和内部开发（管理课程开发、电子课件制作、教学案例开发、专业课题研究、条线知识要点汇编、专业条线试题库等）。

12.7 复地学院的运行支撑体系

12.7.1 管理系统

在集团各部门及各城市公司建立培训管理员制度，对培训信息的上传下达负责，目前全公司共有 53 人（集团各部门 17 位，城市公司 36 位）担任培训管理员。

每月初通过 OA 和邮件，向全公司同时发布详细培训信息，包括课程名称、简要介绍、课程地点、师资、旁听要求等详细信息，并通过短信平台告知培训管理员。

设计个人《培训发展护照》对参与培训之人员予以登记录入。

通过公司 BBS 与 OA 不定期发布培训信息，如"好书推荐""培训小贴士"等。

12.7.2 信息系统

复地学院依托完善的、全方位、立体的信息系统，为知识管理的各环节提供技术保证，同时为培训和人才发展工作提供坚实的保障。在基础的 OA 和 Mail 系统基础上，根据不同的平台建立的不同的系统，包括：

(1) 基于 PC 端的 E-learning 系统；

(2) 基于移动端的 M-learning 系统；

(3) 基于微信平台的 W-learning 系统。

12.7.3 师资队伍

复地集团目前内部讲师 83 位，占公司员工总数的 5.92%；总裁助理以上高管人员参与授课达 78%。

目前，复地集团内部讲师授课内容涉及战略、家规、业务、内部优秀实践、投融资、通用管理等领域，分别为铜虎、翔鹰、新员工培训、条线会议及复地大讲堂等授课，每年度总课时超过 270 小时。

12.7.4 建立岗位胜任能力模型

开展 AC 测评，初步建立关于决策层的胜任力模型。

开展技术及访谈，初步确立项目总经理胜任能力模型。

开展 AC 测评，初步建立关于中高阶管理层胜任能力模型。

实施 AC 测评，20 名学员参与测评，其中 14 人通过认证。

建立复地集团胜任能力素质模型。该素质模型覆盖决策层（总裁和VP）、管理层高级、中级和员工。

12.8 复地学院的文化和团队建设

12.8.1 文化氛围

2011 年复地学院与品牌和企业文化部合作推广修订后的企业文化，出台企业文化推广宣传包，组织全集团各城市公司企业文化轮训及测试，各区域城市公司老总担任讲师，全集团共有 1 523 人（含下属物业公司）参加企业文化宣讲并完成测试，覆盖率 100％。

2012 年开展企业文化故事访谈活动，收集体现公司企业文化和工作文化故事 20 余个，用于新员工培训基础素材。

同年，与人力资源部合办年度各城市公司新员工寻根之旅，使身处全国各地的新入职的员工回归总部，感受复地特有的企业文化，与高管开展战略与执行的对话，快速融入。

2012 年，复地集团从数十家房产公司中脱颖而出，荣膺"2012 年度房地产行业员工最满意企业综合奖"，本活动由太和顾问与 FESCO 共同发起，由和泰恒信承办，为不同行业的企业公平、公正、公开地进行研究评价，是否拥有完善的培训体系是重要的评分维度之一。2012 年，在"中国企业大学发展论坛暨 2012 中国最佳企业大学评选排行榜评选"中荣膺"2012 年度中国最佳企业大学"。

复地学院在保持高效、有效发展的基础上，紧跟时代步伐，不断创新，锐意进取，敏锐地感觉到移动互联网时代，尤其是微信时代的到来对培训模式的创新趋势，开发了基于微信平台的学习和分享工具"复习录"。该工具荣膺 2014 年中国 E-learning 行业评选"应用创新奖"。

12.8.2　团队建设

1. 走出去、请进来

复地学院从成立至今始终坚持走出去、请进来的理念，每年都要参加培训行业年会等交流与论坛，扩大影响、相互学习，同时也会参访和邀请参访其他企业大学或培训管理成熟的公司，共同研讨成功模式和失败经历，取得了良好的成效。

进行过访问和交流的企业大学和公司有：腾讯学院、万达学院、银联学院、东航培训中心、兴业学院、华润集团、赛普公司等。

2. 团队熔炼活动

协助业务单元改善组织氛围，开展团队建设工作，2010—2012 年先后为集团信息技术条线、客服物业条线开展团队熔炼活动，策划并实施 2012 年高管贵州古村落团队熔炼活动，组织城市公司总经理及集团副总裁以上高管团队开展为期 4 天的拓展之旅等。其他活动形式包括：

（1）结合半年和年度工作会议契机开展年会活动。

（2）考察复地和复星项目，交流学习。

（3）部门郊游和娱乐活动。

（4）员工生日聚会。

12.9 复地学院的问题与解决策略

12.9.1 企业发展与人才梯队建设的矛盾

随着现代企业的竞争趋向日益激烈的态势，企业的竞争已经发展成为人才的竞争，人才已经成为企业的核心竞争力，成为企业发展的瓶颈。人才梯队建设对企业的持续发展发挥着重要的作用，将给现代企业注入生命力，使其充满旺盛的生机，得到更大的发展。

人才梯队建设能够引导复地从内部和市场中发现优秀人才，在实践中培养人才，同时激发人才的创造精神，形成继任者的人才源泉，不仅为复地提供了人才储备，更是为复地提供稳定的员工队伍，为实践企业的愿景和战略目标提供坚实的人才保障，使企业得到持续的发展。

复星作为复地的母公司，在近几年已经从单一的投资公司转变为保险和投资业务双轮并行的公司。复地始终坚持打造学习型组织，以适应企业的快速发展，作为学习型组织的领导人与核心人才，如何快速学习，适应企业的发展速度；如何在时代的大浪中跟上并进一步领导企业发展；如何在同行业中保持敏锐的嗅觉，做出正确的判断，时刻抢得先机等都是至关重要的。

面对此情况，解决的基本策略为：

1. 通过对人才现状进行评估，确定培养人员

对现有人员从素质、能力、业绩、优势和不足、发展潜力和方向等方面进行评价，形成评价结果，依据评价结果推荐并确定培养人员。

2. 对入选的人员进行科学的系统测试，确定培养方案

由职能部门对入选的培养人员运用科学的手段进行系统的测试，进一步明确其优势和不足，根据测试的结果制定适合的人才培养计划，确立其培养的方向。

3. 采用多种形式，确保人才培养计划的实施

通过课程培训、轮岗培训、继续教育和本人自学等培训形式，确保人才培养计划得到实施。

4. 强化培养效果评估，对培养人员进行分类

在这一过程中，就是要对所有培养人员通过课程培训、轮岗培训、继续教育和其他方式培训后，对其能力、潜质、优势和职级方向进一步确认，对其学习效果给出一个具体评价。根据结果对参加培养人员进行分类：对于在培养期间已经晋升的和拟定晋升的人员，在培养周期结束可将培养档案封存备查；对于已具备晋升潜力，但尚无合适岗位的人员，进入人才梯

队储备库进行持续的关注，有空缺岗位时随时予以晋升；对于暂时还不具备一定岗位任职要求，但学习效果尚好、配合度高、有培养前途的人员，可进入下一个培养周期继续培养；对于培养期内表现较差、配合度低、不符合梯队人才要求的人员，则淘汰出梯队名单。

5. 梯队库人员信息跟踪，确保储备合格人员

为了使企业对于已具备晋升潜力，但尚无合适岗位的储备人员的工作能力、知识技能的掌握等信息有清楚的了解，要建立人才梯队库档案，记录员工各时段的不同特点、成绩、发展轨迹，由专人维护更新其信息，在出现岗位空缺时，通过岗位需要的能力在人才梯队信息库中提取满足需求的人员进行匹配，使人才梯队库人员适时得到晋升。

12.9.2 行业产能压缩与发展预算带来的风险

2013 年以后，中国的房地产市场的增速开始放缓，甚至出现部分下滑情况，国家从政策层面收紧了房地产市场过热的动向，因此超高利润时代已经结束，在这样的时代背景中，房地产企业的资金使用与分配合理性较过去显得更加重要。复地如何既保持市场发展速度，又持续吸纳和培养人才，并且更好适应社会大环境、行业小环境及企业自身三者间的关系，决定了企业未来发展的速度与稳定度。

解决措施：

（1）调整企业核心人才的结构，使得企业更加适应时代发展的需求，进而保持和提高企业利润率。

（2）对现有的人才进行定向培养，使其具备更适合企业发展模式的能力。

（3）合理控制成本，优化人才发展项目的支出，提高培养效率。

12.10 复地学院的未来发展战略

12.10.1 跟紧企业发展的战略目标

复星 2013 年开始推出"蜂巢城市"发展概念，2014 年是复星在地产板块战略成型以后对外布局的元年，也是蜂巢城市投资和实践的元年。2014 年 8 月复星国际有限公司发布 2014 年中报，其称将推进地产向蜂巢模式转型、落地，报告期内已有金融蜂巢、文化蜂巢、健康蜂巢、物贸蜂巢、旅游蜂巢五大类、八个项目按计划推进，总建筑面积约 520 万平方米。

在这轮转型大潮中，复星集团正式推出"大蜂巢"概念，作为复星集团的地产投资和管理平台，复地产量化目标是在 6～7 年时间内资产管理规

模到5 000亿元，颇有厚积薄发、聚势谋远之意。为了实现企业的战略发展目标，人才打造战略也必须有高瞻远瞩的态势，全方位并且深入做好为企业提供良好的人才输送和培养是复地学院未来的发展目标之一。

12.10.2　打造全方位人才发展战略

复地自1992年开始房地产开发和管理业务，业务覆盖上海、北京等15个城市。因此，如何有效地开展全国性的人才发展与培训工作，使得各城市公司与集团能保持相同的发展节奏，得到平等的资源，相互之间有良好的交互协作是保证企业发展的关键。

企业的发展既需要培育高管和核心人才，也需要构建良好的人才发展梯队，从高层到中基层全面推进企业文化、管理能力和专业能力培养。

复地学院需要打造更全面且更有纵深的管理体系，不断整合集团和各城市公司的资源，协调业务单位做好培训与实践锻炼工作；要更加深入地打造知识结构体系，开发更具实效的课程；要不断创新，打造更有影响力的培训项目。

12.10.3　互联网思潮下的模式更新

移动互联网的发展已经成为大势所趋，正在快速改变世界，也深刻影响全球的企业。在移动互联网时代中，企业的发展乃至人才和培训发展模式也要与时俱进，通过不断创新来实现自我超越。对复地学院来说，如何充分利用自身优势，将移动互联网功能与传统培养业务相结合，发展更符合企业战略需求且独具特色的移动互联网模式变得非常重要。同时，如何利用现有资源做好互联网发展模式，对公司的稳定快速发展也显得尤为关键。

在开放的移动互联网时代，学员在知识、信息、见识层面说不定比培训者更强，凭什么给员工讲课或做指导？需要培训者具有三个方面能力：(1) 持续的专业聚焦力；(2) 具备底蕴的系统能量；(3) 培训者的角色不是知识信息搬运工，而是组织者、引导者、启发者和总结者，让能量场中所有成员的能量汇集，自由吸收。

互联网只是教育培训的一种学习渠道，利用互联网的工具可以开发一些新的学习模式，比如MOOC、SPOC、SOOC等模式，但不可能完全替代传统的面对面的课堂教学，传统课堂教学对学员微观层面的听课感受、培训效果与纪律的保证，以及分享交流环节的控制可能更好一些。未来趋势应该是线上与线下融合的方式，多种培训形式共存的局面。

第 13 章
广州医药有限公司沙槐学院发展模式

广州医药有限公司（以下简称广州医药）是国内最大的中外合资医药流通企业，多年来致力于医药事业的发展，竭力打造中国医药供应链最佳服务商。广州医药沙槐学院成立以来，引领变革，优员增效，为助力公司经营目标和战略发展，培养了许多具有优势竞争力的管理人才，构建学习型组织，推动企业战略落地。

13.1 沙槐学院的成立背景

13.1.1 企业自身需求

作为中国医药流通领域最大的合资企业，广州医药由中国的领军企业广药集团和世界 500 强企业联合博姿强强联手打造，自公司成立之初就定下"勤修善学"的司训，也是人才培养的理念。

"勤修善学"是广州医药企业文化的核心，是践行"健康之桥，造福大众"的核心思想，是广州医药的处世哲学和经营之道；"勤修善学"是广州医药对员工诚实守信、务实创新、好学善学的训导。

就员工而言：

勤于修身——修成正确的行为举止，转恶为善，转迷为悟，历练做人的道德规范、行为规范；

勤于修为——树立志向、有所作为，将追求远大的理想与脚踏实地的工作精神结合起来，实事求是，且思且行；

善于学习——学习和吸收先进的观念与技术，方可厚德而诚，技精而优，成为高尚的人、纯粹的人、有尊严的人，成为对社会有贡献的人。

广州医药希望将"勤修善学"这一 DNA 融入到每一名员工身上，使他们将广州医药的文化转化为具体实践，支持公司实现"成为中国医药供应链最佳服务商"的愿景。

63 年来，广州医药始终不曾懈怠对人才的重视，并于公司"十二五"规划中提出人才战略，基于人才战略和业务发展需求构建并逐步落实集团级的"育才工程"，从"人"的角度支持企业的快速发展。

为此，广州医药于 2007 年 5 月 11 日成立了企业大学——沙槐学院，致力于构建学习型组织，打造企业核心竞争力，建设可持续发展的学习环境，培养具有竞争优势的管理人才，助力企业的经营目标和战略发展。

13.1.2　行业发展需求

随着医疗事业改革步伐加快，医药行业迎来了新一轮发展良机。可以预见，未来医药企业的竞争将会愈演愈烈。企业间的竞争归根到底是人才的竞争，专业人才的缺失已成为许多企业发展的瓶颈。

在公司重组与并购不断进行的当下，企业对熟悉药品流通领域，有市场策划、企业并购及营销能力的复合型经营管理人才的需求量急剧增大。回顾 2013 年，医药工业增加值同比增长 12.7%，增速较上年的 14.5% 有所回落，但高于全国工业平均水平 3.0 个百分点，处于各工业大类前列，在整体工业增加值中所占比重不断增加；工业总产值与利润绝对值也明显增长。新医改从 2009 年宣布实施，到 2013 年充满着变数和挑战，很多政策在未来几年都会持续发酵，甚至改变整个行业的格局。

关键岗位人才招聘难、保留难成为摆在企业管理者面前最重要的课题。在这样的背景下，企业唯有重视人才培养与保留，才能在竞争浪潮中立于不败之地。

13.2　沙槐学院成立的可行性和必要性

13.2.1　广州医药的发展规模

广州医药成立于 1951 年，注册资本 7 亿元，是国内最大的中外合资医药流通企业，是"大南药"领军企业"广药集团"商业板块的重点企业，也是世界 500 强企业欧洲联合博姿的成员企业。广州医药有限公司拥有齐全的经营门类和品种，具备优质完善的经营网络、专业特色的服务内涵、广泛认同的企业商誉，经营业绩一直位居全国同行业前列。

广州医药拥有 18 家分子公司。公司下设公司本部，同时拥有广州国盈医药有限公司、广州欣特医药有限公司、广州健民医药连锁有限公司、广州器化医疗设备有限公司、深圳广药联康医药有限公司、江门广药侨康医药有限公司、湖南广药恒生医药有限公司、广州医药香港有限公司等八家全资子公司、湖北广药安康医药有限公司、福建广药洁达医药有限公司、佛山市广药健择医药有限公司、海南广药晨菲医药有限公司、陕西广药康健医药有限公司、广东省梅县医药有限公司、成都广药新汇源医药有限公司、广西广药新时代医药有限公司、湖北广药吉达医药有限公司等九家控股子公司，以及大众药品分公司。

广州医药经营国产、进口、合资厂家不同规格的各类中西成药、化学药品、医药原料、医疗器械、化学试剂、玻璃仪器及保健用品等近 5 万个品种，拥有强大的处方药品种库、非处方药品种库、基药品种库、服务性品种库，为全国 25 800 个客户提供药品配送服务，满足不同类型客户的全面需要，是广州地区和广州军区药品储备承储单位、广东省急救药品供应单位、广州亚运会运动员专用药械配送单位。公司历年荣获"全国文明诚信示范单位""广东省文明单位""重合同守信用企业""广东省医药行业杰出贡献企业""广东省用户满意服务明星企业""广州老字号""广东省劳动关系和谐企业"等荣誉称号。

13.2.2　广州医药的人才缺口需求

广州医药的人才战略包括：人均营业收入/利润、人力资本回报等相关指标达业界前列；重点引进和培养战略采购人才、网络开拓人才、服务创新人才及复合型管理人才；完善人力资源管理体系，实行科学的绩效体系和薪酬体系；打造学习型企业，加快企业管理人才培养速度。

为实现这一战略目标，广州医药结合自身人力资源管理情况进行了分析，总结出公司现阶段面临的四大挑战：

1. 缺乏完善的人力资源管理体系和制度

目前公司本部的人力资源管理体系和制度还不完善，各模块的体系和制度尚不明确，只有在公司本部体系和制度完善的前提下，才能指导属下各子公司的人力资源管理工作。

2. 尚未明确企业的关键岗位

企业的关键岗位主导着整个企业的命脉，所以对关键岗位的管理尤为重要，但公司本部的关键岗位尚不明确，需在年内尽快确定。

3. 尚未建立企业的人才库、人才梯队

企业人才库和人才梯队能为企业储备关键性的人才，在企业急需用人时，及时补充所需人才，企业应储备内部和外部的人才库，以便提供更全面的综合性人才。

4. 尚未建立集团内的人员继任机制和有效的人才流动机制

人员继任机制是为首席执行官（CEO）、副总裁、职能部门和业务部门

的高层经理等职位寻找并确认具有胜任能力的人员，是为组织储备核心的人力资本；有效的人才流动机制能为企业员工提供发展平台，不仅能稳定人才队伍，而且能为企业吸引更多高层次人才，提高企业的综合实力。

13.3 沙槐学院的目标定位

13.3.1 组织定位

中国的企业经营面临的最大挑战是人力资源问题。同时，企业的竞争优势来源于组织能力。而组织能力是通过独特的人力资源杠杆，包括人、内部架构和制度流程来实现的。所以，对企业来说，人才战略至关重要。

要制定独特的有竞争力的人才战略，企业需要思考一些根本性的问题：沙槐学院的核心价值观是什么？沙槐学院需要什么样的人？沙槐学院到哪里去寻找知识源泉，然后进行知识共享？沙槐学院应该用什么样的方法和标准考评和奖励员工？沙槐学院应该如何看待组织结构、变革能力和领导人发展？

当国内众多企业大学还专注于学习发展或人才发展时，广州医药已经先人一步，赋予了企业大学全新的使命。企业大学的功能已逐步从单一化向多元化转变，从注重人才发展跃升到全面带动组织发展的高度。

鉴于公司传承企业 DNA 的需求及以上种种挑战，专注于公司培训的企业大学沙槐学院从 2012 年开始转型和升级，明确了新时期中所肩负的"组织发展、学习与发展、人才（职业）发展"这三大领域，通过三大领域共同构建人才培养体系，将广州医药的企业 DNA 根植于每一位员工的学习和工作当中。经过实践，沙槐学院摸索出了企业大学创新发展的三大领域、六大角色和五步运营，即企业大学的"365"创新发展。

广州医药专注于"组织发展、学习与发展、人才发展"三大领域，通过三大领域共同构建人才培养体系，将公司"勤修善学"的 DNA 植根于每一位员工的行为中。其中，"人才发展"包含了人才管理规划、职业发展通路设置与管理、PDP 个人发展计划及人才盘点与测评四个方面。"学习与发展"包括体系建设、项目运营体系、课程体系、内训师体系、E&M Learning 及资格证六项措施。"组织发展"领域则是广州医药的创新探索与实践，该领域涵盖组织架构设置与管理、部门职责设置与管理、岗位职责设置与管理、岗位价值评估、岗位能力模型、任职资格设置与管理六个核心体系。这三大领域相辅相成，构成了一个组织与人才双赢的良性循环（见图 13—1）。

1. 人才管理规划：
人才梯队的可持续
培养。
2. 职业发展通路设
置与管理。
3. 岗位能力模型。
4. 人才盘点&测评
中心。
5. PDP个人发展
计划。

人才发展

1. 组织架构设置与管理。
2. 部门职责设置与管理。
3. 岗位职责设置与管理。
4. 岗位价值与评估。
5. 任职资格设置与管理。

组织发展

1. 体系建设：制度、标准、
SOP。
2. 项目运营体系。
3. 课程体系：按能力纬度、
分部室、分层级。
4. 内训师体系。
5. E&M Learning。
6. 资格证。

学习与发展

沙槐学院

图 13—1　沙槐学院三领域全系统图

13.3.2　企业大学所扮演的六大角色

企业大学的意义并不在于做了多少事情，而在于它给企业带来什么成果——能够帮助企业创造多少价值、为员工提供多少增值服务。因此企业大学必须适时转变自己的思维方式和行为方式，重新审视自身的定位。在广州医药看来，企业大学需要扮演好六个角色。

1. 企业战略助推者

首先要支持战略重点：围绕企业战略重点、发展规划，由企业大学牵头，回顾企业整体组织架构设置，优化部门架构和岗位层级，盘点现行的制度流程并合理简化，以匹配、支撑企业战略规划的落地。

其次是提升核心竞争力：根据企业业务，全面构建岗位能力体系，并与任职资格管理和设置有效对接，对企业员工能力进行全面建设，以提升公司核心竞争力。

再次必须助力人才战略：以公司战略为导向，设置与优化职业发展通路，推行关键人才培养与继任者计划，主导开发、实施人才发展项目，通过为公司培养高绩效员工，助力人才战略。

最后要成为各部室的业务伙伴：沙槐学院关注并及时响应各部室的需求，是公司内部的咨询顾问、业务合作伙伴，是各部门的支持和保障部门、互信互助的合作伙伴。沙槐学院以业务为导向，按需培训，有效推动公司业务发展、战略实现。

例如，沙槐学院一直都由内训师在公司内部进行商务礼仪培训，这一通用的商务礼仪课程一般只能提供关于商务礼仪价值意义和技巧的知识技能，可实际上，采购人员、销售人员、政府公共事务人员、物流中心送货员、公司总部的职能部门人员等所需要用到的商务礼仪都会因为主要对象、工作性质而有所不同，所以沙槐学院应用 2013 年新制定的《培训需求申请 & 确认表》，协助采购中心、销售中心、物流中心、广州器化公司等进行了定制式的商务礼仪培训，采购中心侧重的是商务谈判礼仪、仪容仪表着装礼仪和餐饮礼仪（特别是点菜、敬酒）三大要点，销售中心则偏重医院拜访维护服务礼仪和供应商沟通礼仪，政府公共事务人员着重培训日常交往礼仪和称谓座次礼仪，物流中心送货员则注重训练在药品送达时与客户互动的礼貌用语、标准流程动作，公司总部的职能部门人员就强调仪容仪表着装礼仪。通过课前需求调研、讲师沟通、课程跟进、课后反馈跟踪等环节，对部门提出的培训需求有了更深入精准的定位，能够更有针对性、更聚焦地为各部门提供合适的内外部培训资源及资讯，满足部门的个性化需求。

此外，沙槐学院还提供个性服务，送教上门，给予重点一线部门服务支持，比如，以销售中心为试点，应其需求将 6 大销售部门的培训管理集中在销售中心内管部，并协助其制定"销售中心培训管理办法"并规范电子培训资料的归档形式与格式、指导销售中心审核各销售部门的培训申请。在新培训申请审批流程上线后，组织物流中心各班组进行专场的操作培训，大大提升了物流中心培训数据的及时性（以往是每季度更新一次，现在已基本满足每月及时取数）。

学院还致力于推进公司廉洁建设，规避利益冲突。根据联合博姿内审报告要求，为贯彻落实公司《利益冲突管理规定》，在 2013 年初，学院承接了组织全员利益冲突培训和签署的任务。在 2013 年 1—3 月期间，在公司本部范围内共完成 18 场利益冲突讲解会并组织推进员工签订《员工利益冲突承诺书》《利益冲突排查表》《培训签到表》，共计有 1 157 名员工参加培训并签订《员工利益冲突承诺书》，除休产假人员未能参加培训及签订《员工利益冲突承诺书》外，公司利益冲突管理规定总体培训及签署完成率达到 99.83%，比原定 90% 的项目目标高出 9.83 个百分点，顺利完成公司交付的任务。通过组织宣讲会，加强了员工对《利益冲突管理规定》的理解，促使员工在工作中铭记"廉洁"两字，筑牢思想道德防线，规避利益冲突，保障劳工双方权益，为建立健全公司利益冲突管理体系和加强公司廉洁文明建设再添助力。

2. 人才梯队培养者

沙槐学院肩负着广州医药的人才培养工作，包括对知识和技能的培训，以及多元化学习方式的整合与应用。鉴于过去积累的经验，沙槐学院认为在人才培养方面，要做到"四创新、五精神"。

四创新包括创新模式、创新思维、创新机制、创新管理。

创新模式：只有关注组织的发展，从战略出发，厘清组织发展的架构，明确组织发展的要求与现有人才梯队的差距/短板，适应企业发展需要和员工职业生涯发展需求，探索和实施灵活高效的培训模式，加强培训资源的整体运作和统筹协调，提高教育培训的质量和效益，方能标本兼治地高效培养人才。

创新思维：真正树立人才资源是第一资源的理念，把加强人才梯队建设放在企业发展特别重要的位置加以落实。切实采取有效措施，按照战略和组织发展的需求持续培养、造就优质人才供应链。

创新机制：建立与企业发展实际情况相匹配，符合人才成长发展规律，集培训、培养、考核、使用、待遇、发展一体化的人才培养激励机制，促进人才培养工作的有效开展和各层、各类、各级人才的全面成长。

创新管理：统一认识、集约管理、分级负责，以平台思维、开放创新人才培养管理体系，实现归口管理和业务联动的有机结合，保障人才培养的有效落实。

同时，人才培养还应具有五种精神：脚踏实地、正向积极、迎难而上、共赢发展、感恩回馈（这五种精神也是沙槐学院命名的来由和背后承载的公司期望）。一方面，应从组织发展和战略落地的角度，以结果为导向，切实设计推行各人才培养项目。在培养过程中，注意正向引导、积极反馈，分享传递正能量，善于转事成智，化危为机，变中求进。另一方面，人才培养不仅要实现个人的发展，更应以个人发展带动部门、业务、公司发展，最大程度促进行业发展。员工得到成长之后，应怀有感恩之心，以实际行动回馈公司、行业；同理，赢利的企业也要勇于承担起社会责任，回馈社会，促进行业不断提升。

3. 培训资源整合者

一方面，沙槐学院以内部选拔、培训、认证、考核、激励等一系列活动，为广州医药打造了一支高素质的内部培训讲师队伍；同时，充分发挥企业各级组织的主动性，以建立高效的培训组织体系。

另一方面，沙槐学院通过各种渠道开发、整合培训咨询机构、海内外高校等各种外部学习与发展资源，并且及时把外部知识、资讯转化为本公司所需的知识技能。

4. 组织智慧萃取者

萃取组织智慧时，沙槐学院注意知识沉淀，建立健全企业课程管理体系、知识管理体系（制度、标准、SOP、工具集），通过多元化的激励方式，鼓励员工自动自发，持续总结反思，不断积累形成公司系统的课程体系；做到知识创新，通过不断总结工作的经验与教训，形成全面、丰富的案例库，这也是组织智慧的成果；应用新媒体、新技术，促使员工"善思乐学"；将所学知识、技能应用到工作实践中，并持续建设开放共享的交流机制和平台，促进组织智慧的进一步沉淀和创新。

5. 企业文化传播者

沙槐学院按照公司企业文化部的规定和要求，首先持续宣传企业的愿景、使命、核心价值观等，切实把核心价值观贯穿于方方面面，通过专题培训、教育引导、宣传、文化熏陶、实践养成、制度保障等，使核心价值观内化为员工的精神追求，外化为其自觉行动，使公司所有成员在合资、并购、控股后达成共识，"共识方能共事"。

其次是认同归属。培养员工对公司的认同度和归属感，拉近员工与公司的距离。

最后要融合理念。有效整合、融合企业总部与成员企业的理念，提高凝聚力，提升集团化整体作战能力。

6. 行业生态影响者

行业生态的影响，包含塑造公司品牌形象和提高合作伙伴能力这两个方面，这也是"开放式创新"的应用。前者可以通过积极参与各种行业内外部协会、雇主品牌建设、企业成功管理经验参评等，塑造企业品牌形象，提升企业品牌美誉度；后者需要为上下游供应商、代理商等合作伙伴提供相关的培训服务，提高它们的产品或服务质量，提升对企业的认可度，提升企业在行业内的运作效率和效能，优化行业整体产业链。

13.4　沙槐学院的具体制度框架

13.4.1　管理体制

编写并发布有《广州医药有限公司培训管理制度》《广州医药有限公司培训管理手册》《广州医药有限公司顾问专家管理办法》《广州医药有限公司委员会管理办法》。

13.4.2　部门设置

由董事会领导下的沙槐学院，下设院长教学办公室（由各系主任组成）主要负责培训工作的协调开展，根据董事会的决议实施人才发展培养规划、设计课程大纲、安排讲师授课、完成日常的考核反馈、对外公共事务联系等工作。模拟学院实际运作由三个教研室组成，分别是：企业文化教研室、管理知识技能教研室、专业知识技能教研室，每个系均安排一位系主任和若干位讲师负责课程设计开发与讲授。

13.5　沙槐学院的主要做法与五点体会

要卓有成效地扮演好企业大学的六大角色，需要在"准定位、优体系、广宣传、精实施、常反思"五个节点上下工夫，我们称作企业大学运营五步法。

13.5.1　准定位

要想真正为企业和员工带来价值，每一位管理人员都必须想清楚这些问题：医药流通行业所面临的痛点有哪些？哪些痛点对于公司来说是最紧迫的？企业现在的痛点、未来发展的拐点、员工整体发展的机会点、业务的增长点、战略落地的难点、各部门的困惑点等是什么、在哪里、怎么办？如何把自己的专业技能与这些痛点结合起来？

在公司"十二五"发展规划落地过程中，如何找准沙槐学院的定位？当公司要在激烈的市场竞争中不仅保持行业龙头地位，更要助力股东方实现千亿航母级企业，而内部人才供应链出现断链隐忧的情况下，沙槐学院要做出怎样的转型和改变，才能与公司发展同步？当公司现任高管有四分之一在未来三五年即将退休，公司在全国各地势如春笋地开拓分公司而急缺复合型管理人员和管理班子时，沙槐学院如何卓有成效地做好相关的人才梯队培养工作？有没有一个科学有效的管理工具和模型，能够指导企业大学的定位和运营呢？为此，经综合过往经验，以美国的艾·里斯与杰克·特劳特所提出的"定位"理论为基础，虚心请教国内外企业大学专家和资深企业大学校长，集思广益，成功创立了"企业大学定位及策略分析5C模型"（见图13—2）。定位不仅是营销战略理论架构的核心概念和思想，它还是一个非常强大的工具，可以应用在政治、商业、职业规划等方方面面，并让企业在竞争中创造和保持无与伦比的竞争优势。因为"缺少适当定位"到现在为止仍然是很多本土企业在市场竞争中的瓶颈，例如雷同模仿多，差异个性少。

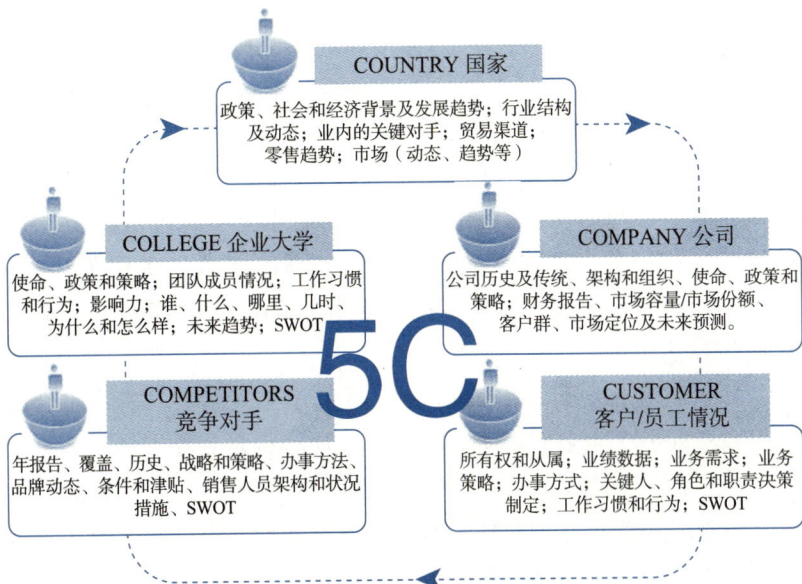

图 13—2　企业大学定位及策略分析 5C 模型

　　而企业大学要想获得高管的支持和认可，就像畅销产品要获得消费者的喜欢甚至是追捧一样，需要从"国家、公司、客户/员工情况、竞争对手、企业大学"这5大维度进行分析。

　　在国家维度上，沙槐学院认真学习了卫计委、中国医药行业协会、药监局等政策文件，阅读《中国药品流通》《医药行业月度简报》等杂志，研究国家整体政策、社会和经济背景及发展趋势、行业结构及动态、业内的关键对手、贸易渠道、零售趋势、市场（动态、趋势等）。

　　在公司维度上，沙槐学院全体同事大量学习公司的司志、年报、档案、会议纪要、公司官网、综合管理平台、内部各类刊物，研究公司的历史及传统、整体架构和组织、使命、政策和策略、连续3～5年财务报告、市场容量/市场份额、客户群、市场定位及未来预测。

　　在客户/员工情况维度上，通过与公司中高管访谈，通过需求调研和积极参与各部门会议活动，利用午餐时间，在公司餐厅与各部门同事吃饭沟通聊天，虚心请教资深员工，深入了解公司各部门的所有权和从属、业绩数据、业务需求、业务策略、办事方式、关键人、角色和职责决策制定、工作习惯和行为，做好客户/员工的SWOT分析。

　　在竞争对手维度上，沙槐学院所有同事广泛浏览国内外医药行业各大网站和各大医药制造商的网站，特别是排名在广州医药之前的几大竞争对手的公司网站、公司公众微信号和企业大学微信号，阅读竞争对手的销售3～5年报告，了解竞品覆盖地区及渠道、竞争对手的发展历史、战略和策略、办事方法、品牌动态、销售人员架构和状况措施。

　　在企业大学自身维度，将竞争对手与自己的公司进行对标分析，与总裁、分管领导、HRD共同探讨沙槐学院在企业中担负的使命、可以制定的政策和策略、企业大学团队成员情况、工作习惯和行为、沙槐学院在企业内的影响力、企业大学的SWOT、企业大学在全球和中国的未来发展趋势是什么，并回答"沙槐学院是谁；沙槐学院的核心竞争优势是什么；沙槐学院是引领性的要比企业快半步，还是同步或是响应需求进行支持服务；沙槐学院怎么样并在哪些领域提供服务"。从而准确、清晰、到位、全面、具体地将"企业大学定位及策略分析5C模型"中的各项描述出来。

　　在整合分析结果的过程中，沙槐学院发现各项有着重合的部分，而这些就是整个企业中最薄弱的环节，同时也是企业大学"上承战略、下接绩效"的着力点、发力点！沙槐学院以此为依据和工作重点，编写形成沙槐学院整体发展规划和各领域、体系发展计划书，并开展各领域工作和企业大学的创新运营和实践。

13.5.2　优体系

（1）根据沙槐学院整体发展规划和各领域、体系发展计划书，对现有体系、制度、流程、SOP、工具表单、团队、资源等进行盘点，并按照"人无我有，人有我优，人优我精，人精我新"的原则，对企业大学各体系、制度、流程、SOP、工具表单等逐步进行建立健全或优化升级完善。

沙槐学院编写并发布了的《广州医药有限公司培训管理制度》，对培训计划、培训实施、培训资源、培训基础工作等几大模块进行了重新规范管理，并对过往的一些标准（如外出培训费用标准、内训师课酬等）进行了合理化、人性化的回顾调整，例如将原有的内训师分级从助理培训师、培训师、高级培训师，细化为"助理、初、中、高级、客座内训师"；其课酬从原来的 50 元、200 元、300 元，调整为"100 元、200 元、400 元、500元、1 000 元"；计量单位从原来的按"次"计算调整为按"授课小时数"计算；发放方式也从强制性随工资发放调整为征询内训师意见按需发放。还增设了公司级、部门级课程设计与开发奖励，鼓励个人、团队、部门、专家自由申报，获批后按标准开发，并提交相关的成果物（教案、讲师版PPT、学员版 PPT、讲师手册、学员手册、资料包、试题、教学多媒体资料、案例等），经审核通过以后就可以获得相应的课程设计。这样有效地激励了公司的技术型员工主动进行组织智慧萃取，公司经验积淀，也使得这些技术专家们能够扬技术经验之所长，避演讲表达之所短。通过培训的政策加强了对培训组织的规范性要求，并为各部室提供了 21 个培训相关表格工具。

（2）在组织发展领域，经过近 20 次的修订和激烈讨论，沙槐学院自主设计了"本部组织架构回顾及岗位管理体系构建"项目整体方案和立项建议书。经公司总裁办公会审批通过后，确定为广州医药 2013 年集团级重点工作。然而由于这一项目的实质是集团整体的顶层设计，其本质是组织变革，遇到阻力在所难免。为此，沙槐学院在项目一开始，就通过邮件和访谈，倾听公司各部门总监和骨干员工"吐槽"，收集了关于"部门责权不对等、某些部门间沟通成本巨大、集团与各成员企业的关系复杂、集团各职能部门与营销总部管理脱节"等 16 个方面的突出问题，这些问题都异常尖锐，而有些由于集团快速发展暂时被掩盖，如"授权不足，过于依赖总监；总监管理风格各有不同，有统揽全局的，有细致入微的……然而，从部门整体效能考虑，更需发挥专业经理的作用。这不仅仅是个人风格的事，公司上下更要从诸多办事细节上加以考虑。如文件收发管理、项目合作、大小会议、授权审批、财务报账、办公用品领用，等等，是否均需要总监进行中转和审批？目前，时常存在签名者和审批人不知所云；总监总负责，经理不负责，员工无责负的情况"。收集了这些问题之后，沙槐学院和各高管一一面对面沟通，将这些问题当面反馈给他们并倾听他们的想法，同时征询他们对于组织架构回顾的建议和看法，从而设计了《4月1—2日集团化管理研讨会日程安排》《复合型集团管控模型及名词释义》《组织架构回顾——问题与案例收集》《访谈问卷》等表单和工具。经过全体高管集体研讨，就问题达成共识之后，明确了广州医药的"两级管理，三种模式"，其中"两级管理"是指广州医药集团级和本部级，"三种模式"指的是本部管理模式、全资子公司管理模式及合资子公司管理模式。这一集团和各成员企业整体管控模式，回顾明确了公司整体组织架构和部室设置，并据此编写部门职责说明书。

在部门职责说明书编写阶段，由于时间紧、任务重、项目多、难度大，所以沙槐学院设计了《部门职责说明书编写方案暨培训材料》《部门职责（岗位）说明书动词词典》、示范案例模板、各阶段进度安排表、进度完成监控表、各部室初稿/修改稿/分管领导/总控反馈意见小结、各部室初稿/修改稿/分管领导/总控反馈意见统计表、分管领导反馈意见汇总表等14个表格。其中沙槐学院自创了红绿灯项目管理（见图13—3），通过在"项目组对初稿进行沟通修改""分管领导对修改稿提出修改建议""总控对部门职责说明书进行审议""于总对部门职责说明书进行审批"四个阶段，以绿色代表"按进度推进、已完成"，黄色代表"本周开展，需参与人员关注"，红色代表"需要支持协助"，简约、直观、有效地应对和破解了访谈人员时间、项目总体进度、小结反馈、管理人员参与度等各大难题。

最终，沙槐学院在集团管理层面完成了各部室部门职责说明书汇编，明确了部门使命、部门职责，更是落实了集团公司"两级管理，三种模式"研讨会的会议精神，明确了集团化管理的要求。通过编写部门职责说明书，梳理了各部门的职责，明晰了职责分歧点，是公司战略得以落地实施的有效途径，为公司集团化工作的推进打下了坚实的基础。

（3）在部门职责梳理层面，沙槐学院团队在39个工作日五易其稿，终于形成定稿的部门职责说明书19份。其中一级职责257条，二级职责958条。共提出354条修改建议，属于职责交叉的30条，职责缺失/遗漏的51条，职责错位的15条，职责模糊的21条，职责描述优化的47条，职责分类调整的19条。

例如，在收到投资发展部的职责说明书时，项目组发现并提出："目前公司的各投资项目回顾的职责，包括沙槐学院收购了近十个合资子公司，缺失牵头部门对各投资项目和成员企业并购进行回顾，建议增加投资项目回顾职责和机制，以明确投资项目回报率。"投资发展部总监也同意了这个

《部门职责》各阶段约谈时间安排及小结反馈情况表（修改稿）

标识说明：　　代表已完成；　　代表需要支持协助；　　代表本周开展，需关注

部门	总监	与部门沟通日期	沟通时间段	职责说明书收集	沟通完成情况	小结	听取建议约谈时间安排	职责说明书收集	听取建议完成情况	小结	职责说明书收集	小结	职责说明书收集	小结
				项目组对初稿进行沟通修改阶段			分管领导对修改稿提出修改建议阶段				总控对部门职责进行审议阶段（6月20日全天）		于总对部门职责说明书进行审批阶段	
信息管理部	黄赞铭	2013-5-16（周四）	14:15-17:15	完成	完成	完成	于总 5月28日（星期二）14:00-20:00	完成	完成	完成	完成	完成		
总裁办公室	王红嫣	2013-5-22（周五）	10:00-12:30	完成	完成	完成		完成	完成	完成	完成	完成		
运营管理部	陈光焰	2013-5-28（周二）	8:30-12:30	完成	完成	完成		完成	完成	完成	完成	完成		
物流管理部	邓健辉	2013-5-27（周一）	9:00-11:00	完成	完成	完成	刘总 6月3日（星期一）8:30-10:00	完成	完成	完成	完成（补充）	完成		
销售管理部	陈毅聪	2013-5-13（周一）	14:30-17:30	完成	完成	完成			完成	完成	完成	完成		
营运中心	方达锋	2013-5-24（周五）	10:00-11:30	完成	完成	完成	刘总 6月3日（星期一）8:30-10:00	完成	完成	完成	完成	完成		
物流中心	邓健辉	2013-5-27（周一）	11:00-13:30	完成	完成	完成		完成	完成	完成	完成（补充）	完成		
采购中心	杜志强B	2013-5-20（周一）	9:30-10:30	完成	完成	完成	郭总 6月5日（星期三）9:00-11:00	完成	还需约谈	完成	明天下午	完成		

图13—3　红绿灯项目管理示意图

建议，但是具体由哪个部门牵头，他也无法决定，于是项目组就对分管投资发展的副总裁进行访谈，罗副总裁对此提出 7 点意见和建议：

1）由投资发展部牵头开展投资回顾工作，补充相应职责（建立投资项目的回顾机制，并组织对投资项目进行回顾）；

2）补充股权合作及股权变更、再投资管理工作职责到管理子公司层面；

3）补充建立目标公司评估模型，筛选目标公司的职责；

4）调整使命描述（根据公司战略，制定投资发展规划，组织实施战略合资和并购计划，实现公司战略布局，加强公司竞争力和抗风险能力）；

5）调整管理子公司层面的一级职能描述（投资战略制定—投资战略组织）；

6）调整本部的投资发展规划描述（重新归类）；

7）调整投资过程执行管理职责描述；

8）调整本部一级职能描述顺序（筛选—分析—执行）。

沙槐学院将他的意见和建议进一步提交给项目总控（集团运营管理副总裁、本部营销中心副总经理、营运中心总监、集团人力资源总监），他们给出的意见和建议是：

1）由投资发展部牵头开展投资回顾工作，补充相应职责（公司应建立投资项目的回顾机制，并组织对投资项目进行回顾，且提出建议）；

2）由成员企业董事会提出股权合作及股权变更、再投资管理，全资子公司由运营管理部负责审核，合资子公司方面由合资子公司管理部负责审核，由投资发展部进行具体的执行、落实，财务管理部负责财务分析。

最终，集团于总裁的决策是：

1）全资子公司由全资子公司经营班子提出增资、再投资管理的申请和方案；合资子公司方面由董事会提出股权合作、增资、再投资管理的申请和方案。

2）由投资发展部负责初审，会同财务管理部制订投资方案，提请公司总裁办公会议通过，最后经董事会决议，进行具体的执行、落实，财务管理部负责财务分析。

3）公司应建立投资项目的回顾机制，并组织对投资项目进行回顾，且提出建议。

梳理后的部门职责更加清晰明确，同时针对原来所存在的职责缺失、模糊之处由各部室编写制度、流程或 SOP 来落实明确，进而较大程度提升公司内部各部室的效率和协作效能。

在职责说明书汇编完成后，集团总裁于景辉还特地发来亲笔感谢信："汇编收下几天了，今天才有空看了一遍，很是激动，感觉是比完成了年度经济指标还激动，公司《部门职责说明书》汇编终于出台来，这是公司今年的一件大事件，也可以称得上是公司历史上值得纪念的一件大事件，意义非常深远，建议总裁办在写公司今年的大事记时，要写上这一笔。《部门职责说明书》汇编的出台，意味着沙槐学院在实施建立'专业的医药经营管理团队'的发展战略上又向前迈进了一步，为今后部门管理工作的细化提供了指引和方向。"

13.5.3　广宣传

在移动互联时代，酒香还怕巷子深，无论是企业大学自身还是企业大学主导实施的各项目。为此，整合企业内外部各种平台、资源、渠道，抓住一切可以宣传的机会，将企业大学的愿景、使命、核心价值观、发展规划、重点项目、项目成果等进行宣传、推广，这样，在公司内才能逐步营造或加强学习型组织的氛围，也能"广结善缘"，整合各类资源，助推企业大学各领域体系构建和项目的实施开展。

例如，沙槐学院 2013 年开展"职业化提升训练项目"，在公司内部制作了预热、项目启动、项目模型、项目成果等一系列主题海报，分批按项目进度需求粘贴在公司食堂、电梯、楼梯主要通道口，在公司内部综合管理平台登录页面也经信息管理部和企业文化部审批设置了一个"广告位"来进行相关的宣传推广，在公司的内刊《健之桥》《医药人家》发表相关的文章，先以"你为公司创造的价值＝（知识＋技能）×？"为题引发讨论；接着用"职业化风暴即将来袭，敬请关注！"引起关注，推进报名；然后用"职业化项目收益的关键词"作为课程预告，辅以"致学员的一封信""致学员主管的一封信"，由学员与其直线主管就其职业化需提升的关键要点达成一致后共同签署"学习意向书"，为课程的顺利推进及提升学员的收益、直线主管的关注参与度奠定良好的基础。

当课程结束之后，将学员的收获要点、小组成员在课程中绘制的"广州医药梦 & 我的梦"的共同愿景图精选制作成海报，在公司食堂和内刊上进行宣传，既将学员的承诺广而告之，为学员的持续行动奠定了群众关注的基础，也进行了课程阶段成果的宣传，更重要的是多元化地、潜移默化地学习解读、应用了公司的愿景、使命和核心价值观，实现了企业 DNA 的有效传承。在公司外部，利用各种年会、分享交流会进行项目的宣传，也撰写了相关文章，在《中国培训》《培训》《第一资源》等纸媒及其公众微信上进行专题宣传，获得了业界不少专家的指点，也反过来推动了项目的持续改进和优化。

13.5.4　精实施

无论是"组织发展"领域、"人才发展"领域，或是学习与发展领域，沙槐学院秉承"五精工作法"——精细调研、精确定位、精新实施、精心跟进、精彩呈现（业绩），实施和开展各项工作（见图13—4）。

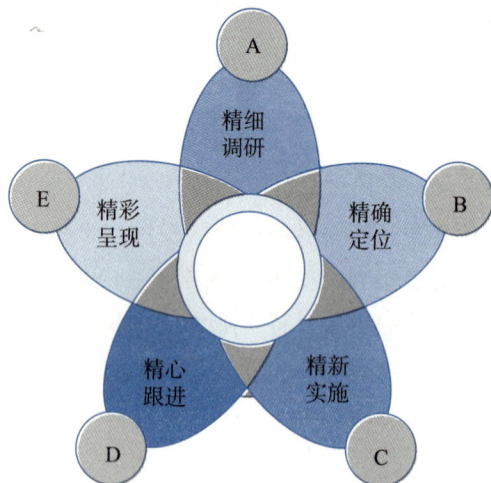

图13—4 五精工作法

1. 第一步——精细调研

（1）项目前期，进行了深入的定制化的需求调研，重点学员一对一电话访谈，了解困惑，收集案例。

（2）就本次情境领导力学习发展项目的具体定位和目标、项目的原理和原则、公司要求和总裁期望、学员动机和公司要求的平衡、项目衡量方式和标准、广州医药和灏竣共同工作的模式等问题，人力资源部、沙槐学院和灏竣进行了6次电话会议、4次现场会议，灏竣总经理与集团总裁进行了深度恳谈。

（3）定制化的360测试，对项目学员的个人领导力进行测试，形成领导力分析报告（个人版）、团队领导力分析报告。

（4）了解人员管理的目标和现状，差距分析。

（5）梳理业务高层和人力资源部对项目"可展示成果"的期待。

（6）制作一套属于沙槐学院自己的项目"可展示成果"方案、标准。

（7）向全体学员发送《致学员信》。内容包括：项目给学员带来的价值；预告整个项目的时间跨度及需要做的工作内容；项目介绍；顾问介绍。

（8）根据访谈及问卷调研中所收集的信息，编制更加准确且更具针对性的定制化案例，在课上进行讨论和演练。

（9）针对非全程参与培训学员，制定了具体的《非全程参与培训学员应对措施和补救方案》，有效化解了身为集团总监、中高管的学员们因实际工作、业务开展而无法全程参加的矛盾和冲突。

2. 第二步——精确定位

项目在一开始就从"个人学知识—团队习行为—系统变习惯"三个层

面明确了项目定位，设计了实施方案和工作计划，把传统的"培训之旅"提升为"成长、发展之旅"，最终成就组织的"变革之旅"。

对于每位参与干部来说，培训可以使每个人从中收获知识，提高认知能力，而这仅仅是起点。当他们学以致用的时候，他们一定是回到团队、部门中进行的，在真实环境中，需要与上级、下属、同部门或跨部门同事、内外部客户等都发生相关应用。而这些关系人对其应用的反应或反馈，将反过来影响学员应用的积极性和投入度，直接决定学员能否在群体层面发生行为的改变，不断练习应用新知识、新技能，进而改变形成新习惯。

如果每个学员都能够持续改进并养成新习惯，并带动群体共同改变，那么沙槐学院将能够影响公司的系统层面，甚至推动组织变革的发生。

3. 第三步——精新实施

整个实施过程中有两大关键词，分别为精心和创新。以下是精新实施的六步法（见图13—5）：

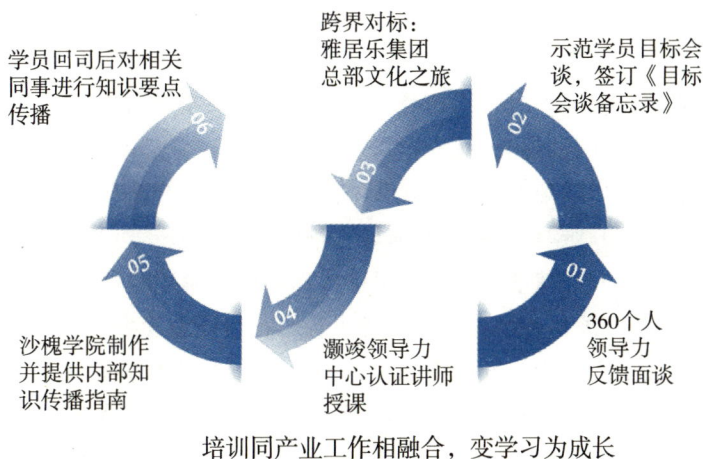

图13—5 精新实施六步法

（1）360个人领导力反馈面谈。

项目学员参加沙槐学院定制化360测试后，其个人领导力分析报告不仅发回给他们，且与他们的上级主管一同向其进行当面反馈，双方会就其要提升的能力项达成一致。

（2）示范学员目标会谈，签订《目标会谈备忘录》。

情境领导力学习发展项目是为了推动广州医药的核心管理队伍在领导力领域持续发展能力，帮助沙槐学院构建并改进推动持续学习的系统。核心管理队伍发展领导力是一个学习的过程，其本质是一个群体发生行为和观念改变的过程。核心管理者这个群体的改变不仅需要营造良好的氛围，还需要激活管理者们内心的动机。因此，项目初期设置了"目标会谈"，目的是帮助管理者们针对自身业务工作和管理工作中迫切需要解决的挑战，寻找出在项目中要改进的行为和习惯，并将此设定为目标。

为了使学员的目标能符合公司总体目标的要求，在设定目标过程中，学员与集团总裁就目标的相关问题进行会谈。沙槐学院与灏竣共同设计了《目标会谈备忘录（空白模板）》《目标会谈备忘录填写指南》《目标会谈会议操作指南》，并将它们提供给学员与相关高管。

会谈前，通过《目标会谈备忘录》的填写和传递，学员与总裁就会谈三项内容分别从部门和公司的角度进行思考，双方也了解了对方的想法和观点。在此基础上安排目标会谈会议，让学员与于总面对面交流需要发生的改变点，双方在充分了解对方真实意图的基础上达成一致并记录要点，作为学员改进的目标带入项目。

（3）跨界对标——雅居乐集团总部文化之旅。

情境领导力学习发展项目作为集团育才工程的重要组成部分，其启动具有多重意义和价值，所以沙槐学院创造性地选择了价值观、经营规模、人才发展理念等与广州医药都极其相近的雅居乐地产控股有限公司总部的会议中心作为启动仪式举办地点。在项目一开始，组织学员们参观了雅居乐集团总部，进行了独具特色的雅居乐文化之旅，就其核心价值观、企业文化、发展历程、业务布局、ABC 人才培养模式等进行了交流。沙槐学院还与雅居乐地产管理学院共同搭台，促进双方形成战略合作。

（4）灏竣领导力中心认证讲师授课。

（5）沙槐学院制作并提供内部知识传播指南。

1）项目实施过程要促进主管的管理行为发生改变，进而影响组织各个层面的管理行为发生变化。因此，参加项目的学员应该把有关的知识、工具和方法及其运用过程传播到自己团队中去，让大家都了解将要发生的变化，为改变营造一定的环境条件。

2）知识传播的过程是一个在理解基础上的再创造过程，学员通过"传播"可以加深对课程核心内容的理解，并在团队中建立共同的语言。

3）帮助学员养成在团队中进行正式传播信息的习惯。

沙槐学院为学员设计并提供了《知识传播指南》，引导、协助学员用自己的（习惯的）语言，结合部门的具体工作，归纳提炼出自己最有感触和体会的要点，共享信息，营造互相学习、互相帮助的氛围。

（6）学员回司后对相关同事进行知识要点传播。

4. 第四步——精心跟进

精心跟进流程如图 13—6 所示。

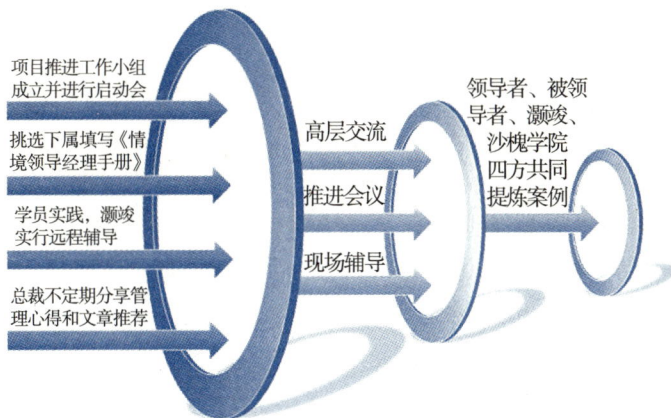

图 13—6　精心跟进流程

整个"将才计划之情境领导力学习发展项目"在跟进期间，共分为三阶段：

（1）第一阶段：起步阶段。

由公司于总裁亲自挂帅，挑选示范学员（总监），与沙槐学院、灏竣顾问团队、人力资源总监共同组成项目推进工作小组，并在培训结束的当天就进行了项目推进小组启动会暨首次工作会议。会上，于总裁说明项目意义、目的和要求；灏竣说明项目原理，解读"推进小组定位、职责和动作"，说明学员测评和标杆学员会谈的原理；沙槐学院说明项目流程和项目准备工作的进展；部分学员分享测评感受和"示范学员会谈"感受，于总裁点评总结。接着，所有学员挑选自己的直线下属应用所学"情境领导"模型和原理，根据下属在实际业务、工作中的表现进行反馈辅导，并填写《情境领导经理手册》。整个实践过程，灏竣的顾问实行远程辅导，每周根据与总监们预约的时间进行 30～60 分钟的辅导反馈。在远程辅导结束后三天内，灏竣提交跟进辅导报告给广州医药，并实时与于总裁、沙槐学院就项目目标进行对标。总裁也会不定期分享他的管理心得和文章推荐。

（2）第二阶段：发展阶段。

学员们需要与下属共同完成《经理手册》：1）双方交流明确工作（明确特定的职位、工作或活动）；2）双方交流评估现状（评定目前的绩效准确度）；3）双方交流确定合约（选择匹配的领导风格）；4）双方交流制订计划（确定互动周期和具体时间）。沙槐学院收集所有学员的《经理手册》，与灏竣一起分析个性问题和共性问题，以及修改意见。项目跟进的三个月中，每个月都由项目推进工作小组进行一次会议，在会议前，灏竣顾问与于总裁单独交流，听取他对广州医药当前的工作重点及对项目的要求，并交流项目推进的进展和节奏，及下阶段的重点。然后，灏竣与于总裁单独辅导示范学员，并调整《经理手册》。之后组织学员进行项目推进小组会议，集中交流完成《经理手册》的情况，分享过程和感受，提出问题和对策。

（3）提炼总结。

学员们按《经理手册》与下属的互动，记录每次互动情况《工作笔记》，并提交给沙槐学院。灏竣顾问对学员《工作笔记》中的过程与行为进行强化与纠偏。沙槐学院观察所有学员执行的情况，找出推进的障碍和困难，并与于总裁、灏竣及时商讨，重点关注示范学员的执行情况，收集《工作笔记》，密切观察积极执行、积极改变、初见成效的学员，并反馈给于总裁和灏竣；由学员（领导者）、学员所辅导的下属（被领导者）、灏竣、沙槐学院四方根据其辅导进程、动作、成效、心得，共同提炼案例。

5. 第五步——精彩呈现

情境领导学习项目历时三个多月（2013 年 7 月 17 日—10 月 28 日），承担了高层交流明确战略、建立推进小组、学员自我测评与领导测评、目标会谈、集中培训、学员知识传播、学员实战应用和实践、示范学员单独辅导（现场和远程）、学员集中辅导、推进小组会议、人力资源部沙槐学院项目会议等主要工作（见图 13—7、表 13—1）。

图 13—7　情境领导学习项目

表 13—1　　　　　　　　　　情境领导学习项目主要工作

集中培训与辅导	3 次
培训学员	85 位
示范学员	25 位
完成《情境领导力经理手册》	14 份
月度现场辅导	3 次
远程辅导	21 次
与人力资源部项目会议（现场/远程）	10 次
形成典型案例	7 篇（标杆学员）＋7 篇（被辅导的标杆下属）

整个项目共有三个层面的收获：

（1）对广州医药有限公司而言：

1）自上而下，就辅导下属、带动团队形成一致的管理语言和工具、要求。

2）应用灏竣领导力中心总结的"灏竣思想模型"，形成广州医药的"学以致用—习以致学—勤修善学"模型，为未来集团其他学习与发展项目的开展奠定了坚实的基础。

3）形成了7份学员应用经典案例，无论是集团总部，还是成员企业；无论是职能部门，还是业务部门；无论是集团高管，还是被辅导的经理，都从中受益匪浅。

例如，一位关系到公司能否继续经营的质量管理部总监，通过辅导下属，使其从一个标准的技术型人才，突破沟通障碍，有效化解部门墙，一个半月就主要负责起与总部19个部室总监，甚至高管沟通协调推进总部的新版GSP认证工作，不到三个月就能够带着其下属同时沟通协调、联系推进总部和4个成员企业（规模共计超200亿元）成为全国首批5家同时通过国家新版GSP认证工作的企业。

另一位为公司未来开疆拓土、谋划布局的投资发展部总监，通过对下属进行增加公司投资总额的项目辅导，与下属沟通目标，在他个人层面的收获：一是了解对方的准备度，自我反思，调整领导风格；二是从关注结果变为关注过程；三是注入人文关怀，从培养角度进行引导。其下属经理也有"清晰目标、明确职责、增强责任感、主动定期汇报、遇到困难主动寻求多方支持"的成长和改变。他总结出："情境领导不光是一种工具，而是一种心态，情境领导的过程实际就是育己育人的过程……借助情境领导的思维方式，培养良好的工作习惯，并不断进行反思调整，也就是所谓的修炼。"

还有一位每天着力践行"中国医药供应链最佳服务商"的营运中心客服部总监，通过情境领导课程的学习和项目的实践，明白了改变自己的领导风格，给予下属成长空间，对自己来说也是一个成长的过程。每个人的潜能都是无限的，都有自己的长处，如何将这些潜能激发出来才是沙槐学院最重要的工作，而不应该想到不好的结果。沙槐学院需要帮领导者克服一种不信任别人能胜任工作的心理，否则会扼杀他们的能力。如果想让下属成长，领导者必须要承担风险。

（2）对学员而言：

1）收获了"认识自我、辅导下属、提升绩效"的一整套标准化的理论、模型、技能和思路。

2）实践应用的过程中，由于以实际工作中的任务为载体，收获的是任

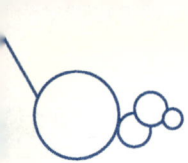

务难点的突破、挑战的化解，以及思维的改变和提升。

3）辅导对象/下属能力的提升。

（3）对沙槐学院而言：

与灏竣领导力中心共同设计出了一系列标准化、规范化的领导力学习与发展工具、表单：《目标会谈备忘录》《目标会谈填写指南》《经理手册》（总监班完成了 14 份）、《项目整体推进框架》《育才工程项目推进落地机制及实施要点》《知识传播指南》……

为未来其他项目的实施和开展提供了标准化的工具表单，并奠定了基础，实现了"关注组织学习，助力企业发展"。

沙槐学院也因此成为《培训》杂志理事会的企业大学理事单位、中国企业商学院联合会副主席单位，更于 2013 年 11 月荣获"2013 年 TOP100 企业商学院（大学）之'最佳成就奖'"。

13.5.5　常反思

作为国内为数不多、敢于趟企业最核心敏感又最有价值的"浑水"——"组织发展"领域，同时还兼顾"人才发展""学习与发展"领域，三领域都要抓，还都要为企业持续地创造商业价值的企业大学，沙槐学院坚持做到学员每天睡前反思、团队每月反思、项目关键节点阶段反思、体系定期盘点反思、领域对标反思，从而找到学员、团队、项目、体系、三领域的优劣势，特别是找准沙槐学院下一步可以做得更好的地方，持续精进，没有最好，只求更好！

以"情境蓄力，笃行育才"项目为例，由于一开始，沙槐学院也是以美国原版引进的"经理手册"为跟进辅导依据，而这份 17 页的手册由于篇幅太长且翻译生硬，遭到了学员的抵触，只有一两位学员认真按指引在辅导下属后进行填写。每每问到学员，他们几乎异口同声地说："我辅导下属已经花了 1 个多小时了，现在填写资料还要 1 个多小时，我还要不要开展工作了？"有的业务总监甚至会说："我业绩指标完不成，你们负责吗？"但项目还是要推进，怎么办？

于是沙槐学院项目组进行反思，提出改进办法，不需要他们亲自填写，而是在他们进行辅导后，由培训与人才发展专员进行电话访谈，逐一记录辅导要点和心得体会、成功经验。改进后的做法并未获得很好的成效，学员还是热情不高，因为要记录详细，就至少需要与他们电话沟通 45 分钟左右，他们会有"炒冷饭"的感觉，甚至有的总监会因此反感辅导下属，觉得是为做而做。项目一度僵持。沙槐学院再次深度反思，寻找解决方案，终于找到了一个较为完美的办法，即编写一个简单的指引邮件，发给所有学员和被辅导对象，告知大家：从即日起，大家可以利用智能手机的录音功能，在辅导前由辅导者征得被辅导对象的同意后，将录音发给沙槐学院，由沙槐学院统一整理成案例，而后发给辅导者与被辅导者，征得双方同意后，将姓名、敏感信息等隐去或按他们的意见修改调整，进而形成公司层面统一应用的案例，署名和落款仍为辅导者即学员本身。这封邮件一发送，沙槐学院的方式一改变，获得了所有学员的积极参与和相应。录音接二连三地发过来。最终，沙槐学院整理并形成了 27 份经理手册、17 个标杆案例。

13.6　对国家扶持政策的建议

13.6.1　降低企业大学注册的门槛

企业大学大部分是为企业内部服务，更多是虚拟的机构，经费也来源于企业按国家政策规定计提员工工资总额的 2.5%。如果按照现行的培训机构的资质获取办法，企业大学是难以获得国家的注册认可的。为此，希望能够实际考虑企业大学运营的特殊性和创新性，并针对性地制定企业大学注册政策。

13.6.2　对企业大学多提供政策扶持和资金帮助

（1）希望国家能够为企业大学内部的管理人员在职称评定、资格证考取时予以适当的加分。

（2）希望国家能够对企业自主开发、设计的课程，提供知识产权申报方面的简化和保护，更希望能够就企业内部自主研发的精品课程组织申报、评审，并由相关部委给予认证或奖励。每年也能够给予经申报且成功开发国家级课题、精品课程的企业大学专项资金支持。

13.6.3　打通企业大学与大学之间的人才交流通道，包括学历认证

（1）企业大学为企业提供的培训更多的是因应企业业务需求、人才需求而开设、开发的，与高校相比理论性稍弱，但实战性非常强，建议国家可以考虑企业大学内部兼职讲师与大学的讲师、教授等评级认证互通。

（2）企业内部基础培训课程、专业知识技能培训课程等也能够累计学分。企业内部员工参加企业大学开设的以上课程、培训后，可以修学获得相应学分，当通过国家统一组织的职业类考核或自考后，可以获得国家颁发的资格证书、大专或大学本科结业证等（无须再参加外部培训机构组织的函授培训班等）。

（3）资格证方面，企业大学也承担并肩负着企业内员工行业要求的资格证的教育、培训及管理工作，在日常运营过程中，企业大学也经常会对

员工进行安全、质量等培训、考核。包括特殊药品管理、冷链管理、利益冲突、反腐败反垄断等。国家能否考虑经过企业内部安全、质量培训的企业员工在参加国家相关资质考核认证时予以加分，或准许员工无须参加外部培训机构组织的培训而直接进行资格证的考试，并定期组织对考试通过率高、安全质量等零事故的企业和企业大学予以嘉奖表彰。

第 14 章
青啤管理学院发展模式与实践

14.1 青啤管理学院简介

14.1.1 青岛啤酒培训体系的发展、管理学院的产生和发展

作为一家拥有百年辉煌历史的公司，青岛啤酒始终坚持"以人为本"的经营理念，坚信一个朴素的真理："如果公司不能帮助员工成长，就不要期盼员工会全心全意为公司服务"。基于这样的理念和认识，青岛啤酒不断创新人才培养模式，通过在岗培训、任职资格制度、最佳实践交流、管理培训生、职业实习生等一系列管理工具和方法，为全体员工打造了一条稳健、快速成长的"绿色通道"，让员工踩着公司提供的台阶，一步步走到巨人的肩膀上。

青啤的培训管理体系发展阶段与其企业发展阶段紧密契合。1979 年以前，青啤职工培训工作由教育科负责，主要是对基层员工进行技能培训。1980 年，青啤成立了职教处，2000 年成立培训中心，开始统筹管理青啤公司的员工培训，包括各级管理者和基层员工，到了 2008 年，作为企业变革的重要配套机制之一，青啤成立国内啤酒业第一家企业大学——青啤管理学院，这也是青啤员工培训发展工作的一个重要里程碑，它标志着青啤将员工培训提高到战略的高度。可以说，青岛啤酒的员工培训，伴随着百年青啤的前进步伐，踏踏实实的一步步走来，正如青岛啤酒，醇厚中蕴含激情，继承中变革创新。

14.1.2 管理学院的定位、办学思路

被誉为青岛啤酒"黄埔军校"的青岛啤酒管理学院，成立于 2008 年 7 月，作为中国啤酒业的第一所企业大学，青啤管理学院的成立，是青啤公

司发展道路上一个重要的里程碑，不仅为青啤专业技术员工搭建了一个学习、共享、实践的平台，更是青啤国际化战略的一个重要资源支撑。学院以构筑全员培训体系为基础，通过企业文化的导入和学习习惯的培育，搭建企业知识管理、人才培育、市场竞争的智力平台，最终成为实现企业战略的有力武器。"技能训练营，知识加油站，智慧孵化器，心灵修道院"是管理学院的基本定位。秉承"学风严谨，纪律严明，不走过场，讲求效果"的办学思路，管理学院通过不断整合公司内外部优势培训资源，不断研发人才培养模式，培养国际化啤酒管理精英，推进青岛啤酒经营战略的实现。

学院使命：用我们的文化和激情，培养国际化啤酒管理精英，支持青岛啤酒可持续发展。

学院愿景：成为建设国际化大公司的人才加油站。

14.1.3 管理学院的培训模式及作用

青啤公司实行三级培训模式，即公司级、中心级、基层业务单位级，不同层级的培训责任者各负其责，既保证了资源的聚焦，又使得全体员工都有接受培训、成长的机会。图14—1为青岛啤酒管理学院三级培训模式。

1. 公司级培训

由管理学院组织实施。学员对象为公司关键人才，包括公司中层经营管理者及储备人才、关键岗位技能人才、总部职能部门管理人员、管理培训生。

2. 中心级培训

由制造中心、营销中心职能部门组织，重点针对不同专业人员实施专业化工具、方法的应用培训，以提升专业化管理能力为目标。

3. 基层业务单位级培训

由生产工厂和省级营销单位组织，培训对象是本单位全体员工。

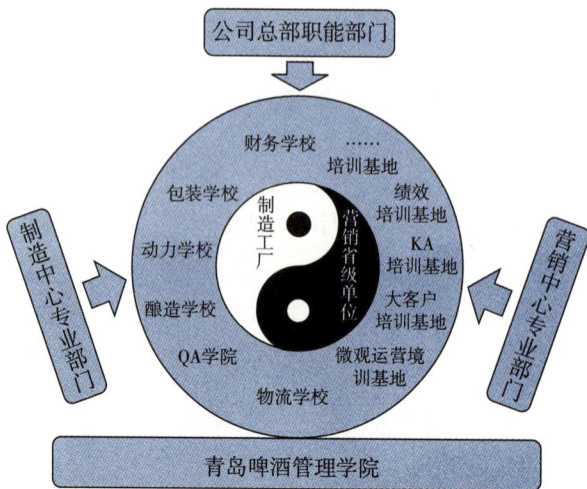

图14—1　青岛啤酒管理学院三级培训模式

14.2　青啤管理学院的"三力"模型运作模式

管理学院不断创新关键人才培养模式，全力支持业务需求，将"领导力开发、专业力提升、业务力拓展"作为工作重心，以一体化培训体系为依托，针对不同层次的人员分别采取了不同的培训策略。对于各级管理人才，通过系统地领导力开发课程、最佳实践交流、轮岗交流、挂职锻炼等方法，全面提升其系统领导力；对于专业技能人才，通过专业学校/培训基地、岗位资格认证、OJT、职业技能大赛等形式提升其专业力；对供应商、经销商、在校生等上下游客户，则通过点对点支持、培训嵌入等形式拓展其业务力。通过不断完善"三力"模型，如图14—2所示，使得公司人才培养更趋系统化、职业化、专业化。

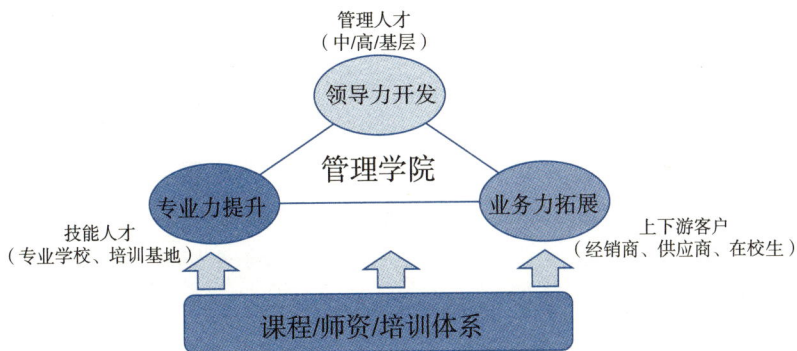

图14—2　"三力"模型示意图

14.2.1　领导力开发

经过多年探索，青啤领导力模型结构逐步清晰，初步形成一线领导力、中级领导力、高级领导力三级领导力培养体系。

1. 高级领导力

高级领导力培养平台主要是针对总经理等公司中层经营管理者设计，旨在培养内部企业家。从储备到新任到卓越，青啤建立起了全方位的总经理培养体系。如基于高层人才储备的"金★资格班"、针对新任总经理的"新任总经理特训营"、针对在岗总经理的"GMBPE"和"TT-EMBA"、针对优秀总经理的"卓越经理人海外游学"等等。采用的培训方式丰富多彩，有高管讲坛、专家视点，也有最佳实践交流；有课堂授课、沙盘模拟，也有名企访谈；有管理难题攻关、国学熏陶，也有海外游学。全方位、多角度的培养符合青啤要求的高级职业经理人。

案例   金★资格班

金★资格班于 2011 年启动，目的是储备公司中层经营管理人才。其特点主要有：

1. 学员基于人才盘点而产生

金★资格班学员的产生，是基于公司"双条线、三维度"人才盘点、能力素质测评、业绩评估所产生的，是站在全公司视野下选拔的人才。

2. 人才培养的目标明确

金★资格班，是根据学员的能力进行设计和订制，按照公司对于中层管理团队的能力素质定位，从领导力提升、教练技术、管理技巧、创新思维等几个维度，从全国的优秀讲师中优选课程，并选择了清华、浙大这两所名校作为资源支持，从而达到整合优势资源、聚焦管理能力提升的目标。

3. 培养模式多样化

金★资格班采取的是"理论＋实践"相结合的培养模式，专业的理论课为学员提供系统的管理知识；青啤优秀案例分享让学员有一个相互学习、交流的平台；市场调研和体验让学员更加了解企业生存的根本；知名企业游学给学员拓宽管理视野；企业难题攻关让学学用结合，快速完成知识的吸收和转化；企业导师的辅导能针对性找到自己的管理短板；丰富的社会活动能够提升学员的社会责任感。目的是全方位提升学员的作战能力与领导力。

4. 严明的教务管理

严明的教务管理是学习成效的保障，金星资格班采取积分制管理，针对课堂纪律、考勤、作业、生活、团队活动、请假审批等各方面制定了详尽的考核细则。学员之间既是一个共同学习成长的团队，同时又是竞争对手。竞争谁的可塑性强、成长性快，谁的团队带得好，业绩提升、解决难题的速度和质量高。通过全过程的积分考核，在毕业后将根据积分和业绩评价，确定学员在哪个层级。3A 级的学员将获得轮岗、挂职、交流等锻炼机会。

2. 中级领导力

中级领导力平台是针对工厂部长、营销大区经理等管理人员，旨在培养教练式管理者。在这个层面上，青啤实施了各级经理人岗位资格认证、精英训练营、"银星计划""青松之旅"等人才培养项目。

案例　　　◯ "青松之旅" 管理骨干双周训 ◯

> "青松之旅" 管理骨干双周训是为持续提高职能管理人员的职业化素养、锻造职业忠诚、提高职业技能，推动公司持续、快速、健康的发展，特为职能管理人员量身设计的系列职业化发展课程。课程分为职业化技能、领导技巧、员工关爱等。"青松之旅" 双周训分为线上课程和线下集训，其中线下集训每两周开一次课，由学员自主选课，采用学分制的管理方法。

3. 基层领导力

对于基层管理者的培养，青啤管理学院采用认证＋在线学习的模式。首先，管理学院组织开发了基层管理者认证标准课程包，囊括了上岗必会的 20 门课程，再通过认证讲师训，培养了 300 余名基层讲师，由他们负担起新任职管理者的培训任务。同时，采用网上学习的模式，定期发布课程，供大家自学。

14.2.2　专业力提升

1. 专业学校

专业学校是管理学院以贴近业务为主线，顺应公司组织变革的需要，为支持公司专业化、集约化、一体化的运营模式对一致性和协同性的工作要求，所搭建的专业化知识积累、共享、交流的平台。专业学校的设置，聚焦青岛啤酒核心业务模块，并与公司专业化分工对接。目前共有酿造学校、管理体系学校等 8 大专业学校。

案例　　　◯ 酿造学校 ◯

> "质量" 是青岛啤酒赖以生存和发展的基础，针对不同层级学员，酿造学校内设高级班、中级班和专项培训。酿造学校高级班的学员是各单位酿酒师，中级班的学员是酿造部、品管部、包装部负责人，专项培训是针对不同工艺人员开展的专题培训。酿造学校的开设，为专业技术人员搭建交流、学习的平台，同时，也是落地公司战略目标的重要途径。

2. 培训基地

培训基地是基于营销专业化、体系化的要求，建立的具有青岛啤酒特色的营销标准化模式，其作用是复制和推广最佳实践，协助推进公司战略落地。培训基地实施动态管理，每年选取运行规范、业绩突出的区域设为培训基地，各单位提报学习计划，统筹安排。培训基地采取标准化的学习流程，通过参加晨会、协同拜访、实践交流、集中研讨跟踪学习标杆单位的工作流程，取长补短。同时，参训学员也为基地带来各自的优秀经验，通过彼此的交流持续提升。

3. 技能大赛

青啤公司职业技能大赛已开展至第五届，作为一线员工展示自我的平台，两年一届的技能大赛越来越多地受到各单位员工的关注。参赛工种和人数逐年提升，从最初的 3 个工种、500 余人参赛，到现在的 14 个工种，2 万余人参赛，技能大赛这个品牌逐渐被大家所认可，比、学、赶、帮、超的氛围日益浓厚。

借大赛东风，各单位加大了技能培训的力度，探索激励技能员工成长的长效机制，大赛紧盯战略，将比赛内容与职能战略的推进有机的融合在一起，推动了战略落地。同时，通过大赛专家委员会的推荐和面试交流，涌现出一大批具有丰富操作经验和实战技能的专家，这些专家和大赛优秀选手共同组成了青啤公司专家库。

4. 其他专业培训

外语培训：为了提升员工商务交流的水平，管理学院为员工们构建了两个外语学习和交流的平台——商务英语班和日语角。

岗位资格认证（PCCT）：旨在使从事某一岗位的员工所具备的学识、技术和能力达到本岗位的基本要求，从而保证岗位操作人员的工作胜任能力。通过制定《岗位资格认证管理规定》确保此项认证的完整性、科学性、系统性和实用性，目前已实施 PCCT 认证的岗位涵盖 7 大类、26 个专业岗位，认证模式有集中培训、限期自学远程认证、网上管理学院认证等。

酿造/机械研究生班：校企合作研究生班是针对管理骨干人员开设的学习渠道。针对工艺、设备专业技术管理人员，青啤与江南大学合作，开设酿造研究生班和机械研究生班，学习期为两年，期间除系统学习专业理论知识外，还安排了专题讲座、内部管理体系、最佳实践交流等。

14.2.3 业务力拓展

1. 管理培训生

青啤公司管理培训生项目分为营销和制造、职能、"A 计划"三个品牌，其中，"A 计划"项目是公司重点的人才储备项目，旨在为公司未来快速发展储备和培养优秀管理人才。青啤公司每年都会从各大院校挑选出合适的毕业生作为管培生，对他们进行全方位、系统的培养。

案例 ⊶ 营销管培生 ⊷

> 1个月实习：管培生毕业前将有1个月的实习期，这一阶段的主要目的是促进管培生与公司的相互了解，为以后的培养打下基础，并仍有机会进行双向选择。此阶段课程设计侧重于对公司情况、企业文化、工作流程、市场环境的了解。集中培训、跟岗学习、自学是主要学习方式。实习结束前，会对学员进行评估，并记录在案。
>
> 半个月的集训：在这半个月里，全国管培生分为几期参加集训，主要是全面了解公司的文化和发展前景，并可以进行工作地点二次选择。
>
> 3个月试用：在试用期里，管培生要适应职场工作，逐步熟悉岗位操作技能。该阶段，给管培生指定"职业辅导师＋辅导员"，职业辅导师要对管培生的跟踪指导；管培生需要自我评估总结；最后辅导员提出未来的学习目标。
>
> 10个月提升：此阶段的目的是要帮助大家熟练掌握岗位技能与销售技巧，并调整好心态。OJT（在岗学习）仍是本阶段的主要学习方式。
>
> 1年轮岗选优：管培生入职一年后，公司将根据他们日常绩效、素质评估与书面测试进行综合评估，选拔出排名前20％的人员，并结合管理培训生的个人意愿，开展轮岗培养。这一阶段最终将确定管培生的任职方向和岗位，优秀者将被推荐到相关主管岗位任职。

2. 职业实习生

企业有大量空余岗位却找不到合适人才；另一方面，大量毕业生找不到自己满意的工作。企业与高校毕业生之间的供求"错位"现象日益严重。为解决这一问题，青岛啤酒联合各职业院校创建了"职业实习生"这一校企合作模式。该模式是学校教育与企业需求无缝对接、互利共赢的工学结合之路。

自2007年与青岛职业技术学院实施深层次合作以来，青岛啤酒的"职业实习生"项目已经与多家高职院校培养出一批具有行业文化、岗位技能和人文素质三位一体的营销业务人才、制造技术人才，对公司业绩提升给予了有力支撑。

"职业实习生"项目的选拔、培养流程可见图14—3：

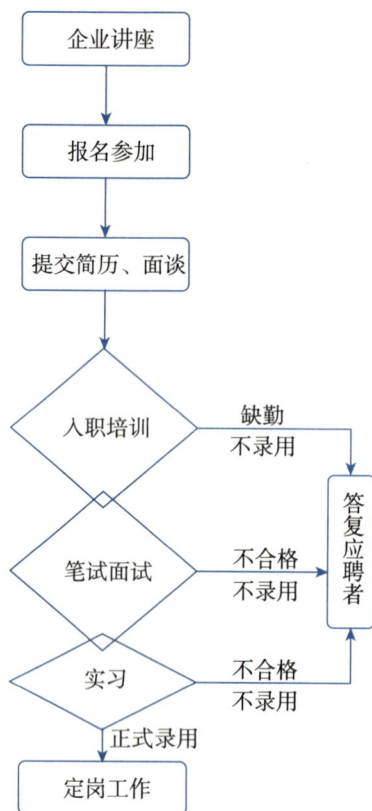

图 14—3　"职业实习生"项目选拔、培养流程

　　其中，企业讲座的环节早在相关专业学生大一入学时即行开展。"职业实习生"合作院校已经把企业讲座纳入到工商管理和市场营销专业的教学计划中，从新生大一入学到大二，每季度会安排一次企业讲座，这些讲座全部由青岛啤酒的一线资深专家讲授。到了大三上学期，学生自愿报名参加面谈，通过后参加入职培训。进入实习期后，青岛啤酒对"职业实习生"的培养主要体现在两个方面：

　　（1）理论培训。实习期间，青岛啤酒会在原入职培训的基础上，针对工作特点，进行一系列的专项培训。

　　（2）OJT实习。青岛啤酒会选拔优秀的员工作为"职业实习生"的"师父"，全程辅导学生的工作。在OJT实习期间，学生每天的工作内容和工作流程与"师父"完全一致。通过这种做法，青岛啤酒让学生真切感受到工作氛围，学习工作技巧，并提升工作能力。

　　在实习阶段，校方会给学生们安排1～2名专业指导老师，定期与学生沟通、交流，并进行实地走访，解决学生遇到的各种疑难问题。实习期结束后，青岛啤酒会从理论知识学习、工作技能、沟通能力和工作心态等维度对学生进行考察，通过者就可以定岗工作。

3. 经销商培训

在青岛啤酒的发展战略中，企业和经销商是一体化的战略联盟。公司人才、管理、体系优势和客户资金、网络、社会关系资源的有机结合，实现了生产领域的强势，啤酒品牌与快速消费品流通领域的强势客户的强强联盟。

青岛啤酒始终把与经销商的共成长作为企业可持续发展的重要支柱。为了持续提升经销商的经营能力，青岛啤酒成立了经销商学校，帮助经销商修炼"内功"，提升核心竞争力，与青岛啤酒"手拉手，共成长"。每届经销商年会青岛啤酒都会为合作伙伴筹备最佳实践交流和专业培训，系统讲解公司的营销规划、营销模式、品牌策略、销售运作模式和经销商发展规划。通过培训，经销商认识到了与标杆的差距，增强了主动发展的意愿；通过培训，经销商学习到了成功模式和先进经验，提升了自身的市场开发、经营管理和系统运营的能力。

4. 供应商培训

青岛啤酒倡导和谐共赢的供应链管理理念，供应商、员工、经销商都是青岛啤酒价值链上不可或缺的战略合作伙伴，这种供应链战略合作伙伴关系的建立，使得合作不再仅仅是一单生意，而是一份有着共同目标的事业。广大供应商以诚信和责任，为青岛啤酒提供了高质量、高标准的原料和包装材料，提升了青岛啤酒的市场竞争力；以开放的心态和协同共赢理念，与青岛啤酒一起探讨和应用原料以及包装行业新技术、新产品，使青岛啤酒始终保持了时尚化的品牌内涵和产品形象。青岛啤酒供应商培训是青岛啤酒与供应商进行最佳实践交流的平台。通过平台坦诚地交流思想和观点、畅达地分享行业信息和经营管理方略，为未来的深入合作打下坚实基础。在青岛啤酒供应商培训管理与实践方面，采用项目工作机制以及定期对话交流的机制，实施多项最佳管理实践的交流，以及对新技术、新产品共同研发，对行业信息、成本共享与交流，共同践行环保、低碳和社会公益的项目。

14.3　青啤管理学院的一体化培训管理

14.3.1　培训制度

青岛啤酒管理学院培训管理体系建设分为工作流和资源流，先后建立了《培训管理规定》《课程开发管理规定》《兼职培训师管理规定》《岗位资格认证管理规定》《培训实施操作指导书》《技能师动态管理办法》《新进员工始业管理规定》《博士后工作站管理程序》《培训费管理规定》《培训实施操作指南》等，这些流程、制度的建立，保障了培训实施的顺畅和有效性。

14.3.2　师资体系

企业要发展，需要大量的人才。人才怎么来？一是引进，二是培养。作为一个有责任感、持续稳定发展的企业，内部培养是人才最重要的来源。师资队伍建设直接关系到企业人才培养工作是否能顺利开展，培训效果是否能有效达成，因此塑造一支具有专业技能知识、讲授技巧、实力雄厚的讲师队伍成为保持青啤强大战斗力的关键因素，也是企业大学工作的价值所在。

14.3.3　课程体系

管理学院对课程开发实行立项管理，首先，根据公司年度培训计划制定并发布本年度课程开发计划；课程开发过程实行部门负责制，即课程开发计划中培训项目的实施部门负责成立课程开发组并指定组员，同时对课程开发进行过程管理。其次，管理学院负责组织课程评审委员会对最终课程进行评审。最后，管理学院对开发的课程进行统一编码管理，形成标准化课件纳入课程库，实现课程的资源共享。

目前，青啤管理学院已经建成了包含18大类1 000余门课程的课程库，涵盖的专业从啤酒酿造到销售、从通用管理知识到专业管理、从一线领导力到高级领导力的全方位的学习地图。

14.3.4　培训实施体系

青啤公司培训实施的是统分结合模式：即由总部统一进行计划管理（包括制订、跟踪回顾、资源管理），各业务单元各自实施培训项目。培训项目实行项目负责人制，由培训项目负责人拟定项目实施方案和计划书，报主管部门审核后执行。管理学院对重大培训项目实施进行全程监控。

除常规的集中培训外，青啤公司特别重视结构化在岗培训（OJT），经过10年的推进，青啤已经建立了完善的OJT管理体系，培训岗位以技能操作岗位为主，逐步延伸到部分管理岗位。

在管理类项目实施中，青啤公司主推以解决管理难题为主的行动学习，将管理知识的学习、管理工具的推广、管理思维的拓展和管理难题的解决融入一体，并将储备人员培训与内部招聘进行有机结合，项目的认可度很高。

14.3.5　网上管理学院

2012年底，青岛啤酒管理学院开始试点网上学习模式，该平台的建设，主要是为了解决分散的员工学习需求与集中化培训之间的矛盾。目前，网上管理学院广泛应用于在线岗位资格认证、岗位技能大赛、基本管理工具推广、最佳实践交流等方面，覆盖率逐年提升。2014 年，又引入移动学习模式，并在项目班中进行试点。可以说，网上学习在整个培训体系中起到越来越重要的作用。

14.4　结语

对人才培养的一贯重视，是百年青啤基业常青的重要法宝。企业为员工成长搭建了平台，员工成长又会促进企业的发展，二者相互促进。青岛啤酒为每一个有梦想的员工提供了个人发展的空间，对于每一名员工，在他踏进青啤的第一天，就开始了他的职业生涯之路。从入职培训、定岗、岗位发展到晋升，每一步都跟进相应的评估机制和激励机制，激励对公司做出贡献的人才。

企业的竞争是人才的竞争，如何打造人才沃土，提升企业竞争力是每个企业面对的紧迫问题。在青岛啤酒发展的过程中，不苛求完美，但是强调持续改进。学习是进步的基础，拥有了学习的能力，就拥有了获胜的可能。学习型组织的构建营造了浓厚的学习氛围，保证了员工能力和绩效的持续提升，从而组建了一支具有持续竞争力的职业化员工队伍，为公司实现战略目标提供坚实的人才支持。

第 15 章
携程大学发展模式研究

近年来在线旅游市场风起云涌，竞争不断加剧。2012 年底，携程管理层制定了"二次创业"的战略思想，OTA 之间大战就此全面打响。2013 年正是携程二次创业元年，这一年，每场战役的成败都决定着整个公司未来的发展，作为为前线提供战斗力保障的人力资源部和携程大学，责任异常重大。携程大学如何支持企业达成"二次创业"的战略目标？携程大学如何整合内外部资源为公司发展提供源源不断的战斗力？下面就让我们一起走进旅游行业的黄埔军校——携程大学。

15.1 携程大学的成立背景

2007 年，携程已经成为在线旅游行业的领头羊，公司的高速可持续发展需要更多人才的加入和储备，但我们发现传统学校式教育更多关注的是通用知识和素质教育，既没有行业特色又没有企业特色，而在线旅游属于新兴行业，人才存在瓶颈，另外，携程已经积累起一些成功的经验，这些成功的经验随着企业规模的扩大，仅仅靠言传身教已经不能支撑企业的需要。因此，在以上三大背景下，公司决定要建立一个更大的平台来总结和推广这些经验，对员工进行系统的企业教育，让员工成为真正的企业人。

2007 年 9 月 5 日，携程大学正式在携程旅行网上海总部成立。"一个企业历史进程中的里程碑不会太多，携程大学的成立一定是携程历史上一块坚实的里程碑。"在携程大学落成典礼上，携程时任 CEO、携程大学校长范敏如是定义携程大学存在的意义：携程办大学，绝不是办个虚名，而是将其作为企业核心竞争力的组成部分，不仅为企业自身培养大量可用之才，还要用自己独创的管理方式推动行业发展。

链接　　　　携程旅行网发展历程

携程旅行网创立于 1999 年，总部设在中国上海，现有员工 23 000 余人，在北京、广州、深圳等国内 17 个城市设有分支机构。2009 年和 2010 年，携程旅行网先后投资了台湾易游网和香港永安旅行社，将服务版图扩展至大中华区域，2014 年，投资途风旅行网，将触角延伸到北美洲。

CTRIP 于 2003 年 12 月 9 日在美国纳斯达克成功上市。作为中国领先的综合性旅行服务公司，携程旅行网向超过 1 亿 4 100 万注册会员提供包括酒店预订、机票预订、旅游度假、商旅管理及携程攻略社区在内的全方位旅行服务。

15.2　携程大学成立的必要性

21 世纪企业面临的重大挑战是不断加剧的市场竞争，企业的生存及成功之道是建立内部核心竞争力，而建立企业大学是企业应对不断变化的市场环境、加强竞争优势的一种战略。携程大学的成立正是旨在为公司培养和储备适应公司发展所需要的中高层管理人才，打造携程内部核心竞争力。携程大学是培养公司骨干力量的摇篮，也是培训员工各项工作技能的专业场所，更是企业文化传播、深化的基地。员工在携程大学进一步学习、锻造企业文化，用大家的心血、智慧与实践来灌溉企业文化之树，使其成为屹立百年的长青之树，福泽企业长治久安。迄今，携程大学已建立了覆盖基、中、高各层级，横跨通用能力、专业能力、领导力等全方位立体式的培训体系；同时根据行业和人员特点，为员工规划了从基层个人贡献者成长为专业人才或管理人才的双通道培养计划。目前公司绝大多数中高层管理干部都是通过内部培养、提拔的，公司规定，某个级别以上人员的晋升，必须完成携程大学的 CMBA 项目学习并通过答辩考核。

除了丰富的培训内容，培训形式也多种多样，从集中式的面授培训到远程培训，从导师辅导式课堂到行动学习、读书小组，从电子化培训到移动式碎片化学习，实现了各学习渠道的有效互补，实现学习资源的最大化利用，学员可以更方便地根据自己的特点、习惯及学习环境，选择适合自己的学习方式。

链接 携程大学部分殊荣

- 2012 年荣获上海交通大学海外教育学院举办的首届中国最佳企业大学排行榜的"中国最佳企业大学"和"最佳学习项目"，目前该排行榜活动已经进展到第三届。

- 在益策组织的学习和发展大会评选中荣获最佳企业大学以及学习型组织称号。

- 在华师大组织的全球第七届工作场所学习大会评选中携程 CMBA 项目荣获优秀学习项目奖。

- 获得 2013 年培训杂志组织的"中国优秀企业大学菁英奖"。

- 与国内知名大学联合发起"企业大学管理者联盟"，定期交流大家的创新做法以及在创新中遇到的难题和相应的对策，大家定期交流，群策群力，立志于推动中国企业大学的发展，目前已经发展为国内最知名的企业大学联盟。

- 参与上海市政府合作呼叫服务员职业技能等级标准开发，成为上海临空园区高技能人才培养基地骨干成员。

15.3 携程大学的目标定位

15.3.1 使命定位

（1）战略和文化推动；

（2）人才成长；

（3）业务发展支持；

（4）社会责任和企业影响力；

（5）其他。

15.3.2 目标规划

（1）打造德才兼备和素养全面的干部和员工，把业务运作引领到一个又一个高度；

（2）携程大学不为虚名，应为企业核心竞争力的一部分，不但为企业培养人，还为行业培养人；

（3）携程大学的课程内容，从学习、应用起步，强化研究、分析的能力，进而为企业的战略、规划服务，这是携程大学的存在价值，也将是企业核心竞争力的一个组成部分。

15.3.3　服务对象和内容

主要聚焦在携程主管以上管理人员的管理能力和科学发展思维提升，随着公司二次创业，携程从 OTA 向 MTA 的转型，携程大学适时增加了对携程经理人技术敏感度、技术应用和转换方面的内容。另外，对于新入职员工和在职员工的文化熏陶也是携程大学的重点工作，保证每一个携程人都有浓厚的"携程味"。

携程大学的制度框架见图 15—1。

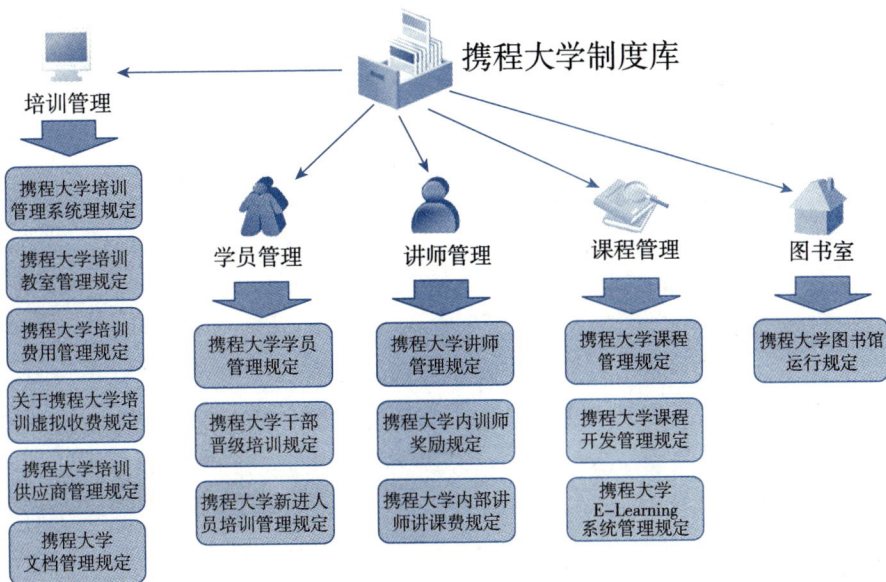

图 15—1　携程大学的制度构架

15.4　携程大学的主要做法与经验

15.4.1　实施 A 计划：强化后备干部培养

携程大学基于公司年轻化的要求，分析了公司发展方向、业务重点、下一步人才培养目标，并结合互联网企业特点，制定了针对公司年轻优秀人才培养的方案——A 计划。A 作为 26 个字母中第一个字母，既代表着该计划针对公司筛选出的绩效考评优秀、岗位胜任能力水平高的 A 类人才，同时也预示着该计划中的成员都争第一，勇争排头兵。

首批培养人才定位在了 85 后的年轻主管和 83 后的年轻经理，针对他们具体制定并落实了一系列分层次、有针对性的培养举措，并通过"健筋骨"（系统学习）和"压担子"（额外的工作实践和历练）来进行综合培养。

同时通过给优秀的人才提供更多的展示平台，让他们"练胆子"，以面对和迎接未来更大的机遇和挑战。

15.4.2　实施 A 计划的具体举措

1. 健筋骨——系统学习，综合提升科学管理能力

携程的年轻主管和经理们都是业务骨干，具有非常出色的个人能力。但是，为何发现一个问题，迟迟无法做决定？做出了决定，执行起来效率又不高？经过调研，发现一些年轻干部缺乏科学管理的理念。首先，没有一种组织内都认可的共同语言，让上级在最短时间内明晰情况而做出判断，让下属理解需求而付诸实施；其次，解决一件事情的工具和方法很多，但如何将最有效的一种其用到业务中去，高效解决公司遇到的问题，年轻经理人缺少经验。

找到了痛点，经过反复讨论，携程大学制定了科学管理能力提升计划。它针对培养年轻管理人员从复杂的数据中找出问题的本质，运用科学的方法分析并系统地解决问题的能力入手，重点解决企业运营和产品管理的问题。

在设计上，根据管理层对经理人的要求，同时借鉴优秀的互联网公司经验，把培养计划着重放在"问题的分析与解决""数据分析方法""技术意识"上，如图15—2所示。以老师讲授理论、工具和方法论，业务专家组织内部案例探讨，学员在本职工作中使用工具并分享等方式丰富学习体验并加强效果。同时，结合员工胜任力模型，分为科学管理能力主管提升班和经理提升班，主管班关注个人能力的提升，而经理班着重培养决策能力和团队管理能力。通过侧重点、手段和工具的细分，明确班级之间的逻辑关系，也和携程内部 MBA 班相挂钩，实现从自我管理到团队管理，再到企业管理的进阶。既满足梯队建设需要，又使员工在心中有自己的一张"学习地图"。

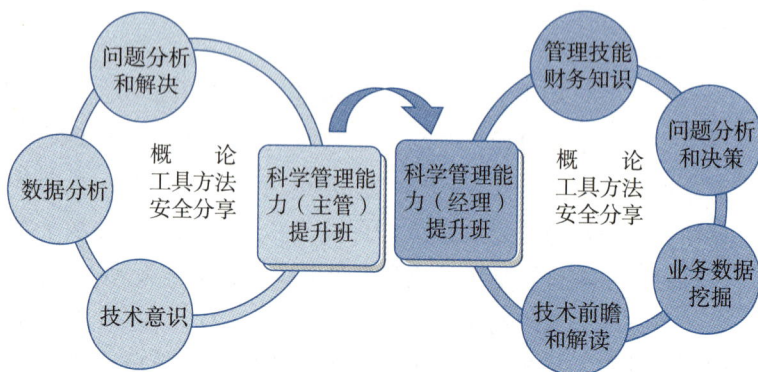

图15—2　科学管理能力培养计划

科学管理能力提升项目一经推出，一年时间内对百余位年轻基层主管和经理进行了培养，除了课堂中的作业外，课程结束后，所有学员根据工作中的数据完成了科学分析和问题解决小论文。这些成果充分利用了课程中学习的工具和方法，提出问题的视角和解决问题的科学性让学员的直属领导眼前一亮。与此同时，所有参加项目的管理人员，通过不断的学用结合，把"科学管理""用数据说话"真正变成了他们的工作习惯。

2. 压担子——针对公司创新课题，启动优秀员工"微课题计划"

携程作为一个开拓进取的公司，时刻会遇到各种各样的业务和发展问题。基于学习与业务紧密结合的设计原理，组织成立行动学习小组共同研究讨论，无疑是解决这些问题的很好方式。但是，传统行动学习往往周期较长，另外，成立几个行动学习小组无法满足众多业务问题和年轻员工的需求。如何把大家组织起来，从其各自兴趣出发为公司业务发展出谋划策，同时实现个人发展和组织发展的目标，成了摆在携程大学面前的又一个难题。

通过组织内部头脑风暴，讨论发现，公司优秀的年轻员工往往具有这样的特质：热爱公司，对事业专注，好奇心强，精力充沛，传统的培训方式已不能满足其对进步的渴望。同时，面对业务问题，本部门员工虽然经验丰富，但往往会思维受限。能否利用公司年轻员工的活力和激情，来帮助业务部门多角度地看待问题，从而实现双赢？另外，必须考虑到互联网公司业务"短""平""快"的特征，项目时间不能太长，必须迅速发现问题（机会）并予以解决。基于这样的想法，优秀员工"微"课题计划应运而生。

有了基本方案，携程大学立即与公司业务领域最前沿的几个部门负责人沟通，得到了积极的回应。在部门业务专家的配合下，提供了一系列与携程业务相关的前瞻性微课题。经过分析筛选，挑选出十余个符合公司发展方向，可以吸引年轻人的兴趣，并对参与者专业面要求较少，且无须动用较多资源的对微团队可实现课题，面向年轻优秀员工发放。员工可以在课题发布后两周的时间里选择其感兴趣的课题，确定思路并提交申请。申请经由业务专家审核，如果符合要求，则进入为期两个月的研究阶段。微课题学习流程如图 15—3 所示。

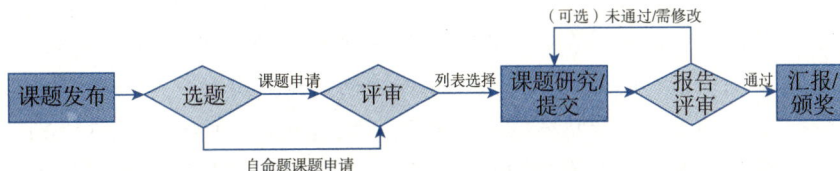

图 15—3　优秀员工微课题计划流程

项目推出后，得到的反响超出预期，大家踊跃提交申请，思路宽广。最终，在报名的研究小组中，有75%的研究小组完成了报告，依据课题难度、与业务的结合度、创新、科学分析和逻辑性等几个指标进行评审，最终合格率超过90%。其中，有3个小组的报告因调研充分，创意新颖而获得优秀课题研究称号，并在公司高层管理会上作了报告并受到嘉奖。

微课题项目是脱离传统培养模式的一次尝试。研究者从被动的理念灌输到主动知识获取实现了自我提高。携程发现：如果员工学习的知识无法很快转化为一种产出，这样的学习很难带来成就感，而最有效激励方式就是使之认为是在为解决一个有意义的问题而投入学习，并有机会很快看到成效。所以，携程要做的事情就是为这些员工搭建一个平台，让他们尽情地发挥才干。正如公司一位领导在项目启动会中说的，对于研究团队，在有限支持的情况下，自己想方设法完成任务，"在游泳中学习游泳"，从中取得的经验是普通培训无法比拟的。

同时，组织课题也做到"公私兼顾"，不仅仅解决了业务上的挑战和对未来盈利模式的探讨，也充分考虑到员工个人兴趣，让他们在轻松愉快的氛围中成长。尤其值得一提的是，课题研究的全过程都是年轻员工利用自己的业余时间，整个项目进程中，大家在完成本职工作的基础上自行组织研讨，周末作数据调研。从中我们深切感受到，设计培养项目成功的关键之一，就是能切中组织和个人发展的结合点。

3. 面向未来：长短期培养相结合

科学管理能力提升和微课题计划解决的是公司当前人才发展问题，基本的周期是3~6个月，而人才的培养是一个长期持续的工作，因此，在以上两个举措的基础上，携程人力资源部又制定了针对这些优秀人才的长远规划。

首先，针对所有的A类员工组织了一系列有计划的综合素质测评，在仔细分析了各项能力和发展意愿之后，结合个人背景和领导评价，定位了一批年龄在30岁以下、绩效优秀、具备高度工作热忱、愿意在公司长期发展的高潜质人才，与这些人才的直线领导一起制订了有针对性的长期个人发展计划。

和一般个人发展计划不同，计划重点考虑了年轻员工的特点。如具体分析了年轻员工的个人现状，如当前优势、专长以及不足，结合其岗位和工作职责，由员工及其直线领导共同制定出可行的个人发展目标和职业发展方案。以可操作的、被认可的职业规划为前提，严格绩效评估作保障，并辅以适当的回报作为激励手段。同时采用分梯队管理方式，如对于主管级别的员工主要培养其个人和项目执行能力，而对于经理级别的员工则向领导力和公司层面的项目运作倾斜。对于某些员工，特别加入了适合公司特点的导师制。年轻干部的发展方式如图15—4所示。

主管	经理
制定1-3年职业规划，绘制职业发展路径图ROADMAP 按阶段设定发展目标 设立评估方案 多参与项目运作 年度级优秀A类者，自动晋级，优先加薪 针对性管理技能培训	工作中自我发展为主 领导和参与重要项目运作 创造适当条件一定范围内轮岗 授权代理 担当职业导师 领导力培训 部门级主管后备人选

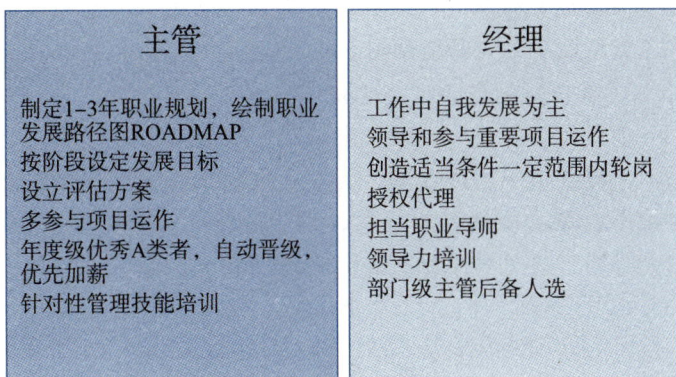

图 15—4 年轻干部发展方式

个人发展计划由人力资源部协调指导，根据各事业部需求统一调配培训和项目资源。事业部 BUHR 团队负责执行，组织各类针对岗位技能、管理能力、业务发展的培训，安排导师对年轻员工进行指导，员工及其主管定期沟通进展，共同检查计划执行情况。在这个过程中，始终围绕挖掘年轻员工个人优势、关注其成长，为每位员工制定个性化和差异化的个人发展规划，以及有效保留员工这几个核心点来运作。

2013 年，携程人力资源部和企业大学通过贯彻落实包括 A 计划在内的多个人才发展计划，取得了可喜的成效。主管以上人员的晋升率，新增项目经理及 6 Sigma 绿带人员比例明显提升，而干部平均年龄，离职率等均有下降，与此同时，公司业绩取得了飞速的发展。我们有理由相信，作为培训从业人员，不断地从企业角度思考问题，用科学的办法找到突破口，勇于承担责任，就一定可以和企业一起成长，实现组织人才发展的目标。

15.4.3 实施企业大学发展重要节点推动策略

1. 将培训与绩效考评挂钩

针对公司各个层级的员工和管理干部，携程大学和部门合作设计了学习互联网，每个员工都可以在学习互联网中找到适合自己的学习项目，而这些学习项目都与个人或部门的绩效考评结果紧密联系。

（1）基于胜任力的培训和辅导，原则上要求主管以上管理干部每年培训为 30 小时，年度没有培训记录的管理干部不予晋升；

（2）经理级员工如果没有学习 CPMP 或 CGB（携程 6 Sigma 绿带）课程，并未完成相应的项目，将不予晋升；

（3）管理干部必须参加公司的 CMBA 课程（硕士以上学历者除外），并通过相应的论文答辩，方可晋升；

（4）培训课时与部门 BSC 中的学习成长项直接挂钩，鼓励管理干部担任内部讲师，担任讲师的课时数按学习成长的 10 倍进行计算，同时会为讲师提供若干书本及学习经费，支持讲师的进修。同时，在外部课程上，会优先支持大学的老师去学习。

2. 项目制＋班级制＋行动学习

携程大学探索出一条"班级制＋项目制＋行动学习"的学习模式，采用"学以致用＋用以致学"的方式推动携程经理人的培养，并逐步发展出了多个 C 系列家族学习项目，将"成才＋成果＝成财"的模式不断深化，不断创新，最终搭建起携程中高层经理人的学习互联网，建设携程的"学习地图"。

链接 　　　　具体培训班案例

CMBA：

携程大学重点推行的领导力开发项目，根据携程发展的需求并结合国内主流工商管理课程而形成的携程 CMBA 对于公司中层管理干部的成长起到极大的推动作用。

CLDP：

对现有的中高层管理干部进行系统的培训，同时建立内部人才库。不断地在内部选拔高潜质人才，通过系统的学习项目设计和给予任务，加速他们的成长，为企业快速发展储备人才。

项目管理培训（CPMP 班）：

通过理论与实践学习，修完 PMP 九大知识领域课程，把有项目管理职能的人员培养为合格的项目经理。

六西格玛培训（CGB 班）：

学员自带项目参加学习，学习过程就是辅导过程，学成后需要至少完成一个 6 Sigma 项目，并参与综合评审，成为合格的 6 Sigma 绿带／黑带。

基层管理者能力训练营（CJMP 班）：

使公司基层管理者了解管理者的角色与定位，学习基本管理技巧，培养与辅导下属，同时全面提升初阶管理者的基础管理技能，并强化一线管理团队的能力。

中层管理人员管理能力训练营（CMTP 班）：

使公司中层管理人员了解管理者必须承担的责任和角色，学习管理发展技巧，掌握人才识别、培育下属、管理下属、激励下属的技能，把他们培养成为合格的领导者。

新进/晋经理人集训：

使新进/晋经理快速、深入了解和熟悉携程的企业文化、规章制度和各个业务模块，更好地融入公司，胜任自己的工作岗位。

内部培训师培训（CTT 班）：

使学员掌握合格讲师应有的培训技巧，学习基本教学方法，能在实际授课中有效表述课程内容，展现出专业讲师的形象。

……………

3. 强化讲师系统化培养

外部讲师拥有扎实的理论基础，但是不熟悉企业情况，无法更好的贴近公司员工的需求，所以携程大学逐步建立内部师资培养体系，培养了一大批内部优秀讲师。携程大学内部师资分成三个等级，内部讲师是企业内训师队伍的核心骨干力量，主要针对主管和经理级别员工招募，管理教练主要从经理级别员工招募，企业导师主要总监以上领导中招募。这种分层次的内部师资培养，也规划出了内训师的成长路径，如图 15—5 所示。

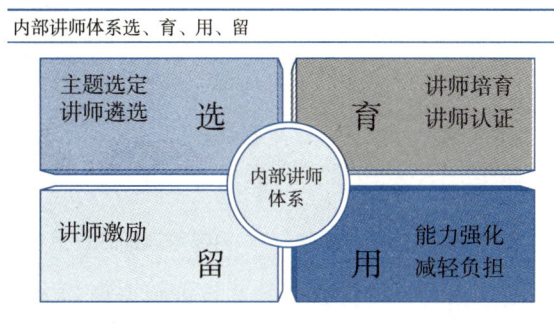

图 15—5　携程内训师成长路径

（1）内部培训师的选拔和培养。

根据内部讲师胜任力模型，携程大学每年都会进行内部讲师（初级/中级）认证班项目每期培养讲师 20 多位，目前为止已经培养了 200 余位认证讲师。

1）试讲流程（如图 15—6 所示）。

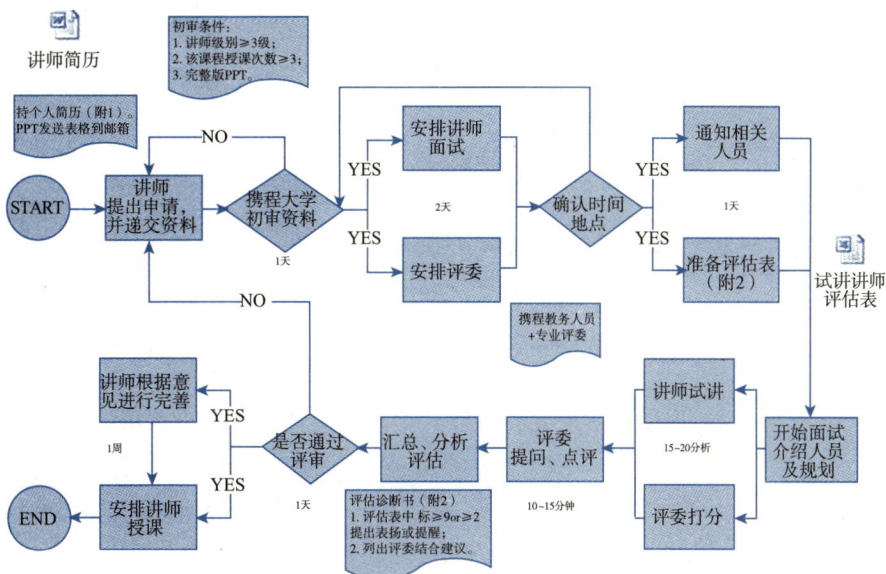

图 15—6　内部培训师试讲流程图

2）内部培训师胜任力模型（如图 15—7 所示）。

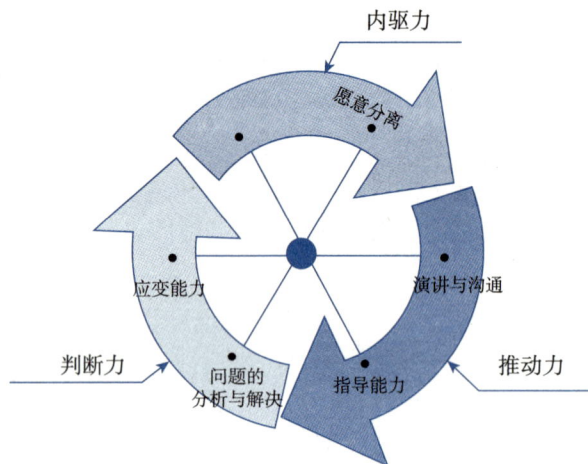

图 15—7　内部培训师胜任力模型

3）初级讲师、中级讲师和高级讲师所应达到的能力等级（如图 15—8 所示）。

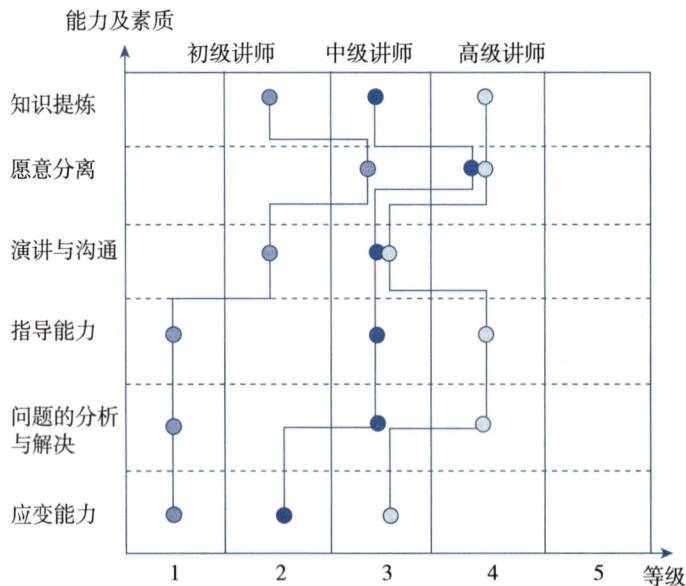

图 15—8　内部讲师能力等级图

4）内部讲师应具备的胜任力素质（如表 15—1 所示）。

表 15—1   内部讲师胜任力素质说明

定义：热爱教学，乐于奉献，具有分享知识的热情和责任心，以严谨认真的态度执行教学任务。			
行为指标	等级标准		
	初级讲师	中级讲师	高级讲师
1. 热爱培训事业，具备敬业精神，认同并主动传递公司的价值观和企业文化。	4	4	5
2. 以积极，开放的心态接受和完成各类教学任务，并愿意为此有额外的付出。	3	4	4
3. 自觉更新和完善所负责的课程教案，无须督促。	3	4	4
4. 在日常工作和生活中有意识地收集各种有利于教学的案例，主动研发新课程。	2	3	3
5. 无论课上和课后都乐意与学员及其他相关人员多作交流。	3	4	4

5）内部讲师的使用——评分定级。

根据携程内部讲师评审委员会评委的评估，我们将内部讲师分为：初级讲师、中级讲师、高级讲师三个层级，根据不同讲师等级，进行使用、培养及激励。

初级讲师：系列课堂授课

中级讲师：胜任力和系列课堂授课

高级讲师：胜任力和系列课堂授课，评审讲师团

6）内部讲师的激励。

一是由携程大学依据胜任力课程标准按课时支付讲师费；

二是有参与年度优秀讲师评选的资格；

三是可参加每年教师节活动和培训师团队活动；

四是优先参加外训机会；

五是认证讲师在公司或跨部门讲授的课时乘以 10 计入部门绩效考核学习与成长分数；

六是增加讲师在公司内部刊物上的曝光率。

携程大学的师资队伍建设围绕着，讲师的选、育、用、留等几个方面来进行，在这几个方均有相应的培养项目与之配套，通过这套有机的培养机制，携程大学现有两百多位兼职讲师，其中，高级讲师近五十位，为携程大学不断创新的学习项目奠定了师资基础。

4. 用技术推动学习

问题：公司日益壮大，员工数量激增，如何提高培训管理效率，并让学员真正做到想学就学。

解决策略：技术导入，运用 LMS 和学习管理 APP 提高培训管理效率，将 E-Learning 和 M-Learning 等学习方式导入培训体系，建立新型的混合型学习模式。

（1）LMS 培训管理系统。

携程大学学习管理系统是自主开发完成，于 2007 年上线使用，2014 年更新 2.0 版本，如图 15—9 所示。该系统能够协助企业培训管理者完成从课程规划、学员报名、课程开设、学员通知、学习效果评估、成绩汇总直至培训查询的整个学习过程。

目前携程大学开设的所有课程均由该系统进行管理，各地分公司及各直线部门亦可用其完成日常的培训管理工作，携程大学将负责定期对该系统进行升级及改版，培训管理系统的作用如下：

1）提供规范的培训与学习过程管理的教、学、管一体化平台。

2）激发员工学习驱动力，以提升员工学习能力和企业核心竞争力。

3）提供混合式学习课程的支持与评估转化，快捷高效培训与学习活动的开展。

4）快速部署富有组织特色的学习环境，建立综合性的企业学习与发展系统。

5）充分利用学习基础设施，满足企业当前经营与未来发展需要。

图 15—9　携程大学培训管理系统界面

（2）E-Learning 学习系统。

携程大学为学员提供在线学习系统，适时满足公司员工对跨地域、跨岗位、跨等级及个性化的培训需求，E-Learning 学习系统从成本、时效和监控等方面确保了课程的适时提供，最大限度地满足了员工的需求。学习系统界面如图 15—10 所示。

图 15—10　E-Learning 学习系统

（3）携程大学 APP。

携程大学首个学习管理 APP 于 2014 年 3 月上线，携程大学从此进入移动学习时代，APP 主要针对重要项目、重要班级学员使用，主要应用于学员在线预习、班级管理、二维码签到、重要通知、培训资讯推送等，让学员能够在手机上随时随地查阅课程资料，更加便捷地了解课程资讯。携程大学 APP 如图 15—11 所示。

图 15—11　携程大学 APP 界面

（4）携程大学移动商学院。

常规培训模式已经无法适应经理人繁忙的工作状态，为此，携程大学专门引进了针对中高级经理人定制的移动学习平台——移动商学院，如图 15—12 所示。该移动学习圈通过六大高管能力模块定期为 1 000 名携程中高管的手机推送包括哈佛商业精粹（短视频）、原创微课程在内的各种学习内容，每个学习内容约 3～15 分钟，有效地利用了经理人的碎片化时间，帮助中高管梳理管理难题、启发创新意识。携程大学将移动商学院网络课程与班级项目相结合，互为补充，从而建立了新型的混合式培训体系。

图 15—12　移动商学院界面

（5）携程大学微信号。

携程大学微信订阅号于 2014 年 1 月份开始运营，每周推送 2 篇专业文章，至今累计共推送百余篇，同时绑定和推送至腾讯微博@携程大学，微信订阅号内容涉及培训前沿资讯、互联网最新动态、携程大学培训项目主题、携程大学即时新闻等，形式为原创、视频，转载，书评等中英双译内容，迄今累计关注人数 2 000 多位，被转载次数和阅读量超过 5 000 次，在业界产生一定影响力，为携程中高层人士提供最新业内动向。

链接  携程人学习互联网

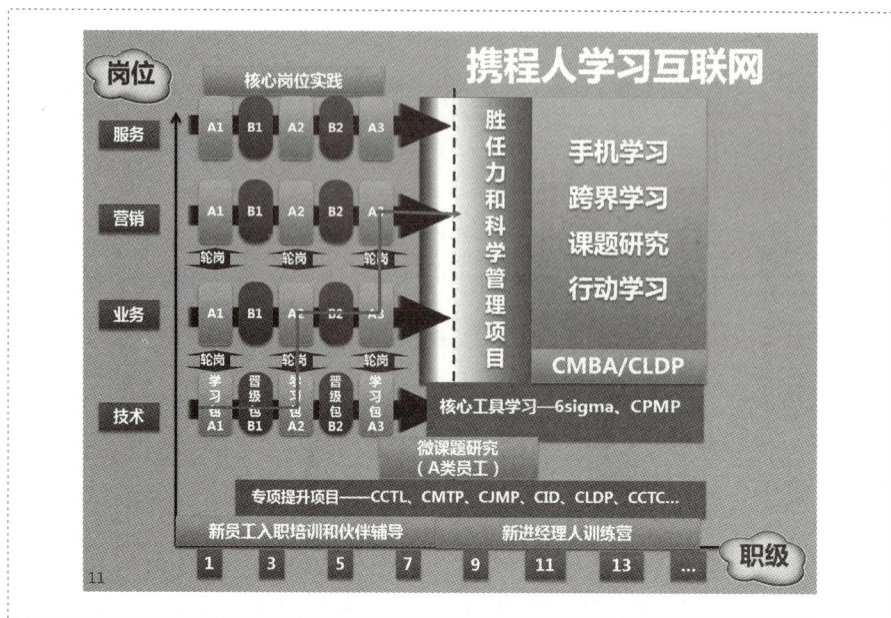

15.5　携程大学的未来发展战略

15.5.1　夯实基础，微创提升

各项常规项目围绕学员需求在学习形式上、课程设计上不断微创新、持续提升项目质量，强调学习效果并注重价值呈现，紧跟要求、与时俱进。

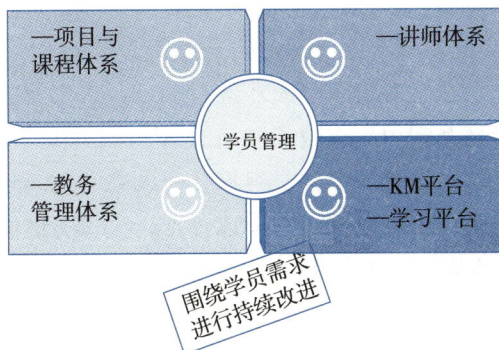

围绕学员需求进行持续改进

15.5.2　顶天立地，创新进取

1. 紧跟战略和公司大方向

企业大学是公司业务转型、战略执行、变革落地在组织能力上的推进器，携程大学将协助企业变革，潜移默化地传播企业文化，激发和释放蕴藏在员工身上巨大的潜能，规模地解决组织在变革过程中的人员能力问题。未来的竞争比的不是战略定位，而是变革的速度与质量；比的不是产品，而是产品背后的团队；比的不是员工的数量，而是员工的状态；在这样的形势背景下，携程大学将围绕与公司未来相关、战略相关的大方向，策划和组织各项公司级和部门级学习项目。

2. 与公司核心业务紧密结合

企业大学的发展离不开业务驱动，携程大学一直与业务部门一起研讨需求，制定培训计划、分析业务策略和重点工作，根据业务部门的战略、机遇、优势、劣势，以及团队能力现状分析，提取出核心员工需要提升的能力，再看看哪些能力需要培养，这些能力应该用什么样的方式培养，需要引进什么课程，自主开发哪些课程。因为跟业务计划有紧密的衔接关系，我们有理由相信，这样产生的培训计划跟公司发展战略是一脉相承的。

另外，携程大学每年都会开发一批精品课程，课程需求来源于业务部门的业务需求，培训内容源自业务中最真实的场景，知识技能汇聚业务开

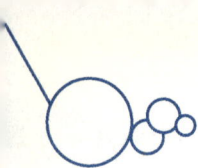

展过程中的最佳实践，最大限度贴近业务实际。

互联网行业业务快速发展，如何支持公司创新业务、协助业务部门解决实际问题，帮助他们实现业绩目标，是携程大学的另一重点工作，携程大学采取的解决方法就是行动学习，培训过程中只抛问题，没有答案，引导组织学员进行实际问题的研讨，收集学员的观点和建议，快速形成建议方案，群策群力、集思广益。行动学习最大的优点是实用性和时效性，无论具体问题是什么、无论研讨的内容是什么，需要集体研讨时都可以用这种方式。

3. 集团层面人才盘点、提升及任用

人才盘点是对组织与人才进行盘点，是企业实现人才战略的必要手段，在企业发展过程中，有效地进行人才盘点是人才储备、应对未来的关键战略之一。每年携程大学都会根据公司未来 2~3 年的战略目标，按照统一的"人才标尺"，组织一次管理干部盘点，包含关键岗位和核心人才两个层面，盘点内容包括确定员工任职水平、识别人岗差距、发掘员工潜能、明确新的岗位需求和变化，并设立动态的潜力人才库，将盘点结果作为人力资源配置和发展的重要参考依据，并结合组织需求和岗位特点，打造关键岗位的人才梯队，建立关键岗位人才储备库以及继任计划。

每年的人才盘点可以更有效地促进人才流动，并找出高潜质的候选人，使人才管理成为公司的战略重点之一。对管理者而言，人才盘点可以帮助他们找到理想人才，在人才招聘、管理、保留方面做出正确决策；对员工而言，从人才盘点中可以得到有价值的反馈，并在此基础上主动规划个人的职业未来。因此，人才盘点在携程大学未来的发展战略中占有非常重要的地位。

4. 发挥企业大学对外职能

（1）企业雇主品牌形象传播。

企业大学是企业品牌形象的一个窗口，携程大学将更加频繁的同业界进行交流和合作，树立外部品牌。

（2）参与政府服务标准制定。

携程大学作为行业的领头羊参与了呼叫服务员职业资格等级标准制定，同时作为主体制定了在线旅游行业呼叫服务员职业资格标准，未来还将与政府更加密切的合作，参与旅游及服务行业各类职业标准的制定。

（3）整理携程核心价值观，制作成精品课程，向外传播。

企业大学必须有其精品课程，而这些经典的课程必须和企业自身的战略、核心价值观和业务实践深度结合，还要把组织多年沉淀下来的方法技能嵌入其中。携程大学每年都花很大力气开发精品课程，未来还将把这些经验向外传播，对外推广。

15.6　结语

携程大学立足于集团层面人才培养、行业标准制定、专业课题研究，自成立以来已培养中高层管理干部数百位；与政府合作开发了呼叫服务员职业能力等级标准和相应技能培训；成功完成大量公司级和部门级课题。面对竞争日益激烈的在线旅游市场，帮助企业不断提升核心竞争力成为携程大学责任所在。携程大学将一如既往地为企业输送有用的人才，使之能持续地创造出优质的产品，不断提升服务质量，最大程度满足客户的需求，为把携程做成百年老店的宏伟目标而努力。

第16章
波司登商学院发展的实践

16.1　波司登的发展历程与商学院的诞生

　　波司登38年风风雨雨的历程，一步一步沉淀成波司登的文化，即探索、实践、务实、坚韧、创新、开放、诚信、执着、信念文化。这些具有丰富精神内涵的波司登文化贯穿于企业发展历程的全过程。企业发展分为三个阶段：

　　第一阶段，创业初期（1976—1993年），发展主要特征：

　　（1）服装加工起步。一个小缝纫组依托上海市场谋生存、图发展，拉开了艰苦创业的阶段。

　　（2）敏锐地捕捉羽绒服市场商机。完成了从无明确市场定位的服装加工到确定以羽绒服加工为主的市场定位。

　　（3）贴牌生产，获得发展。从来料加工向贴牌生产转变，树立品牌意识。

　　第二阶段，品牌建设期（1994—2003年），发展主要特征：

　　（1）成功开展股份制企业改造，建立现代企业制度。

　　（2）时尚化革命。推动以设计师为导向的创名牌工程，走"知名度"与"美誉度"并举之路。

　　（3）多品牌成功运作。从成功的单一品牌运作模式发展为多品牌运作模式。

　　（4）成为羽绒服领导品牌。

　　第三阶段，企业转型期（2004年至今），发展主要特征：

（1）二次创业。波司登回归民营企业，拉开二次创业和转型升级的阶段。

（2）创新企业经营模式，成功上市。突破自有化、信贷化的融资模式，全面实施资本运营战略。

（3）四季化品类和非羽绒品牌拓展。确定以羽绒服为核心，在做强做大羽绒服业务的同时，大力发展四季化品类业务以及通过自主创立、兼并、收购等方式，加强非羽绒服装品牌项目的拓展。

（4）分品牌运作。分品牌独立运作，推动各品牌专业发展，做强做大。

（5）国际市场拓展。设立欧洲总部，逐步推进公司的国际化发展。

经过三个阶段的创业与创新发展，形成了波司登发展的愿景与使命：

企业愿景是：创百年企业，树百年品牌，成为一家令世人尊敬的世界知名的综合服装品牌运营商。

企业使命是：让人们的生活更美好。

企业发展到特定阶段，对企业人才战略发展、对学习与发展要求就会有更高要求，波司登商学院就是在企业战略变革中应运而生的。

2012年年初，波司登提出了多品牌、四季化、国际化的战略，并确立了"树百年企业，创百年品牌，成为一家令世人尊敬的世界知名的综合服装品牌运营商"的企业愿景。

多品牌化是指将羽绒服分品牌经营，由产品经营转向品牌经营；拓展羽绒服之外的服装品类，通过自主品牌的优化提升以及并购、代理国内外服装品牌，形成多品牌集群发展。四季化是指从单一的产品延伸到四季服装，成为一个完整的品牌经营实体。国际化是指经营思想、管理模式国际化，人才结构国际化，技术、专利国际化，区域市场国际化，实现引领服装走向世界、为国争光的企业愿景。

对比单季单品羽绒，四季产品具有完全不同的供应链模式，对商品企划与管理、设计、工艺、生产、物流等人员都提出更高要求。多品牌化对应中高级管理人才的需求，从综合性统一经营到5大羽绒服品牌和4大非羽绒服品牌独立运营，品牌管理者、分公司经理等管理者综合能力提升需要大力支持。与此同时，公司的国际化步伐使得了解当地人文、法律，具有品牌运营能力的国际化人才培养成为人才培养的重要内容。为了配合企业转型，应对转型对人才数量和质量需求提出的挑战，波司登商学院应运而生，以打造波司登战略人才支持波司登战略发展为己任。

波司登商学院院长是由集团公司总裁、董事会主席高德康直接挂帅，商学院执行院长李景霞及团队主要成员均有着丰富的企业大学建设经验。公司其他高层也表现出对建立学习型企业的大力支持和高度参与，公司总监级以上高管均是经过DDI（美国智睿公司）认证的领导力讲师；公司办公大楼中规划了商学院阶梯教室、电子教室、各类大小不同的普通教室及研讨室等，提供了良好的培训环境和硬件设备；从公司在员工的培训投入上看，每年保持在千万元以上；特别是公司自上而下的学习热情是商学院最大的动力。

目前波司登商学院下设领导力发展学院、职业技术学院、企业文化中心和培训管理中心。按照国际先进的组织架构，培训管理中心是商学院的共享服务中心（SSC，Shared Service Center），负责所有培训与学习发展的线上线下相关运营工作；领导力发展学院和企业文化中心是专家中心（COE，Center of Expertise），负责员工领导力、专业能力和综合素质等方面的提升；职业技术学院是培训业务合作伙伴（BP，Business Partner），专注在核心岗位技能的培训上。

16.2　波司登商学院的定位

（1）商学院愿景：成为服装行业示范性企业大学。

（2）商学院使命：通过建立完善的人才培养体系和机制，培养德才兼备、高绩效的专业人才和商学院管理者，推动集团"四季化、多品牌、国际化"战略实施。

（3）商学院校训：融合·融通·传承·创新。

（4）商学院服务的4个角度：

1）服务于集团战略实施。培训应该为公司长短期战略实现服务，按战略需求确定培训项目和内容，搭建培训体系。

2）服务于企业文化的落地。培训应该结合企业文化执行，是企业文化推广、落地的有效手段，为企业文化服务。

3）服务于员工能力的提升。培训应该转化成能力，能够提升公司核心竞争力，提升员工胜任力，结合员工职业发展。

4）服务于岗位绩效的改善。培训应该能够转化成公司/部门/员工的绩效，及时响应绩效和工作任务的需求。

（5）学习型组织搭建：

为实现波司登的战略目标，进一步挖掘、培养、发展、发挥公司内部关键岗位骨干人才的潜能，为公司长期稳定发展培养德才兼备的储备人才，建立具有波司登特色的内部人才培养体系并形成波司登内部人才造血机制。2013年4月，公司启动内部人才培养项目，此项目由波司登商学院主导并推动。

16.3　波司登商学院的运行制度与组织架构

16.3.1　培训运营制度

波司登商学院在完善的培训运营体系之上，建立了与之配套对的管理制度，目前已建立七个制度，分别是《培训组织管理制度》《内部讲师管理办法》《课程开发管理办法》《干部晋级培训管理办法》《新员工培训管理办法》《外聘讲师及机构管理办法》和《学员档案管理办法》。其中《培训组织管理制度》《内部讲师管理办法》和《课程开发管理办法》为集团培训运营核心制度，《培训组织管理制度》由集团培训管理体系、培训管理机制、职责界定、培训组织管理、员工外训管理和培训纪律管理等共九部分组成。《内部讲师管理办法》由职责界定、内部讲师选拔基本资格与聘任流程、内部讲师授课津贴标准及发放流程、内部讲师的其他激励和内部讲师降级及解聘等八部分组成。《课程开发管理办法》由管理职责、课程开发流程和课程开发津贴标准及发放等六部分组成。

16.3.2　商学院组织架构

波司登商学院由两个学院及两个中心构成，分别是领导力学院、职业技术学院、企业文化中心和培训管理中心。

1. 领导力学院

领导力学院的任务是制定和实施公司战略人才培养计划，提高管理者的领导力，打造符合波司登领导力要求的干部队伍。主要职责是根据公司经营战略和人力资源战略，建立公司领导力发展培训体系；制定并完善领导力学院相关工作考核与激励制度、流程；制定核心人才领导力培养计划；负责各级干部领导力培养项目的设计、领导力课程设计与开发；培养与开发领导力领域内外部培训讲师资源；建立人才培养发展档案等。

2. 职业技术学院

职业技术学院的任务是制定和实施关键岗位序列员工培养计划，开发和培养专业岗位课程资源和讲师资源。将员工的专业能力培养与员工职业发展结合起来，提升岗位绩效。主要职责是根据公司经营战略和关键岗位员工职业发展，建立公司关键岗位员工职业发展培训体系；制定并完善基于员工岗位序列的员工培训相关制度和流程；组织岗位专家开发和设计基于关键岗位序列的课程体系；编写专业岗位序列讲师手册、学员手册等；培养与开发关键岗位内外部专业领域培训讲师资源等。

3. 企业文化中心

企业文化中心的任务是开展企业文化和员工素质教育，提高员工综合

素质和主人翁意识，打造具有高素质并与企业具有共同使命的员工队伍。通过领导、机制、培训和行为规范，将员工的行为与表达的理念统一起来。主要职责是建立企业文化素质和员工通用素质培训体系；制定企业文化和员工素质类相关考核与激励制度、流程；开发企业文化和员工素质类培训课程；培养与开发员工文化素质领域内外部培训讲师资源；企业文化传播与推广；企业文化考核与评估等。

4. 培训运营中心

培训运营中心的任务是制定培训运营制度和机制，通过学习和培训管理的信息化建设，建立培训管理相关系统，提供给员工多种学习方式，提高员工学习的有效性，提升培训管理效率。主要职责是负责全集团培训预算、培训运营相关制度制定并监控执行；负责全集团培训资源（教材、讲师、课件等）和培训运营管理；负责网络学习平台和学习管理系统的建设；负责培训组织实施相关教务工作；负责电子化课件的开发；负责培训各类信息的收集和分析；负责波司登商学院对外关系维护、品牌推广等。

16.4 波司登商学院的主要做法与经验

16.4.1 突出企业个性化发展的职业技术课程体系建设

波司登集团发展多年，已经形成了稳定的业务模式，具有核心的发展优势，随着公司的不断成长和扩张，对人才质量及数量的需求也在迅速增加，这样的情况下，为公司快速、有效地输出核心业务的专业人才，成为公司保持竞争力的关键。为了支持公司战略发展的未来需求，波司登商学院一方面将建立职业技术课程体系作为重要工作之一，帮助公司建立体系化的岗位课程学习路径，为岗位的任职员工订制阶段性、时效性的学习计划。另一方面，在课程体系建设的过程中，对公司优秀的专业经验和管理案例进行了梳理和整合，积极推动了波司登的知识管理与传承。

波司登集团从业务模式而言属于传统的服装制造加渠道销售的模式，近些年也随着市场的变化而增加了很多新兴业务，例如电子商务等。波司登的组织规模设置包含了整个供应链的上游到终端，职能设置也相对完善，因而在集团中建立并推广职业技术的课程体系是一项庞大的工程。更重要的是，职业技术课程体系必须完全贴合业务及其发展需要，才能真正成为一套强有力的机制融入公司日常的营运及人才管理工作中，发挥其真正效力。

基于以上的描述，波司登商学院在构建专业课程体系的时候明确了两大定位和一个原则。两大定位是：第一，必须以科学成熟的方法论为支撑；

第二，以点带面，从核心关键岗位着手。重要原则是：在构建专业课程体系的过程中，业务部门必须与商学院共同承担相应职责，参与每个重要环节的研讨与项目成果输出的确认。接下来将详细介绍波司登商学院构建职业技术课程发展体系的具体实施方法与步骤。

1. 用 DACUM 分析方法找准课程设计的核心节点

用 DACUM 工作分析法，通过对员工于工作职责以及职责中各项任务的描述，分析出胜任目标岗位所需要的知识、技能及工作态度，为课程体系的开发奠定了坚实的实践基础。

使用 DACUM 分析法，最关键的环节是召开 DACUM 研讨会，研讨会输出的成果直接决定了目标岗位课程体系输出的质量与有效性。DACUM 讨论的目的在于：

（1）明确目标岗位的工作职责及工作任务；

（2）确定与目标岗位的工作绩效密切相关的关键工作任务；

（3）对所有工作任务的行为步骤进行梳理；因此研讨会中有两个角色非常重要：其一是控制会议质量与进程的引导师，另一个是参与研讨的业务专家小组。业务专家小组一般由 8～12 名来自业务部门的优秀任职人员组成，他们有很扎实的知识和技能。拥有丰富的实践经验，工作成绩斐然，是描述目标岗位最合适的人选。而引导师则需要运用主持会议技巧和工作分析的专业度，引导业务专家的讨论，并帮助他们达成一致意见。

链接　　波司登直营店长的课程开发实例

结合 DACUM 的方法及波司登集团的实际情况，波司登商学院经过与公司高层及专业部门的沟通后，明确核心岗位作为构建职业发展体系的目标岗位，下面以波司登"直营店长"岗位为例，介绍波司登商学院推行职业发展体系构建的步骤：

step 1 确定核心岗位　step 2 成立专家小组　step 3 组织DACUM研讨　step 4 形成课程体系

2. 建设职业技术课程体系步骤

（1）确定核心岗位。在确定核心岗位时首先考虑到在公司整个业务链上，首先，直营店长直接面对顾客与一线导购，管理终端店铺的营收，对公司业务影响最大；其次，"直营店长"岗位受众范围广，且工作职责相对稳定，因为职业发展体系本身就是对专业和经验的沉淀，从体系建设到后期的内容整合需要一定的时间周期，而频繁地变化和调整目标岗位的职责会让花费时间和精力建立的职业发展体系失去其价值。最后，波司登发展的几十年时间里，在终端有大批优秀且经验丰富的直营店长，使建立的职

业发展体系具有足够的实践参考性和标杆价值。

（2）成立专家小组。职业发展体系的专家小组由业务专家和流程专家组成。业务专家即来自于全国推荐的 15 名优秀直营店长，他们工作业绩优秀，积累了丰富的实践经验，同时乐于分享，有时间和意愿参与到这项工作中。而流程专家则由商学院的专业人员组成，他们掌握职业体系构建的技术，能够引导业务专家们的讨论，梳理并提取重要的内容；

（3）组织 DACUM 讨论。直营店长通过头脑风暴的方式讨论出 6 大工作职责 36 项工作任务以及 250 多个行动步骤，涵盖了终端的销售管理、货品管理、卖场管理、人员管理、财务管理以及顾客管理。从重要性、频繁度、难易度、对经验或标准的依赖等 5 个方面对工作任务进行评估，确认了其中对"直营店长"岗位工作效果影响最为密切的 9 大关键工作任务。更重要的是，职业发展体系结合"直营店长"的岗位设置，明确了不同层级直营店长的职责侧重与工作任务。最后，波司登商学院还进一步向优秀店长征集了各项工作任务的事件或案例作为补充，也为后续的课程设计与开发提供了依据。

（4）形成课程体系。根据 DACUM 讨论的成果，对于"直营店长"岗位的工作分析已经相对清晰，可以明确要完成每项工作职责及工作任务需要掌握哪些关键内容，需要学习哪些知识、技能，以及需要具备哪些能力。并根据目标岗位不同级别的任务要求设计"直营店长"的学习进度和节奏，形成"直营店长"职业技术课程体系的构建。

16.4.2　搭建领导力模型

人才是企业发展和立足市场的第一竞争力，波司登作为羽绒服行业的领导者，人才的需求更显得关键，因此，波司登商学院成立后马上着手于人才评价标准的建立，为集团人员招募，人才评估与发展提供相应的标准。

波司登商学院与知名人才测评公司 DDI 合作，按层级从人际交往、领导能力、管理业务、个性特征 4 个维度全方面建立了总监、经理领导力模型，如表 16—1 所示。

表 16—1　　　　　　　　　　管理岗位的职业素质和能力

总监级能力模型		
领域	能力	定义
人际交往	建立协作关系	在个人与他人的领域、团队、部门、单位或组织之间，寻找机会并采取行动，以建立战略性关系，帮助达成业务目标
	影响力	制定并实施影响策略，促使主要的利益相关者采取行动，推动共同利益和业务目标的达成

领域	能力	定义
领导力	领导团队	运用适当的方法和人际风格来发展、激励和引导团队获取成功，实现业务目标
	高管授权	与他人分担权力和职责，将决策权和责任从组织高层往下推展，从而促使员工拓展能力，确保业务单元的战略重点得以实现
	辅导和发展他人	提供反馈、指导和发展建议，帮助他人出色完成其当前或未来工作职责；制定个人技能和能力的发展计划，并提供支持
	引领变革	确定并推动必要的组织和文化变革，以从策略上适应不断变化的市场需求、技术和内部举措；通过转变组织文化、系统或产品/服务来催生新方法，提高成果
业务/管理	客户导向	确定并推动必要的组织和文化变革，以从策略上适应不断变化的市场需求、技术和内部举措；通过转变组织文化、系统或产品/服务来催生新方法，提高成果
	推动执行	将战略重点转化为实际成果；协调沟通、责任、资源、内部流程和长期评估体系以确保战略重点产生可衡量的长期成果
	业务敏锐度	通过经济、财务、市场和行业等数据去理解并改善业务结果；利用个人对主要业务功能、行业发展趋势以及本组织所处地位的理解，为制定有效的业务战略和战术做出贡献
	制定业务战略	根据对系统信息的分析和对资源、市场驱动力及组织价值观的考虑，制定并落实长期业务方向
	制定运营决策	获取并比较不同来源的信息以识别业务问题；以关键决策标准来衡量各种备选方案，选择最佳行动方案并全力以赴
个性特征	积极追求结果	推动个人、团队和组织达到高标准；不懈努力以达到或超越挑战性目标；从目标实现和精益求精中获得满足感
	个人成长导向	积极寻求发展体验，提高人际影响力和业务影响力

经理级能力模型		
领域	能力	定义
人际交往	建立策略性工作关系	发展并运用合作关系，促进工作目标的达成
	沟通	运用不同的媒介清楚地将讯息或想法传达给个人或团体，使其完全了解

领导力	发挥最高绩效	致力于引导他人完成工作目标
	建立成功团队	使用适当的方法和灵活的人际互动风格，协助建立一个高凝聚力的团队；促进团队目标的达成
	辅导	提供及时指引和反馈，帮助他人强化特定的知识/技巧，以完成工作或解决问题
	授权委责	将任务职责、决策权委派给适当的人选，最大程度地提高组织与个人的工作效能
业务/管理	决策能力	确认并了解争议、问题与机会；比较不同来源的资料，得出结论；使用有效方法选择行动或发展适宜的解决方案；根据掌握的事实、限制因素和可能的结果采取行动
	计划与组织能力	为自己和他人制定行动步骤，确保工作有效完成
	有效选才	评估或遴选内外部人才时，确保人才的条件趋近并符合职务要求
	促进变革	在工作中促进变革的实施并引导人们接受变革
个性特征	结果导向	为个人或团队工作设定高标准；使用测量工具来监督目标达成情况；为达到或超越目标不懈努力；并从目标的完成及持续进步中获得满足感
	持续学习	积极找出需要学习的新领域；经常创造或利用学习机会；将新学到的知识或技能应用在工作上，并且继续从应用中学习

1. 以实现集团战略为导向，从多层次和维度建设领导力模型

（1）战略需求：通过与集团高管一对一访谈了解企业战略以及制约企业发展因素，从而分析战略实现过程对企业各层级的要求；

（2）企业需求：通过专家研讨会的形式，以头脑风暴的方法，结合企业实际情况，研讨企业在转型变革的情况下，根据现有岗位上取得优异成绩的员工的特质，确定各层级的能力要求；

（3）岗位需求：结合战略需求及企业自身需求，对不同层级进行能力和职责界定，从而确定不同层级的通用能力要求及程度。

2. 领导力能力模型在人力资源各模块的应用

（1）人员招募：以能力模型为标准，运用行为面试法，了解应聘者的领导能力匹配度，尤其是个性特征匹配情况，避免发生"让鸭子爬树"的情况，确保人岗匹配；

（2）人员发展：结合岗位需求，尤其是管理类岗位，对在岗人员按领导能力模型评估后分析现有人员能力强弱项，用好强项，加强弱项，在实际工作中运用导师、项目参与、培训等方式，使强项更强，弱项提升；

（3）人员晋升：领导能力模型的建立，让各层级员工了解公司对各层级的能力要求，自我评估现有岗位及下一岗位能力差距，同时做到公平公正。

16.4.3　强化内部讲师培养与认证

波司登商学院有一套完整的内部讲师培养和认证流程，并开发了专门的内部讲师认证课程。

波司登认为培养和维持一只高水准的内部讲师队伍，并组织他们在企业内部实施授课与辅导是将学习的职责嵌入到组织内部的重要一环。因此，内部讲师的培养标准较高。

波司登商学院的内部讲师培养要经过候选培训师提名、课前学习、参加 TTT 课程和认证考核四个步骤。即在提名、商学院审核，一对一访谈确定名单之后，准内部讲师就进行课前学习、练习和自测，学习内容包括成人教育的 11 个特点和领导力培训师的 5 个能力。随后要参加为期三天两晚的 TTT 课程，期间学习 5 个能力，参与和学习正面示范，以及两轮试讲。最后由评委组考核，考核通过者由评审组定等级，从而成为波司登商学院的内部讲师。

据悉，波司登商学院要求内部讲师应具备 5 个能力：引导学习、有影响力地沟通、正式演讲、辅导、专业知识。

目前，波司登商学院已经有 115 位自己培养的内部讲师，其中一半以上是总监及以上的高层管理者，余下的也都是各领域经理和业务骨干。可以说，内部讲师队伍是以波司登的核心管理者为主的。通过内部讲师，培养公司的关键人物，虽然商学院成立时间不长，但已深入人心。

众所周知，对于企业学员来说是工/学矛盾，那么对于做内部讲师的中高层管理者而言，就涉及协调本职工作与培训之间的矛盾，而在内部讲师持证上岗的波司登，还要受层层"煎熬"——严苛的培训和考核。如何调动中高层管理者克服重重困难加入内部讲师队伍的积极性就是波司登商学院要努力跨越的障碍。

在波司登商学院培训结束后，若内部讲师达到授课评估标准，商学院会定期发放授课津贴，最高为 500 元/课时。此外，除组织内部讲师沙龙、教师节活动外，商学院还会根据人才培养计划，选送优秀讲师参加外训，提高管理及专业培训水平，更为重要的是，商学院每年组织内部讲师进行等级考核及评选优秀内部讲师，因此，内部讲师在波司登更是一种身份的象征。

16.4.4　高度重视课程开发能力建设

课程是培训与学习过程中传递知识和内容的重要载体，也是影响学习

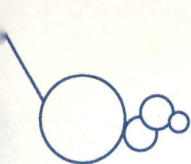

成效最直接的因素。基于波司登商学院职业技术课程体系，课程开发的目的和需求非常明确，也有较高的专业要求。然而，从专业课程开发的角度而言，存在的问题也非常明显：

（1）需要借助专精业务的人员进行课程开发，但这些人对于课程开发的技术并不了解。

（2）不同业务专家擅长于不同的专业领域，要确保所有的课程开发之后具有可复制性和可传承性。

（3）课程只是学习过程中的一部分，要实现学习效果，应该有针对不同阶段、不同形式的完整的学习方案。

因此在课程开发之前，商学院要首先明确课程开发的机制，从课程开发流程、课程开发的输出内容和形式、课程评审标准，到相关的支持和激励，都要做清晰具体的界定，才能保证课程开发的环境及该项工作的可操作性。同时要明确的是，课程开发不仅是一份主题内容的课件，还应包括这项课程后续的考核、跟进与评估等相应的工具和方法，有效帮助课程内容的掌握和落地。课程开发的制度和标准，应在全公司范围内进行发布和宣导。

在课程开发的过程中，考虑到课程开发的时效以及课程内容呈现的效果，波司登商学院主要从以下几个步骤开展：

（1）明确课程开发人员。课程内容的专业与精准以及课程引人入胜的呈现形式对于一门课程而言都非常重要，因此要确保两者兼顾，课程开发应至少包含两个角色：负责内容和素材的主题专家，负责把控学习目标和效果的流程专家。主题专家应来自于各业务体系非常资深的专业人员，拥有丰富的实践经验，有意愿和热情，并且具有一定的学习能力。

（2）课程开题沟通。明确了课程开发的主题专家，课程开发小组应就开题进行沟通。首先，需要明确的是这门课程的学习对象及其通过学习后的改善与收益，即课程目标。其次，在此基础上探讨课程的内容大纲、每个内容模块的时间分布。最后，要明确课程开发的重要节点以及每个节点的目标完成时限，课程开发小组成员签字并确认，作为本次课程开发的开题记录。

（3）相关技巧培训。为主题专家提供课程开发以及讲师授课等相关技巧的培训，帮助他们从相对专业的角度考虑课程内容的梳理，更有助于与流程专家的沟通以及后期课程的讲授呈现。主题专家参加完培训后，需要按照培训中的要求完成指定课程的开发和修改。

（4）课程开发沟通。主题专家和流程专家就课程开发的初稿进行探讨，分别负责课程专业内容和案例的提供，以及课程呈现逻辑与形式的设计。这个沟通的过程可能会经过多次的反复更新，最终形成定稿。

（5）组织课程评审。为了检验课程的开发与预期是否保持一致，课程开发小组邀请业务部门及商学院的领导以及部分学员参与课程评审的环节，分别从课程内容呈现、课程设计与形式以及是否有效达成学习目标三个方面对开发的课程进行评估及建议。只有评审委员们均给予通过的课程才能正式列入课程体系资源库中，否则将继续对课程进行加工和改善。

（6）修订与完善。通过评审的课程正式推出前的 2～3 次试讲，课程开发小组应随堂旁听并认真观察学员反映，收集学员的反馈意见，结合实际的工作需要对课程不断地进行修订与完善，形成终稿。

另外，无论是课程体系还是课程课件，都应该根据公司业务模式变化、组织职能调整以及行业发展的趋势进行相应内容的更新和调整，每个业务部门都可以设立专门的培训对接人，负责对课程体系以及课程内容进行维护，一旦出现与业务发展偏离的情况，应立即发起课程及课程体系的更新需求，以确保职业发展课程体系以及课程内容资源的时效性。

16.4.5 波司登商学院未来发展思路图解

波司登商学院未来发展战略将根据集团战略和集团人力资源战略，围绕领导力发展和关键岗位专业技能的提升，通过建立讲师体系、课程体系和运营体系形成适合波司登战略发展的人才培养的体系和机制。商学院未来发展思路如图 16—1 所示。

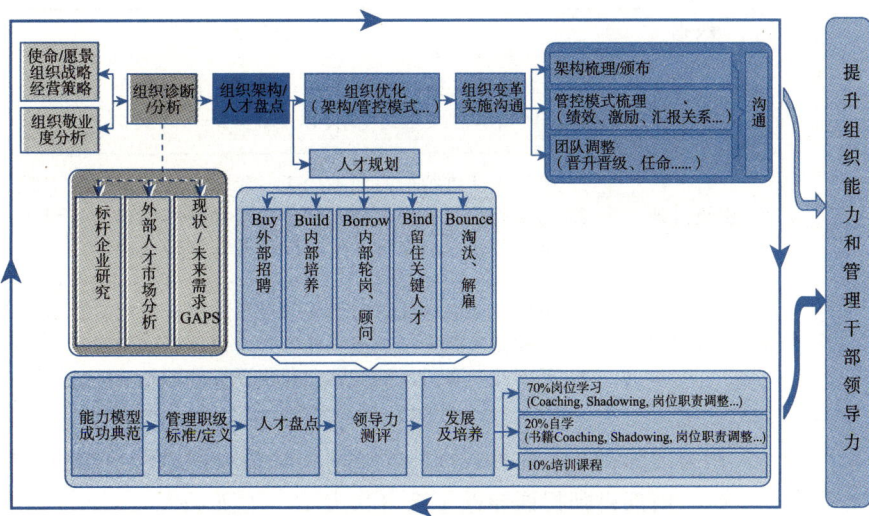

图 16—1 波司登商学院未来发展思路图解

16.5 波司登商学院的文化和团队建设

16.5.1 内部讲师团队管理和激励

在内部讲师团队的管理上，我们建立了一套行之有效的管理体系。商学院负责内部讲师的选拔、认证、聘用、培养、晋升和解聘；业务部门负责提名候选人，以及协助商学院的讲师管理工作。

在企业内部首先要有申请成为内部讲师的基本资格，如表16—2所示。

表16—2 内部讲师基本要求

基本素质要求	认同并践行企业文化，个人综合素质良好，具有成为公司内部培训讲师的意愿，工作态度认真负责，每年可授课时间能够保证在12小时以上。
岗位经验要求	领导力讲师需管理岗位相关工作经验2年以上。 员工通用素质和专业技术讲师需有相关岗位工作经验3年以上。

业务部门依据此项标准可以提名候选人，商学院会定期组织内部讲师的选拔和认证。一旦通过认证，由商学院颁发聘书，成为企业内部讲师。成为内部讲师之后，商学院将会对内部讲师进行管理和培养，依据内部讲师的授课时数、授课效果设计了内部讲师晋升的条件，如表16—3所示。

表16—3 内部讲师晋升条件

级别	晋级条件
初级讲师	完成商学院安排的授课任务，原则上授课时数不低于12小时/年；课堂评估满意度达到90分以上者。
中级讲师	1. 担任认证讲师的时间不少于一年，累计授课时数不低于50小时。 2. 完成商学院安排的授课任务，培训课程满意度达到90分以上者。 3. 至少开发一门课程（见《课程开发管理办法》）。
高级讲师	1. 担任资深讲师的时间不少于一年，累计授课时数不低于80小时。 2. 完成商学院安排的授课任务，培训课程满意度达到90分以上者。 3. 至少开发两门课程（见《课程开发管理办法》）。

作为内部讲师，内部授课将享受商学院的授课津贴和激励，标准如下：

（1）内部讲师授课津贴标准（如表16—4所示）。

表16—4 内部讲师授课津贴标准

培训种类	初级讲师	中级讲师	高级讲师
领导力发展类	/	400元/小时	500元/小时
员工通用素质类	200元/小时	250元/小时	300元/小时
专业技术类	80元/小时	100元/小时	120元/小时

（2）其他激励（如表 16—5 所示）。

表 16—5　　　　　　　　　　内部讲师授课其他激励

序号	激励项目	具体标准及办法
1	年度优秀讲师奖	年度优秀讲师评定依据年度授课小时、年度满意度分数进行评定；商学院根据内部讲师年度培训小时数及满意度提报名单，经集团领导审批后，由集团授予"年度优秀讲师"称号，并给予 500～3 000 元的奖励。
2	内部分享	商学院建立讲师俱乐部、讲师微信群、学习平台等组织内部讲师开展教学沙龙、内部经验分享和交流活动等。
3	外派培训	根据商学院人才培养计划，将选送优秀讲师参加外训，提高管理，专业级培训水平，经总裁审批后实施。

商学院通过对内部讲师团队 2 年多的管理，已经打造出一支稳定、高效的内部讲师团队。

16.5.2　搭建教师交流互动平台

在上面的内容中我们提到了建立讲师俱乐部、年度评优等讲师管理中的激励，下面我可以谈一谈我们在讲师俱乐部、教师节、讲师大会等工作上的一些经验。

（1）讲师俱乐部。

我们把讲师俱乐部定位为一个专门为内部讲师提供分享和交流的平台。目的是分享优秀经验、交流最新资讯、研讨热点课题，致力于提升内部讲师授课能力。通过商学院讲师认证的内部讲师，自动加入讲师俱乐部。商学院负责俱乐部活动的组织和运营。

商学院会不定期组织俱乐部活动，方式主要为内部优秀课程分享、内部讲师沙龙、外请专家培训、拓展活动等。

讲师俱乐部是一个松散型组织，本着自愿、公开、平等的原则。吸引讲师参与活动，主要是采取内容取胜的策略，每一次俱乐部活动都经过调研和选择，使得每次活动都能得到大多数讲师的积极参与和认同。

（2）教师节。

商学院组织教师节活动的特点是尊重，早晨商学院代表会把精心准备的鲜花和讲师认证的照片送到内部讲师的办公桌前，把企业和商学院的祝福在第一时间送给每一位讲师。并会准备一些当时最前沿的研究课题的分享和资料，邀请大家在下午参与分享。

（3）讲师大会。

每一年的讲师大会都会是内部讲师的一个节日，一般由 3 个环节组成。商学院首先会发布商学院最新的策略和研究，然后是年度的优秀讲师表彰和新讲师聘任仪式。

综上所述，商学院在以上的活动中贯穿的是对于讲师的尊重，把内部讲师打造成一个品牌，在企业里内部讲师代表的是一种荣誉。

16.5.3 塑造商学院学习型文化品牌

内部讲师培养秉承传播领导力文化的理念，把企业文化传播糅合在其中，建立起内部讲师培养的三角模型，如图16—2所示。

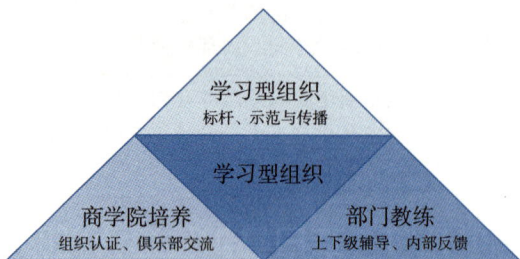

图16—2 内部讲师培养三角模型

截止到2014年9月，商学院建立起一支115人的讲师队伍。其中公开课讲师达到30多人，在这个模型当中，公开课讲师是在某个能力课程或技能课程领域的典范，并具备很深的造诣，受到集团内广泛的认可，他们承载着代表集团讲授公开课的责任。公开课讲师又分为领导力讲师、员工通用素质和专业技术讲师，员工在选择公开课讲师上，有着严格的标准和要求。领导力讲师大多是总监级以上高级管理干部，在领导团队的岗位上有多年的经验，在团队建设上受到内外部团队的一致认同。员工通用素质和专业技术讲师多数是我们的中高层管理干部，他们高度认同企业文化，是企业文化的践行和传播上的典范，或者在某个能力或技能上是企业内部学习的标杆。

商学院的讲师队伍中更多的人不是公开课讲师，那他们在体系中承载什么作用呢？其他的讲师被称为部门教练，他们承载着在部门内传播领导力文化和企业文化的责任。他们可以通过自己在部门内对员工的辅导和培训，把领导力文化和企业文化落地到员工。部门教练通过工作中不断的提升，达到公开课讲师的标准，并有时间和精力承载公开课讲授任务，会通过选拔补充到公开课讲师的任务中。

在讲师培养环节，商学院推动的不仅是认证一批内部讲师，而是在企业内部建立一种内部领导力文化，更是企业文化落地的重要支撑。

第 17 章
立白集团营销管理学院的运行模式研究

17.1　立白营销管理学院的成立背景

广州立白企业集团有限公司是国内日化龙头企业，创建于 1994 年，总部位于广州市。主营日化产品，产品范围涵盖织物洗护、餐具洗涤、消杀、家居清洁、空气清新、口腔护理、身体清洁、头发护理、肌肤护理及化妆品等九大类几百个品种，营销网络星罗棋布，遍布全国各省（区）、直辖市。

面向国际化、现代化的立白，在"立白一家亲文化"的统领下，以"世界名牌、百年立白"为愿景，以"健康幸福每一家"为使命，以"立信、立责、立质、立真、立先"为价值观，围绕做专做强做大民族大日化总战略目标开展工作。作为立白集团营销管理的研究和实施人，立白集团董事长陈凯旋亲自把关学员的发展方向，将立白的长久发展和上下游人才培养作为重要战略方向，强调所有的培训要行之有效，上接战略，下联绩效，为"百年立白"的战略目标奠定坚实的市场和人才基础。

2010 年，立白集团为进一步提高集团营销系统人员和经销商营销人员的营销管理水平，构建营销管理人员科学合理的专业知识体系，树立现代营销观念，掌握营销管理核心方法，促使人才快速、健康、全面成长，为集团的战略目标的实现和超越打造一支高素质的营销管理队伍，成立了立白营销管理学院。

立白营销管理学院的办学宗旨是：立白营销管理学院将始终坚持传承和发扬立白文化及具有立白特色的营销方法，立足集团，辐射经销商伙伴，

致力于解决当前立白集团营销实践面临的紧迫问题的办学宗旨，为集团和经销商伙伴培养一批具有立白特色的人品好、责任心强、有活力、有激情、有能力、有朝气、有积极性、有冲劲、有战斗力、有影响力的营销管理人才，适应现代营销管理和营销操作信息化、多元化、开放化、动态化的发展。

17.2　立白营销管理学院成立的可行性和必要性

随着销售的不断增长，立白的生产规模迅速扩大。至今，立白在全国各地已拥有十三个大生产基地、三十多家分公司、二十多家委外加工厂，员工一万多人。

立白成立以来一直十分重视科技研发工作，过硬的产品品质赢得了消费者的信赖，强大的自主创新能力顶起了民族日化工业的脊梁。至今，立白拥有四个"中国名牌"产品、两个国家级"高新技术企业"、一个"博士后科研工作站"和一个"院士企业工作站"。此外，立白还广泛开展国际合作，与世界500强的德国巴斯夫公司、丹麦诺维信公司、美国陶氏化学公司、瑞士奇华顿公司、美国IFF（国际香精香料）公司等国际知名日化企业建立战略合作伙伴关系，同时与中国日化研究院、中山大学等科研院校进行校企合作，不断提升立白的科技研发水平和自主创新能力，促进产品结构调整、企业转型升级，实现企业科学发展。

发展中的立白积极履行着企业公民的社会责任，关爱民生、匡助教育、周济孤贫，以高度的社会责任感和感恩的心态回馈社会，热心公益慈善事业，关心弱势群体，坚持服务社会、承担责任，为国家解决15万人就业，累计为公益慈善事业捐款超两亿元。在2010年6月30日广东省首个"扶贫济困日"上，立白一次性捐款3 500万元，受到广东省委省政府的高度肯定。

随着立白集团的不断发展壮大，在立白人的社会责任感和使命感的驱动下，人才的培养和储备，尤其是营销管理人才的培养和储备，以及实现"百年立白"宏伟愿景所需要的渠道接班人的培养和储备，已经迫在眉睫。

因此，经集团决定，于2010年8月3日成立了立白集团营销管理学院。

17.3 立白营销管理学院的机构设置与职能定位

17.3.1 机构设置

学院领导：学院名誉院长、学院院长、学院副院长；

职能部门：学院办公室、学院秘书长、项目开发总监、项目执行总监、教学督导室、师资中心。

17.3.2 工作分工及职能

1. 学院名誉院长

帮助、支持、指导学院全面工作，确定学院发展方向。

2. 学院院长

（1）负责学院全面工作；

（2）决定学院的办学方针、政策、宗旨；

（3）审议批准学院管理制度、发展计划；

（4）审议批准学院组织架构；

（5）审议批准学院的重要人事任免；

（6）审议批准学院的财务状况；

（7）审议批准各部门的职能；

（8）审议批准学院的日常其他事项。

3. 学院副院长

（1）协助院长开展学院各项工作；

（2）统筹教学计划、教学大纲及教材的编制、确定和监督执行工作；

（3）统筹教学、培训模式的探索、尝试、总结和推广工作；

（4）统筹讲师授课质量考核、学院考核工作；

（5）完成领导交办的其他工作。

4. 院长办公室

（1）为学院的全盘教学工作提供支持和保障；

（2）协助院长组织召开院长办公会议，组织督办院长及院长办公会决议；

（3）拟订学院管理机构设置方案，汇总学院的基本管理规章制度；

（4）负责学院的招生及对内、对外联络和社会公共关系事务；

（5）负责学员和讲师的管理和服务工作；

（6）在学院设立初期兼管财务相关工作；

（7）负责教学用品、用具、设施、设备的管理和提供；

（8）负责薪资、经费的核计、发放；

（9）负责固定资产、移动资产、低值易耗品的管理；

（10）完成领导交办的其他工作。

5. 学院秘书长

（1）为院长提供秘书服务，安排好院长的日常行程，协助院长处理各种日常事务；

（2）协助院长统筹、规划学院的全面工作；

（3）协助院长办公室行使督办职能；

（4）完成领导交办的其他工作。

6. 项目开发总监

（1）负责教学计划、教学大纲的编制和修改；

（2）负责教材的编撰、选定工作；

（3）负责教学内容和教学方法的研究并形成培训模式；

（4）负责各区域营销培训工作的指导、检查；

（5）完成领导交办的其他工作。

7. 项目执行总监

（1）制定并组织实施学院年度教学计划；

（2）负责教学大纲的修改并贯彻执行；

（3）负责对讲授内容把关；

（4）对教学质量负责；

（5）负责营销培训模式的推广；

（6）负责公司员工、经销商及其他学员的系统和专项培训；

（7）完成领导交办的其他工作。

8. 教学督导室

（1）负责教学计划的监督实施；

（2）负责教学大纲的监督执行；

（3）制定学院、讲师质量考核体系，并负责考核学员成绩和讲师质量；

（4）完成领导交办的其他工作。

9. 师资中心

（1）负责组建集团内外部讲师团队；

（2）根据教学需要，组织安排授课讲师；

（3）制定讲师课酬体系；

（4）负责讲师团队的培训和提升；

（5）完成领导交办的其他工作。

17.4　立白营销管理学院的运作

17.4.1　教学场地

开班以在总部为主，场地暂设置于集团公司总部（具体可视教学需要另行安排）。

17.4.2　授课对象

初期以立白集团内部的营销管理人员、经销商和经销商的业务骨干（包括经销商子女）为主，条件成熟后可同时对外招收学员。

17.4.3　师资构成及选拔使用

1. 总体要求

以集团内部讲师队伍为基础，组建一支认同立白企业文化；具有丰富的营销一线工作经验，扎实的营销理论基础，对营销工作有深刻认识；具有较好的语言表达能力和组织能力，能够独立编制讲义、教材、测试题的讲师队伍。还可根据培训需要另行聘请外部讲师。

2. 内部兼职讲师

（1）选拔标准。

组织选拔出合适的员工，再对其进行相应的讲师技巧培训，可以达到事半功倍的效果，这就需要组织明确内部讲师的选拔标准。一般而言，内部讲师的选拔标准主要包括以下 10 个方面：

1）对培训工作有浓厚的兴趣；

2）热爱本职工作，具有积极的心态；

3）具备丰富、扎实的专业知识；

4）具有幽默、自信的性格特质；

5）具有健康的身体和健全的心理；

6）具有一定的实践经验和相关阅历；

7）具有较强的语言表达能力和职业素质；

8）具有较高的业务能力和职业素质；

9）具有良好的工作态度和高尚的职业道德；

10）坚持"以受训人员为中心"的服务理念。

（2）选拔流程。

内部讲师选拔的方式包括推荐和自荐两种。具体的选拔流程如图 17—1所示。

1. 发布公告	销售总公司根据内部培训需要，发送某门课程讲师培训的通知，并列上"内部讲师资格选拔范围和选拔标准"等选拔条件
2. 提出申请	符合条件的申请人，可由各部门推荐或自荐，填写"内部讲师推荐(自荐)表"
3. 进行筛选	培训部门依据"内部讲师资格选拔条件"和部门实际需求，筛选出符合选拔条件者
4. 进行培训	经初步筛选，通过的人员需要参加相关培训以获得基本的课程设计、语言表达、现场控制等方面的专业知识与技巧
5. 试讲和评估	培训部门安排符合条件者进行试讲，并组织内部讲师评审小组对参加试讲的人员进行评估
6. 确定合格人员	培训部门将申请人的综合评估意见上报销售总公司相关领导审核，经审批后向合格人员颁发讲师证书

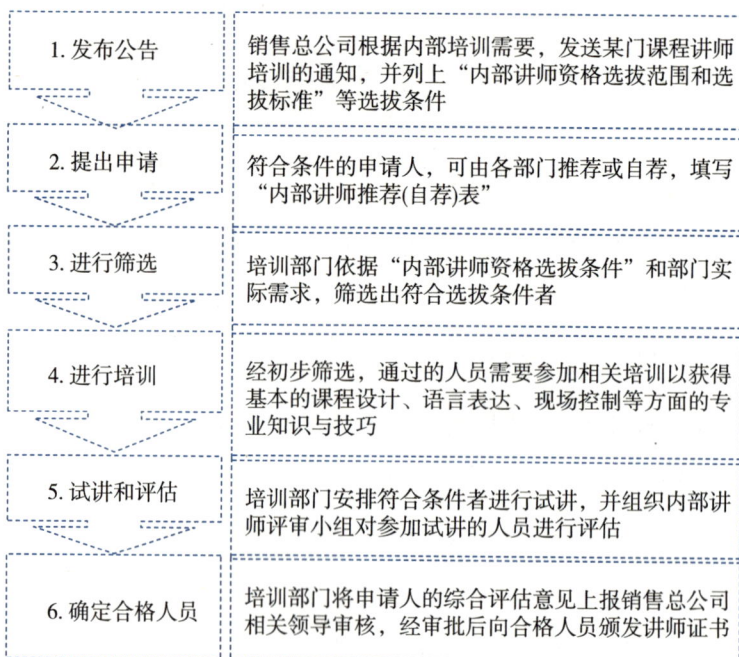

图 17—1 内部讲师选拔流程图

资料来源：张静娟、韩伟静：《企业培训设计体系全案》，北京，人民邮电出版社，2011。

（3）选拔制度。

内部讲师选拔制度是对销售总公司的内部讲师选拔工作如何进行规范化运作的规定，以保证内部讲师选拔的公正性和公平性。

1）明确营销管理学院负责内部讲师的选拔工作，明确相关人员的工作职责。

2）制定内部讲师选拔的标准，以便在各部门推荐人选或自己申请时作为参考的依据。

3）设计内部讲师的选拔程序，明确各步骤操作标准和要求，确保选拔过程的公平、公正。

一是内部讲师的选拔必须通过评审小组进行全面评估。

二是评审小组应讨论并确定评估的标准和细则。

三是内部讲师的选定必须经过正规的审核审批程序。

四是明确组织内部讲师的最终决策人员及相应的职责。

（4）内部讲师评价考核。

1）培训项目考核。

受训学员和培训部门对培训项目的效果、教材设计、授课风格、学员收益等方面进行评估。

2）年终考核。

年终时，销售总公司营销管理学院对讲师的考核进行综合评定，考核结果由营销管理学院审核。对于考核结果不合格或者受到学员 2 次以上重大投诉的讲师，将取消其讲师资格。

（5）内部讲师评价考核依据。

对讲师的考核依据主要包括学员满意度和培训部门评价两个方面：

1）学员满意度。学员满意度是指讲师授课结束后，学员通过问卷评价表对其进行的评价。

2）培训部门评价。培训部门评价的主要内容包括教学质量、教学效果、工作态度、授课技巧、课程内容的熟练程度等。

3. 外部聘请讲师

从各知名院校、培训咨询公司外请专家、学者、教授，按市场价格商议课酬。

17.4.4　教学计划、教学大纲及教材课程设置框架

1. 课程分类

（1）企业文化类课程；

（2）销售管理、运作类课程；

（3）市场营销类课程；

（4）品牌战略管理、品牌运作类课程；

（5）经销商全面经营管理能力发展类课程。

2. 课程构成

（1）基础类课程；

（2）进阶类课程；

（3）沙龙研讨、专题讲座等。

3. 课程匹配

（1）能力课程匹配方法。

以岗位为基础对各岗位所需能力进行测评并予以确认后，就需要根据这些能力的具备程度，设置各岗位的培训课程。能力—课程的匹配方法如图 17—2 所示。

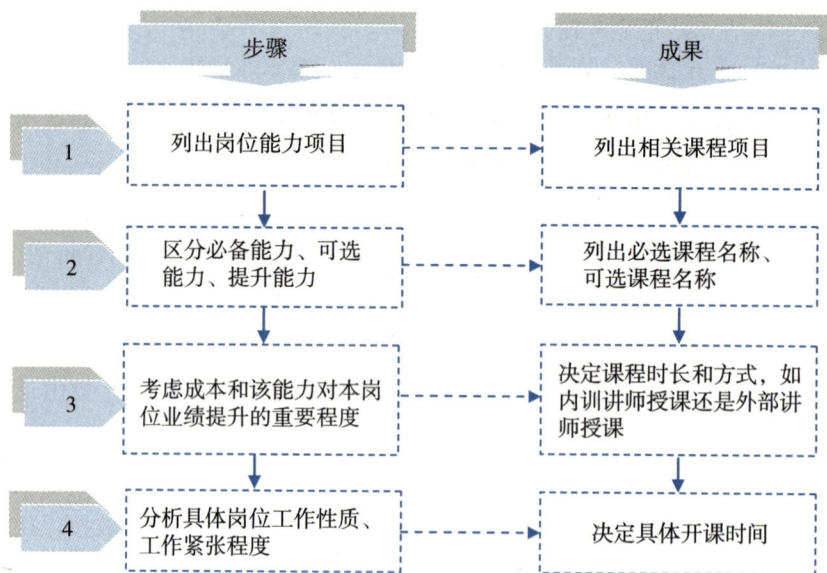

图 17—2　能力—课程匹配法

资料来源：张静娟、韩伟静：《企业培训设计体系全案》，北京，人民邮电出版社，2011。

（2）客户业务岗位能力课程匹配，如表17—1所示。

表 17—1　　　　　　　　　　　客户业务岗位能力课程匹配表

应具备的岗位能力和职业素养项目		岗位能力匹配					相关课程
		客户经理	区域销售经理	省区总助	省区总经理	大区销售总监	
通用能力	亲和力	★1	★1	★2	★2	★3	
	影响力	◇	★1	★2	★2	★3	
	沟通能力	★2	★2	★3	★3	★3	
	执行能力	★3	★3	★3	★3	★3	
	创新能力	☆	◇	◇	★2	★3	
	判断能力	☆	◇	◇	★3	★3	
	应变能力	☆	◇	◇	★3	★3	
	时间管理能力	★2	★3	★3	★3	★3	
	商务谈判能力	★1	★2	★2	★3	★3	
	逻辑分析能力	☆	◇	◇	★2	★3	
	归纳思维能力	☆	◇	◇	★2	★3	
	系统思考能力	☆	◇	◇	★1	★2	
	计划管理能力	★1	★2	★2	★3	★3	
	关注细节能力	★1	★2	★2	★3	★3	

续前表

应具备的岗位能力和职业素养项目		岗位能力匹配					相关课程
		客户经理	区域销售经理	省区总助	省区总经理	大区销售总监	
	团队合作能力	★2	★3	★3	★3	★3	
	人际交往能力	★2	★2	★3	★3	★3	
	专业学习能力	★1	★2	★3	★3	★3	
	信息收集与处理能力	★1	★2	★3	★3	★3	
	问题发现与解决能力	◇	◇	◇	★2	★3	
管理能力	督导能力	★1	★2	★3	★3	★3	
	决策能力	☆	★1	★1	★2	★2	
	协调能力	◇	◇	◇	★3	★3	
	激励能力	☆	◇	◇	★2	★3	
	战略管理能力	☆	☆	☆	◇	★2	
	目标管理能力	★1	★2	★2	★3	★3	
	团队领导能力	☆	★1	★2	★3	★3	
	团队建设能力	☆	★1	★2	★3	★3	
	授权控制能力	☆	☆	◇	★2	★2	
	建立信任能力	★1	★2	★2	★3	★3	
	培养他人能力	☆	☆	★1	★2	★3	
专业技能	销售专业技能 市场拓展能力	★1	★3	★3	★3	★2	
	渠道规划建设能力	☆	★1	★3	★3	★3	
	渠道管理支持能力	★1	★2	★3	★3	★3	
	客户关系建立与维护能力	★1	★2	★3	★3	★3	
	人力资源能力 识人用人能力	☆	☆	◇	★2	★3	
	绩效导向能力	☆	☆	◇	★3	★3	
	员工关系管理能力	☆	☆	◇	★2	★3	
	企业文化建设能力	☆	☆	◇	★1	★2	
	财务专业技能 财务内控能力	☆	☆	◇	★2	★3	
	预算管理能力	☆	☆	◇	★2	★3	
	行政专业技能 行政事务处理能力	★1	★2	★2	★3	★3	
	固定资产管理能力	☆	◇	◇	★2	★3	

续前表

应具备的岗位能力和职业素养项目		岗位能力匹配					相关课程
		客户经理	区域销售经理	省区总助	省区总经理	大区销售总监	
职业素养	责任心	★3	★3	★3	★3	★3	
	忠诚度	★3	★3	★3	★3	★3	
	坚忍性	★3	★3	★3	★3	★3	
	纪律性	★3	★3	★3	★3	★3	
	成就导向	★2	★3	★3	★3	★3	
	敬业精神	★3	★3	★3	★3	★3	
	诚信意识	★3	★3	★3	★3	★3	
	成本意识	☆	★1	★2	★3	★3	
	全局观念	☆	★1	★2	★3	★3	
	客户意识	★1	★3	★3	★3	★3	
	风险防范意识	☆	◇	★1	★2	★3	
公司知识	行业知识	★1	★2	★2	★3	★3	
	企业文化	★3	★3	★3	★3	★3	
	组织结构	★3	★3	★3	★3	★3	
	基本规章制度和业务流程	★2	★3	★3	★3	★3	
产品知识	产品的名称	★3	★3	★3	★3	★3	
	产品的性能和特点	★3	★3	★3	★3	★3	
	产品的主要优点	★3	★3	★3	★3	★3	
	与其他企业产品相比的优劣点	★3	★3	★3	★3	★3	
	价格特点	★2	★3	★3	★3	★3	

备注："★"为必备能力和素养；"☆"为可选能力和素养；"◇"为提升能力和素养；"★3"等表示能力素养应具备的等级。

（3）教学计划、教学大纲及教材。

1）由项目开发总监负责组织编制教学计划及教学大纲。

2）教学计划及教学大纲经营销管理学院院长办公会议通过，经院长审批，报名誉院长审定后，由项目开发总监根据大纲组织编写或选定教学所需教材。教材由副院长、院长批准后由项目开发总监具体实施。

3）实施后的教材由项目开发总监会同相关部门进一步加以完善，修订后编辑成《营销管理学院统编系统培训教材》。

第 18 章
雨润企业大学发展的制度建设与主要经验

2009 年以来，随着雨润集团对外扩张的步伐加快，人才缺口在集团内部持续增大。以食品主业为例，新投产运营的工厂，需要培养出足够的科级以上管理人员才能保障正常运转；物流产业方面，由于多个项目全面开工，亟需项目前期规划设计、工程管理、物流经营管理等方面的人才。另外，房地产、酒店、城市综合体等产业，也均存在巨大的人才需求。

基于这种形势，集团在 2009 年 9 月斥资近千万元筹备，2010 年 5 月 9 日正式成立"南京雨润学院"，主要进行后备干部的培养工作，以更好地满足企业对于管理人才和专业人才的需求，提高企业后备人才的综合素质，传承、弘扬优秀企业文化，提升企业品牌形象。2012 年 5 月 11 号，江苏省人民政府示范性企业大学建设领导小组把"雨润学院"升格为"雨润大学"并作为江苏省示范性企业大学。

雨润大学是雨润集团发展与运营中人才孵化的核心组织，是传播雨润文化的有力工具，同时也是雨润实现"世界五百强"宏伟战略目标的助推器。雨润大学将努力争取用五年时间把自己打造成国内知名的企业干部大学，使其在培养人才、推动企业转型与变革、满足企业对新技术提升的需求等方面发挥更大的作用。

18.1　雨润企业大学的具体制度框架

18.1.1　雨润企业大学校训

诚信（为人）、勤敏（做事）、谦学（修身）、艰毅（立业）是雨润集团

倡导的雨润精神，是全体雨润人应具备的最基本的行为准则，同时也是雨润大学的校训。雨润大学不断勉励学员诚实守信，以务实、求真的做事风格，勤奋创新，不断学习和提高自身素质，锐意进取，为集团事业的发展勇攀高峰。

18.1.2　雨润企业大学管理规章制度

没有规矩，不成方圆。健全的、合理的、严谨的教学管理规章制度是雨润大学良好的教学秩序的根本保证，雨润大学制订了严格的教学管理制度，包括教务管理、师资管理和考务管理三个部分。

1. 教务管理制度

包括《培训班教学计划拟定要求》及《培训班教学计划表》，《关于教学事故的界定及处理办法》《教师调（停）课管理暂行规定》及《雨润大学调停课情况说明表》等，对雨润大学从教学计划的制定，实施到监管每个教学环节都做了明确的规定，增强教师及教学管理人员的责任感、使命感，切实提高教学管理的权威性，提高教学效果。

2. 师资管理制度

教学是培训工作的中心，而优秀的师资队伍是完成培训工作的基本保证，只有一流的师资队伍才能创造一流的培训业绩。雨润大学制定了《雨润大学讲师任职资格》《雨润大学内部讲师授课评价标准》《雨润大学教师授课注意事项》《雨润大学内部讲师授课注意事项》《雨润大学内部讲师授课评价标准》等文件，对专兼职教师和内部讲师的备课、仪容仪表、课堂纪律和考试事项做了详细的要求；制定了《雨润大学教师满意度测评制度》，制度规定把教师满意度测评作为一项长期工作，并坚持学员民主测评，从教学准备、授课内容、教学方法、授课效果等方面综合测评教师授课满意度，并把满意度与教师月度绩效考核挂钩。

3. 考务管理制度

进入雨润大学培训的学员结业前需经过严格的考核，考核成绩作为晋升的依据。雨润大学自建校以来就制定了严格的考核制度，如《雨润大学课程考核办法》严格规定了各种培训班的课程考核方式，包括试卷及试题库管理、考场分配及阅卷和成绩评定；《雨润大学考试纪律》《雨润大学监、巡考制度》规范了学员考试行为及监考人员的职责和行为；《雨润大学试卷保密制度》严格规范了教师及试卷印刷、装订等相关人员的责任和义务，做到严格保密、没有漏洞。

另外，雨润大学还制定了一系列的教学模板和教学用表，如《培训班教学计划表》《雨润大学培训班课表》《监考巡考表》《雨润大学培训班考试成绩表》等，使教学管理工作更加规范化、统一化。

18.1.3　雨润企业大学学员管理制度

根据集团公司关于"抗大加党校"办学模式和"五个严格"的要求，雨润大学对学员实行严格要求、严格管理、严格监督、严格考核、严格选拔，并实行半军事化的管理。

1. 严格要求

学校制定了《雨润大学学员管理规定》《雨润大学学员考核扣分标准》《雨润大学早操管理制度》《雨润大学宿舍卫生管理规定》等规章制度。在每期培训班新学员入学时，通过开学典礼、开班仪式、入学教育等形式，要求全体学员必须严格遵守有关规定，并自始至终按章办事，将严格要求贯穿于每期培训班的始终。

2. 严格管理

按照《雨润大学双班主任工作制度》，学校给每期培训的各个班级配备班主任，并通过民主选举的方式，按照《雨润大学学生会组织方案》从学员中选出学员干部，成立班委会、学生会等学生组织，从"道德品质""仪容仪表和行为举止""出勤及表现""寝室管理"四个方面，对全体学员进行严格的教育和管理。

3. 严格监督

学校有关领导和工作人员通过制度化的巡察、巡视和检查，加上指纹打卡等必要的技术手段，辅之以学生干部、学生组织的自我管理和监督，对表现突出的及时进行表扬、加分，对违纪和表现差的及时进行通报批评、扣分，直至取消结业资格等处理，多管齐下实现对全体学员上课、实训、各项活动和日常表现等方面的严格监督。

4. 严格考核

每期培训班课程结束后，学员均需参加考试。学校严肃考风考纪，严格监考、巡考，对违反考试纪律者，所考课程一律以零分计算，并给予相应的纪律处分；阅卷时，对学员姓名等信息进行密封，确保公平公正。

学校考勤专员每天都要对学员打卡出勤结果进行统计，并于次日对违纪者作出通报和处罚；学校不定期组织对学员的仪容仪表和行为举止、寝室安全、卫生情况等日常表现情况进行检查，对检查结果及时通报并做出相应处理；学员日常表现考核时段每两周一次，由学校考核专员会同班主任根据该时段考勤违纪通报和其他通报等给每位学员进行阶段得分小计并公示，期末时进行汇总；每期期末，对参训学员都要进行结业综合考核评价：在自我小结、小组评议、班级鉴定和对班干部进行民主测评的基础上，综合考试成绩和日常表现进行扣分或加分，由高分到低分依次排出名次，再按"优进后退"的原则，对评出的优秀学员进行表彰奖励；对学习不努力，综合表现很差，综合成绩排名居于末位的学员不予结业。

5. 严格选拔

遵照集团关于"公平、公正、公开"和"逐级晋升"的人才选拔原则，按照"七个优选法""7433"干部素质模型要求和雨润大学的综合考核评价结果，根据集团人力资源部或相关主管部门的安排，学员在雨润大学结业后，符合竞聘条件的，离校前参加竞聘晋升。

18.1.4 雨润大学行政管理制度

为提高工作效率，更好地服务于培训活动，雨润大学制订了较为全面的行政管理制度。具体包括办公制度和后勤制度。

1. 办公制度

办公制度包括《办公室日常行为管理规范》《教室及会议室使用制度》《计算机实验室管理制度》和《图书馆管理制度》。这些制度的实施和落实，有效地解决了雨润大学图书馆、计算机实验室及会议室和教室等功能处室的合理使用，保障了教学活动及实践教学环节能得以顺利实施，同时保障了雨润大学的环境整洁和消防安全。

2. 后勤制度

后勤制度包括《资产管理制度》《车辆管理制度》《安全管理制度》《文印管理制度》和《宿舍卫生管理制度》等。有效地执行这些制度，保障了雨润大学培训活动所需的交通、食宿、课外拓展等各项后勤保障工作能顺利进行，体现了行政后勤人员一切以培训教学为中心的服务意识。

链接　雨润企业大学管理岗位的职能与专业能力标准

（一）职能职责

1. 执行校长

（1）制定并落实年度工作计划、日常工作安排和月度、年度考核工作，负责对外宣传工作；

（2）主管雨润大学的教学工作，在教学周期内负责教学督导工作，保障教学秩序；

（3）主管雨润大学的人事工作，抓好教职工队伍的培训、考核和优进劣退；

（4）主管雨润大学的财务工作，编制财务预算、严控财务支出、严肃财经纪律、确保财务有序运行；

（5）负责雨润大学和南京市总工会等政府部门、业务部门和兄弟企业大学的联系工作。

2. 副校长（分管学员和后勤工作）

（1）负责对雨润大学学员日常管理，保障培训工作顺利进行；

（2）做好学生的思想、文化教育工作，落实人文关怀，策划组织学员文娱、体育活动；

（3）按照雨润大学考核办法，监督和管理学员考核工作；

（4）管理学校后勤和安全工作，杜绝安全隐患，管理各培训班的后勤保障。

3．副校长（分管培训计划管理和部门协调）

（1）负责全年培训计划的收集、安排和协调工作；

（2）每月的月末，负责下个月的培训计划的落实；

（3）负责与控股集团各部门的工作协调。

4．教务主任

（1）负责教务部门的全面工作，具体承担法律课的教学工作，按照学校要求完成各类培训班的授课任务，根据工作的需要，不断更新教学内容；

（2）做好日常教学管理，制定、完善各类教学文件；

（3）制定、完善各类培训班的教学计划和课表；

（4）安排、选聘培训教师，并且根据教学效果进行评价，负责各类培训班授课教师的安排，办理教师的停、调课；

（5）负责各类培训班的考试安排及考核工作；

（6）参与对教师和学员的教学秩序、纪律的管理工作，开展爱国主义教育和岗位心得交流。

5．办公室主任

（1）全面负责办公室各项管理；

（2）制定并落实年度校企合作订单培养计划及雨润班组班工作，管理雨润班学生实习安排；

（3）做好雨润班学生学习及实习期间各项费用报销，保障雨润班各项优惠政策顺利实施，做好雨润班学生毕业就业的安排工作，协调集团人资部安排雨润班学生就业；

（4）负责协调各培训班的后勤保障工作；

（5）参与学校对外接待和宣传工作；

（6）负责学校有关会议、报告、总结等文字材料的起草、整理和印发；

（7）做好学校网站、微信平台的运营管理工作；

（8）做好学校图书馆的运行管理工作。

6．专职教师

（1）按照学校要求完成各类培训班的授课任务，能够主讲两门以上课程，根据工作的需要，不断更新教学内容；

（2）做好相关课程实践教学工作，完成对学员的案例指导工作，并结合优秀案例丰富自己的教学内容；

（3）参与学员现场实训活动，并做好对学员现场实训活动的指导、评价工作，通过现场实训活动，加强对集团的认知。

（二）岗位素质能力要求

1. 执行校长

（1）硕士研究生以上学历；

（2）20年以上工作经验，其中应具有10年以上管理岗位经历，具备较强的战略分析能力和组织协调能力；

（3）能够适应工作压力，应对复杂的局面能快速展开工作，从事行政、教学、工程建设等各项管理工作；

（4）人品正直，具备较好的政治素质，具备较高的责任心和团队精神，能顾全大局；

（5）具有较好的执行能力，能根据集团战略严格制定学校各项规章、制度并监督执行；

（6）熟悉企业信息化流程，能够熟练掌握办公软件的使用方法，具备较好的网络知识。

2. 副校长（分管学员和后勤工作）

（1）本科以上学历；

（2）具备教学、管理工作经验；

（3）具有较强的组织、领导、协调、决策能力；

（4）具有较好的亲和力和沟通能力；

（5）具备良好的计算机应用能力，熟悉办公自动化。

3. 副校长（分管培训计划和协调工作）

（1）本科以上学历；

（2）具备教学管理经验，熟悉高校学生思想教育、教学管理；

（3）熟悉高等学校的教育教学规律，熟练掌握学生教育培养的基本途径和方法；

（4）具有较强的领导与组织能力、判断与决策能力、沟通能力、计划与执行能力；

（5）掌握office办公软件使用方法，具备基本的网络知识，具备人际交往和流利的语言表达能力。

4. 教务主任

（1）本科以上学历；

（2）5年以上教学工作经验及5年以上教学管理工作经验；

（3）熟练掌握本专业相关专业知识；

（4）熟悉office办公软件的使用方法，具备基本的网络知识；

（5）爱岗敬业，勤奋好学，吃苦耐劳，有良好的团队精神。

5．办公室主任

（1）本科以上学历；

（2）5年以上教学工作经验，1年以上办公室工作经验；

（3）具有较强的组织能力、协调和沟通能力，具有较好的执行力和团队精神；

（4）熟悉办公自动化软件，熟悉互联网及其运行规律；

（5）具备基本的礼仪知识，熟悉公文写作，具备基本的英语应用能力。

6．专职教师

（1）本科以上学历，师德良好；

（2）具备5年以上教学工作经验，能独立讲授两门以上的课程，合理地组织课堂教学；

（3）精通本专业的专业知识，具有较为广阔的知识视野；

（4）具有良好的沟通、协调能力，具备团队合作精神；

（5）精通办公自动化，能合理利用计算机技术演绎课堂教学和开展实践教学；

（6）具备一定的课程开发能力，能根据集团人才培训需求合理开发课程；

（7）具备一定的教学管理能力，能兼任培训班的班主任。

18.2　雨润企业大学的主要做法与经验

18.2.1　充分服务于集团人才战略，取得多方组织协同

雨润大学的培训范围涵盖雨润控股集团的七大产业集团，培训层次全面覆盖集团的高、中层及大学生员工，为各个集团的发展提供了良好的支持。目前，雨润正处冲击"世界500强"宏伟目标的攻坚阶段，为了实现这个目标，人才培养是雨润目前最迫切、最重要的一项工作。为充分服务于集团战略，雨润大学充分挖掘自身资源，不断拓宽培训层次，首先，雨润大学的办学宗旨非常明确，就是要按照"抗大＋党校"的办学模式，为企业培养一大批各级各类后备干部和专业人才，为雨润集团的发展奠定良好的人才基础，五年来，共为各个产业集团培养万余人，有力地支持了集团的发展战略，成效显著。

由于雨润大学在人才培养及对接集团人才战略方面的重要作用，雨润大学首先获得了控股集团高层的重视和支持。雨润大学的校长由雨润控股集团董事长祝义财先生兼任，控股集团分管人事工作的资深副总裁兼任雨

润大学督学和党委书记；同时，为提升雨润大学师资力量，集团特别安排董事长、总裁、副总裁和各个职能部门的主要领导担任雨润大学的内部讲师，由雨润大学给他们发聘书、安排课程、进行考核。

18.2.2　充分调研人才培训需求，合理安排课程

1. 多方联动，制订合理的人才培育计划

每年年末，雨润大学都会联合各个子集团人力资源部召开来年的培训工作会议，充分听取各个子集团在人才培训方面的需求并拟定来年的培训工作计划，会后，雨润大学会联合其他各子集团分别讨论培训计划的合理性、可行性等，并形成各方都认可的培训方案。雨润大学安排专人同各个子集团联系、协调和监督培训计划的实施。在每期培训班开班之前，雨润大学、送训单位会组织双方召开培训对接会议，就教学、考试、听课、学员管理、食宿等内容充分交换意见，形成结论后，雨润大学教务部、办公室及双方班主任会充分合作，做好各项协调工作；

2. 基于人才战略和绩效改进的课程开发

根据集团的要求，围绕集团董事长提出的优秀职业经理人的十二项能力修炼，雨润大学开发了包括企业文化、生产、采购、营销、财务、人事、法律、公关八个模块的精品管理类培训课程；为提高学员的实际操作能力，雨润大学聘请集团中高层管理干部及核心业务骨干担任内部讲师，结合自身的工作经历讲述集团的制度、管理、技术等，传授实战经验。

3. 将企业文化融入课程开发，充当企业文化的"播种机"

集团要求把雨润文化打造成凝聚全体雨润人的旗帜、雨润事业永续传承的基因，要求各培训部门将雨润精神和雨润文化作为培训的第一课，充分发挥引导职能，做好企业文化、企业精神的宣贯工作，防止不良思想对雨润文化的稀释。雨润大学一直把自己定位为雨润文化的"传播机"，雨润大学在新校区内部装饰上打造了雨润文化墙，使得雨润文化穿插到学习的点点滴滴；在培训课程上，企业文化培训一直由执行校长梁金喜先生亲自讲授，培训完毕后，企业文化的相关内容需要组织考试。同时，雨润大学严格要求讲师，要求全体讲师在授课过程中要以雨润文化为引子，授课内容必须与雨润文化和雨润实际相结合。雨润大学通过在课程、案例、培训和环境上对文化的整合，大大提高了雨润文化的知晓度，从而潜移默化地影响学员的观念和行为，对雨润文化的传播和建设起到了重要作用。

18.2.3　多种模式打造生动活泼的教学实践活动

1. 现场实训

组织学员前往集团各子、分公司的一线现场，直接参与一线的产、供、销活动，与一线工作人员现场交流，使学员直接感知一线的需求，在提高

自身的同时，也帮助一线现场解决一些问题。

2. 电子沙盘

雨润大学开发并启动了《销售实务模拟》培训项目，采用 ERP 沙盘系统进行市场模拟，该课程面向专职销售人员及销售管理人员。旨在通过销售实践环节的模拟练习，使学员面对复杂多变的市场，迅速反应、正确决策、坚决执行、及时反馈，提高销售人员市场分析能力和应变能力。

3. 案例撰写

要求学员以自己在雨润的工作实践为素材，运用培训中学习的知识点分析这个素材撰写案例，通过与相关的老师交流，加深对所学知识的理解，学会用学习过的知识解决现实中的问题，提高自己客观、规范、有效解决实际问题的能力。

雨润大学建立了学员案例库，学员案例库的建立，不仅丰富了雨润大学教学素材，提高了课堂教学的针对性，经过严格整理的案例库还能作为企业管理的重要经验参考，具有十分重要的内部商业价值。

4. 法庭听庭

随着雨润集团所涉及的行业和地区越来越多，集团员工工作涉及的各种法律问题也越来越多，雨润大学与南京市建邺区法院建立了合作关系，雨润大学的学员走进法庭，法庭走进雨润大学，让学员在现场庭审活动中学习法律知识，加强法治观念，切实提高学员依法行为、依法办事的法律意识。

5. 教学汇报与岗位心得交流

雨润大学十分注重互动式的教学，让优秀学员走上讲台，汇报自己学习中的心得体会（如现场实训汇报、案例撰写汇报），扩大学习的效果，提高自身的表达能力。与此同时，鉴于学员来自五湖四海，分布在全国各个分、子公司，不同区域、不同企业的相同岗位之间存在着相似，也存在着差异，岗位心得交流会让大家畅所欲言，取长补短，在获得了大量的经验和教训的同时，增进了友谊。

18.2.4　多管齐下构建稳定的师资队伍

雨润大学鼓励专职教师通过多种方式进修、调研及参与企业实践活动，让他们能把专业理论和雨润企业的实践相互结合，杜绝空洞的理论教学；同时，雨润集团支持和鼓励专职教师多参与培训行业组织的各类活动及TTT 培训等进阶课程，帮助他们快速成长的同时也让他们的知识积累和授课水平能适应集团快速发展对培训师提出的更高要求。

雨润大学通过聘请国内知名高校的知名学者来学校开设公开课讲座，开阔了学员视野，拓展了知识领域，也提高了思想境界；通过聘请专业技术专家上专业技术课，帮助学员掌握相关的专业知识，参加相应的资格证书的考试。

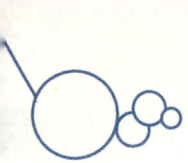

雨润大学通过校企合作，同南京部分高校合作建立"教师工作站"，由雨润集团为学校学生提供实训单位，为学校教师提供实践、交流的平台，同时雨润集团还经常派出高级管理人员和技术人员赴学校为学生讲授企业管理和技术实践课程。作为合作，学校为雨润集团建立"教师工作站"，把一部分优秀的教师列入教师数据库，优先供雨润集团使用，由雨润大学根据教学计划进行遴选安排。

雨润大学建立了完善的内部讲师激励机制，凡是经过听课、民主测评等一系列甄选环节被聘为内部讲师的职工，均由控股集团总裁发放聘书，并以此作为职工晋升和提薪的重要依据；同时，内部讲师拥有良好的课酬补助政策，来雨润大学上课能获得额外的课酬回报。所以，能成为雨润大学内部讲师，一方面意味着能通过讲课等环节提升自己的工作能力和个人品牌，另一方面也对自己的职业发展具有良好的推动作用。

18.2.5　校企合作创新人才培育新模式

近年，随着雨润集团的快速发展，公司对人才的需求越来越强烈，如何获取更加贴合企业发展实际的高素质人才成为集团亟需解决的重点问题。2011年，经过周密的准备和调研工作，集团启动了校企合作订单培养技工人才工程项目，将紧缺型专业技术人才的引进工作拓展到在校学生，尤其是大专院校学生。订单培养是集团技工人才重要的战略性储备工程，该工程由雨润大学牵头，充分发挥雨润大学在资源上的充分优势，通过充分发挥校企双方各自的资源和优势，采用理论学习与企业实践有机结合的方式帮助学员提高实践技能和职业素养，为雨润公司及肉食品行业培养更多贴近企业需求的技工人才。

雨润大学启动的校企合作"雨润班"培养项目，重点培养紧缺型专业人才，主要包括畜牧兽医、机电、制冷、物流管理等专业，学生在校学习两年时间，期间的培养计划由于雨润集团与学校根据实际发展需要调整制订，两年后，学生进入雨润集团实习，集团派专人指导实习，让学生更好地将理论知识与实践相结合，同时也能更好地理解雨润的精神和文化。从学校正式毕业后，集团按照校园招聘统招大学生的标准予以录用，学员在企业工作满一年后，集团分批次全额报销在校期间的学费。

18.3　雨润企业大学存在的问题与解决策略

18.3.1　雨润企业大学存在的四个主要问题

1. 企业大学职能仍需加强

企业大学作为上承战略、紧贴业务、面向绩效的新型培训职能部门，越来越多地出现在企业的组织构架中，成为近几年培训界的热点。企业大学与传统培训部区别的焦点在于从侧重于提高员工技能性培训活动的一次性培训转向建立和营造一个有效的"磁场"，支持员工相互分享、学习，支持员工行为的改变，成为业务部门的合作伙伴，解决企业实际问题。从这个意义上来说，企业大学的核心意义对于企业内各种资源的整合和不断优化，而不仅是对内部的管理人员进行管理方面的培训。

雨润大学从成立至今的培训课程，均以提高员工的管理技能为主，如成立初期的"后备干部"培训班，后期涵盖了领导力和市场营销培训，如中商集团 MBA 培训，以及覆盖到各个子集团的中层及大学生员工培训，这些培训无一例外都以提高员工工作技能为中心，这是由雨润本身员工的知识水平决定的，雨润作为一家以食品为主业的劳动密集型民营企业，如何提高广大员工的技能和管理水平，是雨润当前的首要任务。因此，从企业大学的发展上来讲，雨润大学仍有一段路需要走。

2. 内部讲师资源仍需挖掘

雨润大学的讲师资源有两个来源，一是来自企业外部，主要是行业专家、管理专家、高校教授等；二是来自企业内部，主要是内部专职培训师、企业高层管理人员、技术专家和业务骨干等。

在全球范围来看，优秀的企业大学，应能很好地开发企业内部讲师资源，他们会不定期邀请一线高层管理人员来兼职授课。同样，雨润集团也在不断挖掘企业内部讲师，截止到 2014 年 10 月，首批通过集团筛选并被聘为内部讲师有 154 人，占雨润大学师资的 85%，他们分别来自于集团各个产业，都是长期奋战在管理和技术一线的高级管理人员，其中不乏各子集团总裁、财务总监、技术总监等高级专家。与外部讲师相比，内部讲师队伍相对稳定，他们更加熟悉集团的情况和业务，但问题在于，内部讲师的选拔需要经过严格的考核，而且一般是专业能力较强、理论水平较高的管理人员，他们不仅要具备过硬的业务素质和能力，而且必须有作为讲师的授课水平和技巧。在众多的实践中，我们发现，有些企业的技术专家和高管，具有极为丰富的工作经验和人生阅历，但是往往在授课中不能很好地驾驭课堂，在业务中是"能手"，在讲台上是"生手"，这些业务上的"能手"身居企业要职，要他们静下心来研习授课技巧，让他们乐于分享，这是目前需要解决的问题之一。

另一个问题就是内部讲师的激励制度问题，即企业大学需要有良好的氛围和机制去激励内部讲师在企业大学这样一个平台上去和自己的同事以及合作伙伴共同分享自己的经验，而不仅是因为金钱的驱使而做事情，任何人都希望自己的经验和成功能够得到大家的认可并希望能够把自己的成功传授给愿意学习和进步的同仁，其职业成就感是多少金钱都无法买得到的，因此，这种分享的文化以及员工职业成就感一旦形成，对于企业的发展和团队的凝聚将起到不可估量的作用。

雨润大学的讲师激励制度，目前采取物质激励和精神激励双管齐下的方式，物质激励主要是发放课酬、福利等；精神鼓励可以带来荣誉感，如由总裁发放聘书，在全集团 OA 通报表扬等，在这种激励制度下，雨润内部讲师队伍建设初见成效，但分享的文化以及因为授课而带来的职业成就感的形成尚有待时日。

3. 培训评估体系有待建设

企业大学的培训最重要的在于评估，这是改变企业大学管理培训效率问题的有效途径。好的培训应该是能切实改变员工观念，影响员工行为，从而提高工作绩效。因此，要做好培训评估，关键在于四点：一是仔细了解培训订立的目标，即定义目标，也就是培训项目的出发点很重要，需要密切配合组织绩效的要求，这直接影响随后的评估方法及是否能够准确评估的问题；二是掌握适当的培训评价方法，即是选择评估显性的满意率，还是要隐性的绩效。显然，后者的评估难度远高于前者，有些培训机构的培训只追求课堂满意率，强调课堂氛围，忽视了培训本身是否能达成绩效目标，偏离了培训工作的初衷；三是要合理安排评估时间，要能耐住性子，充分尊重培训成果转化所需要的时间和环境；四是要建立企业的知识库，通过不断的评估总结，把好的经验、方法、课程、培养理论沉淀下来，形成企业大学的无形资产和软实力，这本身就是培训评估的重要参考。

雨润大学目前在评估中采取了两种方法：一是针对培训本身的满意度调查，即在每期培训班结束后，通过调查问卷和座谈的方式，征集学员对于培训工作的满意程度和建议，同时在培训过程中，采取对授课教师进行满意度评分，这对于培训满意度也具有参考意义；二是每年组织前往分、子公司进行实地调研，通过座谈会、民主测评、业绩调查、岗位胜任度调查等方式充分调查学员所取得的业绩和工作能力、岗位胜任度上的提升。

这些方法的使用，在一定程度上有助于雨润大学评估培训效果，但是所起到的效果仍然十分有限，没有能形成系统的评估体系，且实施起来也存在一定的困难：一是满意度并不等同于绩效目标，学员满意并不能证明培训是否有助于工作技能的提升，是否有助于达成绩效目标；满意度仅仅是评估体系中的一个小维度，科学的评估决不能犯以偏概全的错误；二是学员分布范围较广，实地调查难度大、周期长、成本高。雨润集团是一家以食品为主业的七大产业集团多元化发展的集团公司，在全国设有 300 多家分、子公司，员工 13 万人，截止到目前为止，雨润大学的培训已经过万人次，要想通过实地调研的方式获取这么多学员的信息，还有些困难，雨润大学在过去的调研工作中，仅仅选择部分有代表性的企业进行调研，这并不利于科学地评估培训效果。

4. 信息化建设滞后

当今信息技术尤其是移动互联网技术快速发展，给传统的培训带来了众多新方法、新技术，同时也带来众多新的挑战。信息技术的高速发展推动了企业大学的培训范围进一步扩展，"虚拟性"也正成为企业大学的显著特征之一，与该特征相映衬的是关于企业学习形态的一种新认识：以"信息化、网络化"为特点的电子化学习。显然，这种学习方式契合了当今技术革命和时代发展。电子化学习以硬件平台为依托，通过多媒体技术支持，把知识，技能，经验等学习内容通过网络状渠道呈现给需要的员工，员工可以在电子化学习平台环境实现任何时间、任何地点、任何人、学习任何课程。

雨润集团旗下具有七大子集团，业务涵盖广、员工分布地域广，员工的知识更新率和丰富程度要求很高，这给传统的培训方式带来了极大的挑战，因此，以电子化学习平台依托的培训方式，能有效解决目前的困境，给培训工作带来新的惊喜。雨润大学目前建立了 E-Learning 和微信公众平台，但是还需要进一步进行系统建设。目前，员工的培训和学习还大部分局限在课程教学，企业文化的宣传、课程体系等还依赖于传统的口头传播和书面传播，效率较低。如何更好地发挥雨润大学的作用和增强员工学习的热情度及参与度，E-Learning 系统的建设仍然有很长的路要走。

18.3.2　雨润企业大学持续发展的四大策略

1. 继续加强企业大学文化建设，完善雨润大学功能

（1）继续加强同集团战略对接，把雨润大学的建设摆到战略的高度，充分认识到人力资源培训的利益是无形的，其影响是深远的，必须以长远的目标，依据企业的长期发展战略目标，有计划地推动，坚持不懈地塑造企业学习的文化氛围；

（2）加强课程建设，建立一个有效的培训体系，让课程设计更贴合企业实际需要，围绕企业存在的问题进行充分的剖析研究并提出富有建设性的意见，成为业务部门的合作伙伴，帮助业务部门解决问题，使企业能够更加迅速地将学习成果转化为竞争优势；

（3）加强同业务部门的紧密合作，随着劳动用工制度的市场化，劳动力的流动性会大幅度提高，如果企业缺乏有效的手段留住所需要的员工，就不可能对企业大学进行大量的投资。因此只有在健康规范的劳动力市场和企业用工制度的环境下，劳动力的流动才可能合理合法、健康有序，劳动合同才能具有经济和法律上的严肃性和约束力，企业对企业大学的投资才能取得预估的效果。

2. 继续加强完善讲师选拔和培训制度体系

从外部聘请讲师，不仅成本高，而且针对性不足，同时无法满足企业

内部运作过程中长期存在和不断产生的培训需求。因此，雨润大学将继续进行严格的内部讲师选拔，从企业的管理人员、技术人员中不断选拔出既懂管理、懂技术又具备讲师素质的人才，让他们能发挥自身能力的同时，把经验和技能分享和传授给他人，营造良好的学习氛围。

讲师是课程的组织者、演绎者，也是企业学习的促进者，因此，它要求讲师必须具备相关领域丰富的专业知识和技能、开放的沟通心态、较强的表达能力、良好的职业道德和职业素养以及对培训工作的热情。这些必备条件大部分都可以通过系统的培训、学习和实践获得。因此，通过不断对内部讲师加强培训，是师资队伍建设的必经之路。集团鼓励内部讲师来雨润大学讲课、分享自己的经验，并将这些作为一项长期政策；雨润大学将通过聘请 TTT 专家、教育行业专家定期组织公开课的形式，加强内部讲师培训技能和课程开发技能的提升。

3.多种机制建全评估体系

（1）学员自我评估。

建立严格的学员档案库，构建雨润人才发展地图，通过学员自我检验和评估，及时总结和分享在职业发展中的不足、缺陷及通过参与培训所获得的经验和技能上的提升，从而达到学员自我评估的目的。雨润大学将通过定期电话回访、人文关怀、座谈等方式了解学员在人才发展地图上的轨迹，了解他们所取得的业绩。

（2）建立业绩分享机制。

通过"新老见面会"等方式，让学校里曾是师兄师姐的老员工用自己在雨润的工作经历讲述对雨润的感受，使新员工尽量客观地认识雨润。同时，一些部门的领导也会出席，他们努力解决新学员心中的疑问，在面对面的沟通中不回避雨润当前阶段存在的问题并鼓励新员工发现和提出问题。这种沟通和交流不仅能使新员工真正把心态端平放稳，而且能使更多的老员工、老学员参与进来，总结他们在雨润大学的学习，分享他们所取得的进步。

（3）通过信息化手段加强评估体系建设。

通过学员档案库，对学员进行分类，定期邀请学员参加雨润大学通过网站、微信、邮件等方式发起的调查问卷。雨润大学通过对调查问卷的回收和分析，逐步形成网络评估体系。

（4）建立本地评估联动机制。

同学员供职企业的人力资源部门建立联动机制，由人力资源部门协助对学员参加培训后行为改变、绩效提升等进行原始记录，与雨润大学数据共享，雨润大学通过分析逐步建立评估体系。

（5）借助外部评估机构。

通过外部专业评估机构对高级管理岗位、后备管理干部等进行评估。

4. 充分利用现代化的教学手段和方法，建立和完善 E-Leaning 学习考核系统

（1）部署一个有效的 E-Leaning 学习系统。

雨润大学通过同业务部门加强协调，将各种业务培训课程制作成通俗易懂的多媒体或者互动式课件，并发布在电子学习门户上，内部员工可以在任何时间通过网络查找他希望参加的培训课程并提出申请，在符合企业政策的情况下在线学习这些课程，并能够通过网络进行在线的测试或进一步向相关业务专家提问。企业也可以通过这一系统非常容易地掌握每一个员工掌握知识的情况和业务水平。

（2）把在线学习纳入绩效考评机制。

通过 E-Leaning 学习系统，有助于提高员工的学习效率，缩短员工的培训时间，节省大量的培训费用，而且为员工提供个人事业发展和成长的环境和机会。但是，建立一个真正的电子学习系统平台需要耗费大量的人力、物力和财力，如何保证 E-Leaning 学习系统能受到员工的欢迎，真正起到应有的作用，这是一个巨大的挑战。雨润大学除充分调研员工职业发展需求，调动集团内部资源，开发出各种学习资源外，集团还准备把 E-Leaning 学习系统的在线学习时间纳入员工考评机制，这一机制的建立对推动在线学习资源的合理和充分利用，对创建学习型组织具有重要意义。

18.3.3 抓好四项重点

1. 课程建设

结构完善、合理的课程体系是培训活动的核心，也是培训活动的依据，它由一系列的课程组成，所以做好课程设计是完成培训任务的关键。雨润大学历来非常重视课程体系的设计工作。针对不同类型的培训班，我们会从集团实际需求出发，针对学员的具体情况，研究并拟订出课程学习方案。

2. 教材建设

教材是教师"教"和学生"学"的主要依据，是学生获得系统知识的重要工具。教材建设是教学管理工作的基础工作。我们要求所有的任课教师必须编写教学大纲，根据教学大纲编制教学讲义发给学员作为授课教材。

3. 做好教师继续教育

学无止境，在当今科学技术突飞猛进，知识更新换代异常迅速的形势下，学习更是一辈子的事。因此在教学的过程中，雨润大学不断强化大家学无止境的理念，并努力提供大家各种继续学习的渠道。

雨润大学和河海大学合作举办了工商管理的 MBA 班，中商集团 70 位同志参加了该班的学习，对他们的理论知识的提高和实际能力的增强起到了非常好的推进作用。

集团的规定，在雨润大学培训过的员工工作两年后应再一次培训学习，雨润大学办了四年，已有部分学员返校再学习。

4. 强化企业大学的文化和团队建设

雨润大学从成立之初就坚持把企业文化作为培训的必修课，通过《雨润宪章》和雨润文化的培训学习，培养学员认知先进的雨润文化，接受并逐步熟悉雨润的运行机制，为他们在雨润成长为优秀的职业经理人打好企业文化基础。

参考文献

[1] 王伟. 复盘中国企业大学的核心机制. 培训, 2014.

[2] 易虹, 熊洁. 以绩效改进为导向开发培训课程. 培训, 2014.

[3] 厉琨. 京东方人才发展突围做"大家的"培训. 培训, 2014.

[4] 王元福, 企业大学. 雨润大学: 打造人才培育新模式. 学习型中国, 2014.

[5] 闫芬. 企业大学在中国的发展、问题与对策. 上海: 上海交通大学, 2007.

[6] 易虹, 朱文浩. 从培训管理到绩效改进. 北京: 机械工业出版社, 2013.

[7] 田俊国. 上接战略下接绩效培训就该这样搞. 北京: 北京联合出版公司, 2013.

[8] 顾邦友. 企业大学跟你想的也许不一样. http://news.hexun.com/2012-10-16/146824898.html.

[9] "雨润大学"正式揭牌开启人才培育新模式. http://www.chinadaily.com.cn/hqgj/jryw/2012-05-14/content_5907155.html.

[10] 蔡文良. 民企基因. 北京: 九州出版社, 2014.

[11] 刘少波, 邓可斌. 大股东控股比例、控制权收益与公司可持续发展. 金融评论, 2010.

[12] 丁峰. 铿锵时代的足音. 北京: 企业管理出版社, 杭州: 浙江人民出版社, 2012.

[13] 忻榕. 人才发展五星模型. 北京: 机械工业出版社, 2014.

[14] John M. Ivancevich, 赵曙明, 程德俊. 人力资源管理. 北京: 机械工业出版社, 2013.

[15] 陈立. 企业大学: 背景、定义与模式. 宁波大学学报, 2009, 31 (2).

[16] 冯仑. 民营企业的四大"天花板". 中国企业家, 2009.

［17］Ricky W. Griffin，Gregory Moorhead. 组织行为学 . 北京：中国市场出版社，2010.

［18］周三多 . 管理学 . 北京：高等教育出版社，2010.